Uni-Taschenbücher 994

D1640784

UTB

Eine Arbeitsgemeinschaft der Verlage

Birkhäuser Verlag Basel und Stuttgart
Wilhelm Fink Verlag München
Gustav Fischer Verlag Stuttgart
Francke Verlag München
Paul Haupt Verlag Bern und Stuttgart
Dr. Alfred Hüthig Verlag Heidelberg
Leske Verlag + Budrich GmbH Opladen
J. C. B. Mohr (Paul Siebeck) Tübingen
C. F. Müller Juristischer Verlag – R. v. Decker's Verlag Heidelberg
Quelle & Meyer Heidelberg
Ernst Reinhardt Verlag München und Basel
K. G. Saur München · New York · London · Paris
F. K. Schattauer Verlag Stuttgart · New York
Ferdinand Schöningh Verlag Paderborn
Dr. Dietrich Steinkopff Verlag Darmstadt
Eugen Ulmer Verlag Stuttgart
Vandenhoeck & Ruprecht in Göttingen und Zürich

Klaus J. Mattheier

Pragmatik und Soziologie der Dialekte

Einführung in die kommunikative Dialektologie des Deutschen

Quelle & Meyer Heidelberg

CIP-Kurztitelaufnahme der Deutschen Bibliothek

Mattheier, Klaus J.:
Pragmatik und Soziologie der Dialekte : Einf.
in d. kommunikative Dialektologie d. Deutschen / Klaus
J. Mattheier. – Heidelberg : Quelle und Meyer, 1980.

(Uni-Taschenbücher ; 994)
ISBN 3-494-02116-3

Printed in Germany.
Satz und Druck: Schwetzinger Verlagsdruckerei GmbH, 6830 Schwetzingen
Umschlagentwurf: Alfred Krugmann, Stuttgart.

Inhaltsverzeichnis

Vorbemerkungen

Am Zustandekommen der hier vorgelegten Arbeit haben direkt und indirekt viele mitgewirkt, denen ich danken möchte. Mein Lehrer Werner Besch hat mich zur Bearbeitung dieses Themas angeregt, und auf Gespräche mit ihm gehen eine große Anzahl von Überlegungen zurück, die ich hier verarbeitet habe. Außerdem hat er in großzügiger Weise die Forschungsmöglichkeiten der von ihm geleiteten Abteilung für Sprachforschung des Instituts für geschichtliche Landeskunde der Rheinlande der Universität Bonn zur Verfügung gestellt. Frau Ursula Jünger-Geier, Frau Angelika Kall-Holland und Herr Dr. Walter Hoffmann haben das Manuskript gelesen und mir viele Hinweise inhaltlicher und formeller Art gegeben. Auch den Mitarbeitern der sprachsoziologischen Projektgruppe Erp Frau Eva Klein, Herrn Jochen Hufschmidt und Herrn Heinrich Mickartz bin ich indirekt in mehrfacher Hinsicht zu Dank verpflichtet, da unsere gemeinsamen Überlegungen zur Planung und Durchführung des Erp-Projektes ebenfalls in die Darstellung eingegangen sind. Schließlich möchte ich Frau Ulrike Brandt und Frau Ursula Bahr für die bereitwillige Mithilfe bei der Überarbeitung des Manuskriptes danken.

Gewidmet sei dieses Buch meiner Frau Gilla, der ich am meisten zu danken habe.

Bonn im Mai 1980   Klaus J. Mattheier

Einleitung

In einer im Jahre 1977 erschienenen Einführung in die deutsche Dialektologie[1] unterscheidet der Dialektologe Jan Goossens drei Gegenstandsbereiche, mit denen sich die moderne Dialektologie zu beschäftigen hat:

● die raumbezogene Untersuchung dialektaler Sprachstrukturen,
● die raumbezogene Untersuchung vertikaler Unterschiede zwischen den verschiedenen Dialekten und das Verhältnis dieser Differenzierungen zur Gruppenzugehörigkeit der Sprecher und zur Gesprächssituation,
● die raumbezogene Untersuchung des Verhältnisses der Mundarten zu den Sprachvarietäten, mit denen sie in einer Sprachgemeinschaft koexistieren und in Wechselbeziehung stehen, vor allem zu der jeweiligen Standardsprache mit den an ihr orientierten umgangssprachlichen Zwischengebilden.[2]

Im gleichen Zusammenhang stellt er fest, daß sich die Dialektologie bis heute hauptsächlich mit dem ersten Gegenstandsbereich befaßt hat, mit der Beschreibung der sprachlichen Struktur raumgebundener Sprachvarietäten und ihrer Verteilung innerhalb von größeren Regionen. Auch Goossens wendet sich in der genannten Arbeit hauptsächlich diesem Problem zu. Er schreibt jedoch: »Nicht nur auf die deutsche, sondern auf die gesamte europäische Dialektologie wartet in der Erforschung der vertikalen Mundartschichtung eine Aufgabe, deren Bewältigung man nicht mehr lange hinausschieben kann.«[3]

Die vorliegende Arbeit greift die Anregungen und Forderungen Goossens und auch anderer Forscher auf. Sie versucht, die gesellschaftlichen und situativen Bedingungen und Funktionen der Verwendung dialektaler Sprachvarietäten im deutschsprachigen Bereich in einigen zentralen Aspekten aufzuzeigen und auf Zusammenhänge zwischen diesen Komplexen hinzuweisen. Sie beschäftigt sich also mit einem Teilbereich der Dialektologie, der im folgenden als ›kommunikative Dialektologie‹ bezeichnet werden soll, da er mehr als der Aspekt ›Raum‹ mit dem direkten Kommunikationsakt beim dialektalen Sprecher zusammenhängt.

Sie kann und will dabei jedoch keineswegs mehr sein als ein erster Einstieg in die systematische Behandlung der gesellschaftsbezogenen Aspekte der Dialektologie. Eine Reihe von Problembereichen können nur kurz angesprochen werden oder müssen sogar ganz ausgespart bleiben. Das trifft etwa für die systematische Behandlung der Dialektstatistik[4] und ihrer Probleme zu. Aber auch das für eine systematische Ausarbeitung einer Dialektsoziologie wichtige Problem der Entstehung und Wirkung von Sprachwertstrukturen innerhalb des Dialekt-Standard-Kontinuums kann nur sporadisch angesprochen, von einer Typologie des Dialekt-Standard-Verhältnisses innerhalb des deutschen Sprachbereichs können nur Umrisse aufgezeigt werden. Insbesondere wird der gesamte Bereich der außerdeutschen Dialektsoziologie nicht behandelt. Forschungsergebnisse aus diesem Umkreis werden nur in ihren für die allgemeine Dialektologie wichtigen Konzepten berücksichtigt, wie etwa das Diglossie-Konzept oder ähnliches.

Weggelassen werden muß weitgehend auch der Bereich der Dialektsoziologie und der Dialektpragmatik, der sich mit den Funktionen von Dialekten und dialektartigen Varietäten in sozialen Situationen und gesellschaftlichen Gruppen beschäftigt. Hier kann nur auf den Bereich Schule sowie indirekt auf die Familie eingegangen werden. Die Funktionen des Dialektes in anderen gesellschaftlichen Institutionen wie Administration, Literatur, Kirche, Kultur, Medien und ähnliches bleiben ausgespart. Welche bedeutenden Funktionen der Dialekt innerhalb zentraler gesellschaftlicher Gliederungen und Prozesse übernehmen kann, zeigt Ulrich Ammon, wenn er den Symbolcharakter des Dialektes für die Zuordnung gesellschaftlicher Positionen und gesellschaftlicher Möglichkeiten analysiert.[5] In ausgedehnten Dialektgebieten des deutschsprachigen Raumes hat der Dialekt derzeit eine negative Funktion für die gesellschaftliche Einordnung der Personen. Dialekt gilt hier als Sprache der Unterschicht.

Eine Analyse der Dialektfunktion könnte etwa an dem sprachlichen Funktionsmodell anknüpfen, das Karl Bühler in den 30er Jahren entworfen hat. Er unterscheidet hier die Darstellungsfunktion der Sprache von der Appell-Funktion und der Symptomfunktion, die ein Sprachzeichen oder ein Sprachzeichenkomplex für den Hörer, bzw. bei der Charakterisierung des Sprechers hat.[6]

Im Zentrum der Arbeit stehen also die gesellschaftlichen und die situativen *Bedingungen* der Dialektverwendung. Nachdem im folgenden Abschnitt einige theoretische und definitorische Überlegungen zur Begrifflichkeit und zu den Zusammenhängen zwischen Sprache und Gesellschaft in dialektalen Sprachgemeinschaften angestellt worden sind, beschäftigt sich das Kapitel I mit einer Reihe von gesellschaftlichen Gruppierungen und sozialen Situationen in ihren Auswirkungen auf den Dialektgebrauch. Im Kapitel II werden die Funktionen des Dialektgebrauchs in einigen gesellschaftlichen Institutionen behandelt. Das Kapitel III ist dann Wechselwirkungen zwischen den wichtigsten gesellschaftlichen Veränderungsprozessen und dem Dialektgebrauch gewidmet und schließt mit dem Versuch einer Typologie des Dialekt-Standard-Verhältnisses im Raum. Die Beschreibungs- und Messungsprobleme von Dialektalität werden dann im abschließenden Kapitel IV angesprochen.

Für die notwendigen Beschränkungen ist besonders die deutsche Forschungslage in der Dialektologie verantwortlich, soweit es sich nicht um dialektgeographische Fragen handelt. Bis in die neueste Zeit konzentriert sich die deutsche Dialektologie fast ausschließlich auf den dialektgeographischen Bereich. Einzelne frühe Versuche, den gesamten gesellschaftlichen Bereich mit in die Dialektologie einzubeziehen, wie sie sich etwa bei Philipp Wegener (1879)[7] und bei Friedrich Maurer (1930)[8] zeigen, wurden von der Forschung nicht oder nur sporadisch aufgegriffen[9] und blieben isoliert.

Den ersten Versuch, gesellschaftliche Aspekte systematisch in die Dialektologie einzubeziehen, macht Adolf Bach in der zweiten Auflage seiner ›Deutschen Mundartforschung‹ (1950).[10] Hier nimmt er ein Kapitel auf mit dem Titel ›Die Mundart in ihrer soziologischen Schichtung‹,[11] in dem die bis dahin verstreut und unsystematisch vorliegenden Forschungsergebnisse und theoretischen Überlegungen zur gesellschaftlichen Funktion von Mundart erstmals zusammengefaßt werden.

Diese Arbeit löste jedoch keine intensive wissenschaftliche Beschäftigung mit den Fragen der Dialektsoziologie aus. Die erste hauptsächlich diesen Fragen gewidmete Studie ist die kleine Schrift von Gerhard Hard (1966).[12] Hier werden erstaunlich ideenreich und anregend interessante Überlegungen zu einer Dialektologie angestellt, die neben der geographischen Komponente auch die gesellschaftlichen und besonders die situativen Aspekte mit umfaßt. Auf die wichtigen Erkenntnisse Hards zum altersspezifischen und situationsspezifischen Dialektgebrauch, zum Problem der Rollensprache und zur Bedeutung von Sprachwertsystemen wird in den folgenden Kapiteln an geeigneter Stelle noch jeweils ausführlich einzugehen sein.

Doch auch die Arbeit von Hard hat keine ›Revolution der Dialektologie‹ initiiert. Noch fehlte – wie es scheint – der gesellschaftspolitische Anstoß, den fast alle Bereiche der Sprachwissenschaft erst durch die am Ende der 60er Jahre in Deutschland einsetzende Sprachbarrieren-Diskussion erfahren haben.[13] Die auf diesem Hintergrund erfolgte Soziologisierung der Dialektologie hat Ulrich Ammon 1972 in seiner Arbeit ›Dialekt, soziale Ungleichheit und Schule‹[14] zusammengefaßt und systematisiert. Er hat dabei auch zurückgegriffen auf eine Reihe älterer

11

Arbeiten, in denen schon Fragen der Dialektsoziologie vereinzelt behandelt worden waren. Hier ist besonders eine Reihe von ungedruckten Arbeiten aus den 50er Jahren zu nennen, die zum Teil unter der Leitung des Tübinger Dialektologen Karl Bohnenberger entstanden sind,[15] und von denen die interessanteste die Arbeit von Ulrich Engel über die sprachlichen Schichtungen in Württemberg ist.[16] Ammon entwickelte 1972 auf der Grundlage einer marxistisch orientierten Soziologie als erster ein in sich geschlossenes Konzept zur Erforschung dialektsoziologischer Fragen. Mit dieser Arbeit und mit den darin formulierten Thesen zum Dialekt als Unterschichtsprache löste er eine intensive Diskussion um die Dialekte und ihre gesellschaftlichen Bedingungen und Funktionen aus.

In den letzten Jahren erschien eine Reihe von empirischen Arbeiten zu diesen Fragen. Immer häufiger werden auf Kongressen, Symposien und Kolloquien Probleme der Dialekttheorie behandelt.[17] Mit dem 1976 als Beiheft zu der führenden dialektologischen ›Zeitschrift für Dialektologie und Linguistik‹ erschienenen Sammelband ›Zur Theorie des Dialektes‹[18] wurden eine Reihe von verstreuten früheren deutschen Ansätzen zu einer Dialekttheorie und die romanischen sowie angloamerikanischen Forschungen zu diesem Thema leicht zugänglich gemacht. Die erste groß angelegte systematische Behandlung wird die gesamte Dialektologie einschließlich der räumlichen, gesellschaftlichen und situativen Aspekte in dem im Erscheinen begriffenen ›Handbuch der allgemeinen und deutschen Dialektologie‹[19] erfahren.

In dieser Forschungssituation versucht die vorliegende Arbeit ein Zwischenresumée zu ziehen, indem sie Ergebnisse empirischer Forschungen und theoretischer Überlegungen der letzten Jahre zusammenfaßt und in einen vorläufigen systematischen Rahmen einordnet.

Das erste Problem, das sich bei diesem Vorhaben stellt, ist die Abgrenzung und die innere Gliederung des Forschungsgebietes der Dialektologie. Ausgangspunkt muß dabei die Vorstellung sein, die dem Dialektbegriff in dieser Arbeit zugeordnet wird. Es ist hier nicht der Ort für eine Geschichte des Dialektbegriffs. Hier gibt Heinrich Löffler in seiner Arbeit zu den ›Problemen der Dialektologie‹ einen gut gegliederten Überblick, der die wichtigsten Aspekte von Dialektdefinitionen erkennen läßt.[20]

Der Dialektbegriff der vorliegenden Arbeit unterscheidet sich von einer Reihe der bei Löffler referierten Dialektdefinitionen hauptsächlich in einer Hinsicht. Unter Rückgriff auf Überlegungen von Mirra Guchman[21] fasse ich den Dialekt als ein historisches Phänomen, das sich im Laufe der Zeit in seinem Charakter ändert, und das deshalb auch in jeder Zeitepoche in unterschiedlicher Weise zu definieren ist. Stand etwa vor der Ausbildung der Standardsprache das Merkmal ›regionale Sprache zu sein‹ im Vordergrund einer Dialektdefinition,[22] so ist heute die Tatsache bestimmend, daß ein Dialekt eine Substandard-Varietät ist, daß er in jedem Fall von einer sprachsoziologisch übergeordneten Standardsprache überdacht ist. Neben dem Merkmal ›Substandardcharakter‹[23] hat der Dialekt jedoch auch das Merkmal ›Regionalsprache‹ behalten, was sich etwa darin zeigt, daß Dialektsprecher jederzeit nach ihrer Herkunftsregion eingeordnet werden können.

Die beiden bisher erwähnten Kategorien der Dialektdefinition ›Substandard‹ und ›Regionalität‹ sind sprachsoziologische Kategorien. Sie machen Aussagen über den horizontalen und den vertikalen Geltungs- und Verwendungsbereich von Varietäten, die Dialekte genannt werden. Es fragt sich nun, ob auch linguistische Kategorien angegeben werden können, die einen Dialekt zum Dialekt machen, ob der Dialekt sprachlich eindeutig etwa von einer Standardsprache abgrenzbar ist, durch geringeren Abstraktionsgrad oder ähnliche Phänomene, die häufig bei Dialektdefinitionen angeführt werden.[24] Klaus Heger hat in einer detaillierten Studie nachgewiesen, daß Dialekte linguistisch grundsätzlich nicht von Sprachen unterscheidbar sind. Alle Strukturelemente, die Sprachen zukommen, kann man Dialekten nicht prinzipiell absprechen.[25] Faßt man den Dialekt jedoch als ›historisches Phänomen‹, das immer eingebunden erscheint in einen zeitlich-gesellschaftlichen Zusammenhang, dann lassen sich für verschiedene Dialekt-Standard-Konstellationen eine Reihe von sprachlich-typologischen Unterschieden feststellen, die sich aus den speziellen Anforderungen ergeben, die in einer Sprachgemeinschaft an den Dialekt gestellt werden. Welche Unterschiede sich in der Ausgestaltung sprachlicher Strukturen zwischen Dialekten ergeben können, zeigt etwa ein Vergleich eines in Auflösung begriffenen Dialektes in einer industrialisierten Gegend des mittleren Deutschland mit den verschiedenen Regionalformen des Schweizerdeutschen, die sprachlich so gut wie alle Funktionen einer gesprochenen Standardsprache erfüllen können.

Eine weitere Definitionskategorie tritt noch dadurch hinzu, daß Dialekte immer den Charakter von Sprachvarietäten haben. Sprachvarietäten sind in erster Linie dadurch gekennzeichnet, daß ihr gegenseitiges Verhältnis innerhalb einer Sprachgemeinschaft durch Verwandtschaft bestimmt ist.[26] Dieses Verwandtschaftsverhältnis gründet sich immer auf gemeinsame sprachhistorische Herkunft oder doch auf eine lang andauernde Phase der Koexistenz in engem Kontakt miteinander. Es spiegelt sich fast immer auch im Bewußtsein der Sprecher, die die von ihnen aktiv oder passiv verwendeten Varietäten als ›irgendwie zusammenge-hörig‹ empfinden.

Substandard, Regionalität und Verwandtschaft, das sind die Katego-rien, die den Dialekt in erster Linie bestimmen. Über speziellere, auch sprachliche Merkmale eines Dialektes im Unterschied zur Standard-sprache kann nur in jedem Einzelfall entschieden werden. Die Dialek-tologie beschäftigt sich also mit sprachlichen Varietäten, die durch den Substandardcharakter vertikal und durch den Regionalitätscharakter horizontal umgrenzt sind, und die mit den überdachenden Varietäten sowie untereinander sprachlich verwandt sind.

Varietäten sind dabei, wie erwähnt, sprachliche Existenzformen, die innerhalb einer größeren Sprachgemeinschaft nebeneinander vorkom-men, und die linguistisch miteinander verwandt sind. Im Verhältnis zu ›Dialekt‹ oder ›Standardsprache‹ ist ›Varietät‹ also ein übergeordneter Begriff, der durch gemeinsames Vorkommen in einer Sprachgemein-schaft und durch sprachliche Verwandtschaft zu definieren ist.[27] Das Problem der sprachlichen Abgrenzung von Varietäten stellt sich in glei-cher Weise, wie es oben für die Dialekte skizziert worden ist. Der Va-rietätenbegriff ist in erster Linie sprachsoziologisch definiert. Die lin-guistische Abgrenzung ist nur von Fall zu Fall in einer konkreten histo-risch-gesellschaftlichen Situation möglich. Deshalb ist auch die Frage, ob man Varietätensysteme innerhalb von Sprachgemeinschaften mit einer einzigen oder mit verschiedenen Grammatiken beschreiben soll, nur im konkreten Fall zu entscheiden. Bietet sich für die Beschreibung des Va-rietätensystems einer großstädtischen Sprachgemeinschaft ein einheit-liches Beschreibungsmodell an, so wird man Diglossie-Situationen zwi-schen Dialekt und Standardsprache, wie sie sich heute in industrialisier-ten Dialektgebieten zeigen, besser mit zwei getrennten Grammatiken beschreiben.

Innerhalb des definitorischen Rahmens, der sich aus dieser begriffli-chen Festlegung des Phänomens Dialekt ergibt, beziehen sich die In-halte der Dialektologie auf drei verschiedene Bereiche:

a) gesellschaftliche Gruppierungen
b) gesellschaftliche Situationen
c) den Raum

Altersspezifische Differenzierungen, wie sie etwa von Goossens in die innere Gliederung des Dialektphänomens einbezogen werden,[28] sollte man, wie unten auszuführen sein wird, besser den gesellschaftlichen Gruppierungen untergliedern, da das Lebensalter in erster Linie nicht als biologisches Alter, sondern als soziales Alter,[29] also Veränderung des gesellschaftlichen Rollenspektrums für die Sprachverwendung wirk-

14

sam wird. Auch scheint es mir problematisch, diese Bezeichnungen durch ein Würfelmodell zu veranschaulichen. Ein solches Modell suggeriert, daß alle sozialen Gruppierungen oder situativen Phänomene sich auf eindimensionalen Skalen zwischen zwei Extremen einordnen lassen. Das ist jedoch wohl nicht der Fall.[30]

Innerhalb der drei Bereiche ›gesellschaftliche Gruppe‹, ›Situation‹ und ›Raum‹ beschäftigt sich die Dialektologie mit dem Bedingungscharakter, den diese drei Faktoren für die Verwendung von Dialekten annehmen können, mit den Funktionen, die der Dialekt hier übernehmen kann, sowie mit den sprachlichen Auswirkungen, die diese Faktoren auf den Dialekt haben. Demgemäß kann man drei Teildisziplinen der Dialektologie unterscheiden:
a) die Dialektsoziologie
b) die Dialektpragmatik
c) die Dialektgeographie

Bisher stand in der Forschung wie erwähnt die Dialektgeographie eindeutig im Vordergrund. Im folgenden sollen nun die beiden anderen Bereiche in den Blick gerückt werden. Doch ist die hier vorgenommene Trennung zwischen den drei dialektologischen Teilgebieten letztlich nur analytisch. In der sprachlichen Realität sind alle drei eng miteinander verwoben, wie sich in den folgenden Kapiteln immer wieder zeigen wird.

Auch theoretisch ist eine solche Trennung zumindest problematisch. Im umfassenderen Rahmen einer Sprachhandlungstheorie für regional begrenzte Kommunikationsgemeinschaften, wie sie die Dialektgemeinschaften darstellen, zeigt sich die gemeinsame Wurzel aller drei Faktoren, der sozialen Gruppe, der Situation und letztlich auch des Raumes in einem übergreifenden Sozialhandlungskontinuum. Der Raum wirkt hierbei als Differenzierung in den kommunikativen Möglichkeiten in horizontaler Hinsicht ebenso wie die soziale Gruppe in vertikaler Hinsicht.

Eine so definierte und gegliederte Dialektologie muß begrifflich von der Sprachsoziologie geschieden werden. Von dieser unterscheidet sich die Dialektologie in erster Linie durch die Beschränkung auf solche Varietäten, die unterhalb der Standardsprache angesiedelt sind. Die Sprachsoziologie ist der übergreifende Wissenschaftsbereich, in dem auch die gesellschaftlichen, situativen und räumlichen Aspekte von Standardsprachen und von sonstigen Sprachvarietäten, etwa Sondersprachen, Fachsprachen und Kontaktsprachen, mit erfaßt werden müssen. Beispiele für sprachsoziologische, aber nicht dialektologische Forschungsbereiche sind etwa ›die Stellung einer Standardsprache als Weltsprache‹, ›Kontaktsprachen fremdsprachiger Bevölkerungsteile‹, ›Entstehung und Normierung von Standardsprachen‹, ›Sprachplanung und

Sprachpolitik‹, aber auch ›die Theorie der gesellschaftlichen Bedingungen und Funktionen von sprachlichem Handeln‹ oder ›die Theorie sozialer Markiertheit von Standardsprachen‹.[31]

Die Dialektologie hat sich dagegen völlig auf den Substandardbereich zu beschränken. Probleme ergeben sich bei dieser terminologischen Festlegung mit dem Begriff ›Soziolekt‹. Nach der Systematik des Begriffssystems wären Soziolekte gesellschaftlich bedingte Varietäten, die jedoch keine regionale Markierung tragen, also etwa überregionale Umgangssprachen oder Fach- und Sondersprachen. Doch ist es in der Sprachwirklichkeit wahrscheinlich nicht leicht, eine reine Ausprägung dieses Varietätentyps aufzufinden, da immer auch regionale Markierungen mit eine Rolle spielen werden. Ebenso wird es sich mit einem Phänomen verhalten, das man in Analogie zur bisherigen Terminologie ›Situalekt‹ nennen könnte; also eine Varietät, die durch die Verwendung in einer bestimmten Situation gekennzeichnet ist, wie etwa die ›Vortragssprache‹ oder ähnliche Sprachstile.

Dagegen wird man einzelne sozial bzw. situativ markierte Sprachelemente in allen Varietäten immer wieder vorfinden. William Labov spricht hier von ›sozialen Markierungen‹.[32] In anderem Zusammenhang werden sie auch ›Schibbolets‹[33] genannt. Göran Hammarström hat hier vorgeschlagen, Sprachelemente, die neben der informativ-kommunikativen Bedeutung auch noch eine soziale oder situative Bedeutung tragen, als ›Sozioleme‹ oder ›Situaleme‹ zu bezeichnen.[34] In Analogie wird man auch von ›Dialemen‹ sprechen können, wenn in einer Textpassage einzelne auf einen bestimmten Dialekt hinweisende Sprachelemente auftreten, ohne daß in die dialektale Varietät umgeschaltet wird. Die Abgrenzungen zwischen einer mit ›Soziolemen‹ oder ›Dialemen‹ stark durchsetzten Standardsprache und einem Dialekt wird jedoch im Einzelfall nur schwer zu treffen sein.

Mit diesen Überlegungen zu möglichen Erweiterungen der hier verwendeten Terminologie und zu der Abgrenzung der Dialektologie von anderen Forschungsbereichen einer gesellschaftsbezogenen Sprachwissenschaft soll der einleitende Abschnitt abgeschlossen sein. Bevor wir uns nun den eigentlichen Fragestellungen der Dialektsoziologie und der Dialektpragmatik zuwenden, sind noch zwei Problemkreise kurz anzusprechen, erstens die Beziehung zwischen dem sozialen und dem situativen Bereich sprachlichen Handelns, die schon in der Titelwahl für die vorliegende Arbeit eine Rolle gespielt haben, und zweitens das Verständnis, das mit dem Begriff ›Dialektpragmatik‹ hier verbunden wird, und das sich von anderen Definitionen dieses recht neuen Begriffs erheblich unterscheidet.

16

1. Situation und soziale Gruppe

Die gesellschaftliche und die situative Gliederung von dialektalen Sprachgemeinschaften ist das Hauptthema, das in der vorliegenden Arbeit behandelt werden soll. Mit dieser Themenstellung ist die zentrale Frage sprachsoziologischen Forschens angesprochen, die Frage nach dem Verhältnis zwischen der Sprache und den gesellschaftlich-situativen Gliederungen innerhalb einer Sprachgemeinschaft und im speziellen auch die Frage nach dem Verhältnis zwischen den sozialen Gruppierungen und den gesellschaftlichen Situationen.

Als Ausgangspunkt wird dabei die Beziehung zwischen Sprache und Gesellschaft gewählt, wie sie sich in einer Sprachhandlungstheorie als Teiltheorie einer allgemeinen Sozialhandlungstheorie darstellt. Sprachhandlungstheorien gehen in der Regel davon aus, daß die Sprechhandlungen und indirekt auch das sprachliche System aus allgemeinen Sozialhandlungen und Sozialhandlungssystemen abgeleitet werden können. Diese Ableitungsbeziehung wird dadurch begründet, daß man annimmt, Sprechen sei eine Sozialhandlung. Eine solche Annahme steht in einem gewissen Widerspruch zu den strukturalistischen und junggrammatischen Basisannahmen über den Charakter der Sprache, nach denen Sprechen in erster Linie Organisation von Bewußtseinsinhalten, ›Formulierung des Denkens‹ ist. Wollte man diesen Ansatz in einer Handlungstheorie berücksichtigen, dann käme allenfalls die Kategorie der ›inneren Handlung‹ als Alternativkategorie zur Sozialhandlung für die adäquate Erfassung von Sprache in Frage.[35] Ohne daß wir diesen Aspekt völlig unberücksichtigt lassen, nehmen wir doch an, daß Sprechen vom Typ her ›Sozialhandlung‹ und zwar vermittelte, mit gesellschaftlich institutionalisierten Zeichensystemen operierende Sozialhandlung ist. Dabei tritt vorerst noch zurück, ob man Sprechen primär als Informationstausch oder als Sozialhandlung betrachtet, und wie man diese beiden Kategorien, die auf zwei verschiedene Sprachfunktionen abzielen,[36] voneinander abgrenzen will.

Wichtiger ist es, an diesem Punkt auf die doppelte Funktion hinzuweisen, die dem Sprechen und auch allen anderen Sozialhandlungen innerhalb einer sozialen Gemeinschaft zukommt: die intentionengeleitete Problemlösung durch soziales Handeln (Sprechen) und die Re-Definition von schon vorhandenen sozial- und situationsspezifischen Sozial- bzw. Sprechhandlungsmustern in der jeweiligen Situation der aktuellen Verwendung.

Durch den Vorgang der Re-Definition indexikalisierter (Sprech-)Handlungsmuster[37] innerhalb von immer neuen, sich unter dem Einfluß allgemeiner gesellschaftlicher Veränderungsprozesse wandelnden Situationen und Anforderungen (Intentionen), befindet sich das Arsenal an Sozialhandlungsmustern in einem ständigen Wandlungsprozeß, dessen Aufbauprinzipien weitgehend den von Coseriu für die allgemeine sprachliche Veränderbarkeit angenommenen Strukturbedingungen entsprechen.[38] Sprache ist als System von Sozialhandlungs-/Sprachhandlungsmustern durch ihre aktuelle Verwendung in den jeweiligen Kommunikationssituationen einem ständigen Wandel ausgesetzt, der alle bedeutungtragenden Ebenen und alle Funktionsbereiche sprachlicher Zeichen von der Darstellungsfunktion bis zur Appellfunktion und von dem Morphem bis zur ganzen Sprachvarietät betreffen kann. Dabei können dann Verschiebungen in den sozialen Wertsystemen und in den kommunikativen Anforderungen an eine Gruppe sehr leicht dazu führen, daß eine Sprachvarietät, die lange Zeit über als angemessen für die alltägliche Sprechsituation gegolten hat, jetzt nicht mehr als angemessen erscheint oder ganz objektiv nicht mehr den erweiterten Ausdruckserfordernissen entspricht. Eine solche Situation wird in etwa vielen dörflichen Sprachgemeinschaften des mittleren Deutschland vorliegen, und sie führt dazu, daß einerseits die öffentliche Varietät langsam in private Sprechsituationen eindringt und daß andererseits auch die Alltagssprache immer mehr unter den Druck der Standardsprache gerät, so daß immer häufiger bewußt oder unbewußt Elemente der Standardsprache in die Alltagssprache übernommen werden.

Über den genauen Ablauf dieser Prozesse ist noch so gut wie nichts bekannt. Im Prinzip wird man sich die Verbindung zwischen den Grundannahmen der Sprachhandlungstheorie und der empirischen Situation in einer Sprachgemeinschaft jedoch so, wie oben skizziert, vorzustellen haben, vermittelt über den Prozeß der Re-Definition von Sprachhandlungsmustern und den Prozeß der allmählichen Veränderungen der kommunikativen Anforderungen und der sozialen Strukturen innerhalb der gegebenen Gesellschaft. Es würde zu weit führen, hier ausführlicher auf den Prozeß der Bildung von Sprachhandlungssystemen durch Institutionalisierungen und Sedimentierung von früher aktuellen Sozialhandlungen und den nicht weniger komplexen Prozeß der gruppenspezifischen Vermittlung von Sprach- und Sozialhandlungssystemen im Zusammenhang mit den allgemeinen Sozialisationsprozessen einzugehen.[39]

Die zwei zentralen Begriffe dieser Überlegungen sind ›soziale Gruppe‹ und ›soziale Situation‹.

Soziale Gruppe wird im vorliegenden Zusammenhang dadurch definiert, daß in ihr Individuen zusammengefaßt sind, die unter vergleichbaren objektiven gesellschaftlichen Lebensbedingungen eine potentielle Kommunikationsgemeinschaft miteinander bilden, und diese gegebenen objektiven Bedingungen wie auch andere objektive Gegebenheiten in ähnlicher Weise interpretieren. Von diesen Gruppen von Individuen wird dann angenommen, daß sie auch ähnliche Sozial- bzw. Sprachhandlungssysteme entwickeln.[40]

Von dieser Annahme über die Struktur sozialer Gruppen kann dann die Hypothese abgeleitet werden, daß es innerhalb von Sprachgemeinschaften Korrelationsbeziehungen zwischen dem beobachtbaren Sprechverhalten und den objektiven und subjektiven, nur im Bewußtsein der Sprecher vorhandenen Lebensbedingungen gibt. Durch die Einbeziehung der subjektiven Komponente der Interpretation von objektiven Lebensbedingungen wird jedoch der Nachweis solcher Korrelationen sehr schwierig, da die Meßmethoden für solche Kategorien noch wenig entwickelt sind.

Die soziale Situation ist in gleicher Weise in die Auffassungen von gesellschaftlichen Gliederungen eingebettet. ›Situation‹[41] wird hier aufgefaßt als die unmittelbar gegebene, konkrete Wirklichkeit, in der sich der Mensch befindet, und in der sich Sozialhandeln – also auch Sprechen – ereignet. Für die Strukturierung und Organisation dieser konkreten menschlichen Wirklichkeit ist die Kategorie ›Situation‹ von entscheidender Bedeutung, indem sie quasi Abschnitte, statische Gegebenheiten in dem sozialen Prozeß bildet, als der die menschliche Wirklichkeit erscheint. Sie werden aus einem gleichzeitig vorhandenen Ensemble von objektiv gegebenen Komponenten durch einen Akt des menschlichen Individuums, hier des Sprechers, konstituiert, in den auch alle subjektiven Aspekte mit einbezogen werden und bilden, in dieser Weise für den Handelnden definiert, die Voraussetzung und das Bedingungsgefüge, nach dem er die passenden Sozialhandlungs- bzw. Sprachhandlungsmuster auswählt. Bei der Festlegung des Situationsbegriffs tritt also ähnlich wie bei der Definition der Kategorie ›soziale Gruppe‹ ein objektiver und ein subjektiver Faktor zusammen.

Nun befindet sich das Individuum, das eine solche Situationsdefinition vollzieht, nicht in einem völlig freien Raum. Die Situationsdefinitionen erfolgen in einem mehr oder weniger stark eingeschränkten Rahmen nach den von den einzelnen Individuen im Sozialisationsprozeß erworbenen Gruppennormen, sie sind also weitgehend gesellschaftlich gebunden und gruppenspezifisch.

Vergleicht man diese Auffassung vom Phänomen ›soziale Situation‹ mit der oben angeführten Definition der sozialen Gruppen, so ergeben sich an drei Punkten Übergänge und Beziehungen zwischen den beiden zentralen Kategorien gesellschaftlicher Strukturierung:

Erstens ist die Situation von zentraler Bedeutung für den Ablauf und besonders die Gliederung der einander ablösenden Sozialhandlungsprozesse. Situationen bilden das Bedingungsgefüge, aufgrund dessen in den Sozialhandlungsprozeß eingebundene Individuen bestimmte Sozialhandlungen ausführen und andere nicht.

Zweitens sind die sozialen Gruppen definiert als Einheiten, die objektive gesellschaftliche Bedingungen ähnlich interpretieren – also ähnliche Situationsdefinitionen vornehmen – und daher auch vergleichbare Sozialhandlungsmuster entwickeln.

Drittens ist die Zugehörigkeit zu einer sozialen Gruppe wiederum von entscheidender Bedeutung für die Art der Gruppennormen, die ein Individuum während der Sozialisation internalisiert. Diese Gruppennormen bestimmen jedoch entscheidend die Art, in der das Individuum Situationen definiert.

Die beiden Phänomene ›soziale Situation‹ und ›soziale Gruppe‹ sind also aufs engste miteinander verschränkt. Das zeigt sich z. B. auch in der Realität einer lokalen Lebensgemeinschaft. Die einzelnen Situationen, in die die Mitglieder der verschiedenen sozialen Gruppen in einer örtlichen Sprachgemeinschaft geraten, bestehen aus einer großen Anzahl von Komponenten, von denen einige zentrale, die meisten nur periphere Bedeutung für die Konstituierung und Veränderung der jeweiligen Situation haben. Die zentralen Komponenten sind Partner, Intention, Gegenstand, Medium, physische Umgebung, örtlich-soziale Umgebung, Handlungszusammenhang und Sozialhandlungsform.

Jede dieser Komponenten kann je nach Situation eine ganze Reihe von Aspekten und Ausprägungen haben. So kann die Komponente ›Partner‹ die Ausprägung ›Familienangehörige der Parallelgeneration‹, › – der Vorgeneration‹, › – der Nachgeneration‹, ›enger Freund‹, ›Verwandter zweiten Grades‹, ›Bekannter‹, ›Fremder‹ usw. haben.

Bei der Analyse der Wechselwirkungen zwischen sozialen Situationen und der in ihnen realisierten Handlungs- bzw. Sprachformen zeigt sich, daß je nach der sozialen Gruppe, die Sprachhandlungen vollzieht, bestimmte Aspekte in den Ausprägungen der Komponenten in den Vordergrund treten und zu zentralen Aspekten werden, während andere in ihrer Bedeutung für die Konstituierung bestimmter aktionaler oder sprachlicher Handlungsweisen zurücktreten. So tritt z. B. bei der Komponente ›Partner‹ die Bedeutung des Aspektes ›Grad der Verwandtschaft‹ zurück gegenüber der Bedeutung des Aspektes ›Nähe zur heimischen Sphäre‹, und das besonders in bestimmten, durch hohe Ortsgebundenheit charakterisierten Sozialgruppen. In diesen Gruppen entscheidet die empfundene Nähe zur heimischen Sphäre darüber, welche Verhaltensweisen und auch welche sprachlichen Verhaltensweisen für einen sozialen Kontakt mit diesem Individuum in der Regel gewählt werden oder gewählt werden müssen.

In anderen sozialen Gruppen am Ort können völlig unterschiedliche Auffassungen über die Bedeutsamkeit von diesem oder jenem Aspekt einer situationskonstituierenden Komponente verbreitet sein. So wird z.B. eine stark unter großstädtischem Einfluß stehende soziale Gruppe, deren Mitglieder den Wohnort nur als ›Nachtquartier‹ betrachten, für die Bewältigung von sozialen Situationen im heimischen Bereich dieselbe Sprachform wählen wie für die Bewältigung von vergleichbaren Situationen im Berufsleben.

Der Aspekt ›Nähe zur heimischen Sphäre‹ spielt hierbei keine Rolle, wohl aber z.B. der Aspekt ›soziale Hierarchie des Gesprächspartners‹. Mit einem hohen Vorgesetzten, aber auch mit Unbekannten, von denen der Sprecher eine hohe Meinung hat, wie z.B. von Universitätsprofessoren, wird er eine von der normalen Verhaltensweise unterschiedene Sprachform benutzen.

Darüber hinaus stehen die einzelnen Komponenten einer sozialen Situation nicht isoliert nebeneinander, sondern sie bedingen sich in ihren Aspekten und der Bedeutsamkeit von Ausprägungen dieser Aspekte untereinander in vielfältiger Weise. Ja, man kann sogar meist beobachten, daß sich bestimmte Konstellationen in diesem System gegenseitig implizieren und ›feste Situationskonstellationen‹ bilden, die jeweils für sie ›typische Verhaltensweisen‹ provozieren. Es zeigt sich also, daß hier ebenso wie bei der Kombination verschiedener sprachlicher Möglichkeiten, die theoretisch mögliche unendliche Vielfalt der Kombinationsmöglichkeiten zwischen den Situationskomponenten, ihren Aspekten und deren Ausprägungen sich in der Realität entschieden einfacher darstellt. Es scheint Solidaritäten zwischen einer Reihe von Komponentenkombinationen zu geben, die zu diesen Situationskonstellationen führen. Und man könnte fragen, ob der von J.A. Fishman herausgearbeitete Begriff der ›Domäne‹ des situativen Sprachgebrauchs, der ja sowohl objektiv feststellbar als auch im Verhalten der Individuen manifest ist, nicht eben solche Phänomene umfaßt.[42]

Soziale Situation und soziale Gruppierungen sind also keine voneinander unabhängigen Phänomene. Das ist für sprachsoziologische Analysen von erheblicher Bedeutung, wurden doch bisher für eine Reihe von sprachsoziologischen Fragestellungen beide Kategorien strikt unterschieden und als alternativ wirkende Steuerungsfaktoren bei der Beschreibung des Verhältnisses von verschiedenen Sprachvarietäten zueinander betrachtet. Doch wird es noch erheblicher Anstrengungen bedürfen, bis die genaue Art der Beziehung zwischen beiden Phänomenen in verschiedenen sozialen Gemeinschaften geklärt ist. Für gegenwärtige sprachsoziologische Analysen wird man vorläufig auch weiterhin von einer analytischen Trennung der beiden Kategorien ausgehen müssen.

2. Pragmatik und ›Dialektpragmatik‹

Wie oben schon angedeutet, wird in dieser Arbeit unter ›Dialektpragmatik‹ ein Teilbereich der Dialektologie verstanden, in dem es um die situativen Bedingungen und Funktionen von Dialektgebrauch insbesondere im Verhältnis zum Gebrauch von anderen Varietäten geht.

Situative Bedingungen werden dabei von sozialen Faktoren unterschieden. Während die Situation das die Sprachhandlung umschließende raum-zeitliche Gefüge mit den momentanen Bedingungen und Intentionen der Sprecher umfaßt, beziehen sich die sozialen Faktoren auf die gesellschaftliche Einbettung der an der Sprechhandlung beteiligten Personen in den jeweiligen gesellschaftlichen Rahmen der Lebensgemeinschaft, aus der sie stammen. Auf Übergänge und enge wechselseitige Bezüge zwischen diesen beiden Bereichen ist schon hingewiesen worden.

Diese Vorstellung von ›Dialektpragmatik‹ stimmt nicht mit Versuchen in jüngster Zeit überein, die auf eine ›Pragmatisierung des Dialektes‹ hinzielen.[43] Deshalb ist es nötig, den hier verwendeten Begriff kurz im Zusammenhang der Pragmatikdiskussion zu erläutern.[44]

›Pragmatik‹ gelangte erst seit dem Ende der 60er Jahre über zwei verschiedene Wege in die sprachwissenschaftliche Diskussion: über die Kritik am zweigliedrigen Zeichenmodell des Strukturalismus und über die auf Wittgenstein und Austin aufbauende Sprechakttheorie.

Die Kritik am zweigliedrigen Zeichenmodell Saussures, durch das als adäquater Gegenstand der Linguistik die Relation zwischen Zeichen bzw. zwischen Zeichenkörper und Zeicheninhalt festgelegt worden ist, setzte bei Morris ein. Morris forderte die Erweiterung des Zeichenmodells um einen dritten Aspekt, den Zeichenbenutzer, also den Sprecher/ Hörer. Alles, was mit den Beziehungen des Zeichenbenutzers zum sprachlichen Zeichen und zum Zeicheninhalt zu tun hat, wurde von Morris und in seiner Nachfolge auch von Georg Klaus als ›Pragmatik‹ bezeichnet. Darunter fallen sowohl alle gesellschaftlichen Aspekte, die mit der Person des Sprecher/Hörers verknüpft sind, als auch alle situativen und sogar die psychischen Faktoren. Im Grunde handelt es sich hierbei um eine Restkategorie, in die alle ›Randbereiche‹ der ›eigentlichen‹ Linguistik beliebig eingegliedert werden können. Für unseren Zusammenhang ist durch diese Ausweitung des statischen Sprachzeichenbegriffs zwar die Dimension der Sprecherbezogenheit und auch der Sprechsituationsbezogenheit hinzugewonnen. Eine Differenzierung zwischen dem sozialen, dem situativen und etwa dem psychischen Bereich kann man jedoch nicht aus diesem Konzept ableiten. Außerdem bleibt der sprachtheoretische Ausgangspunkt auch weiterhin das statische Sprachzeichen als Grundelement des linguistischen Strukturalismus, aus dem die Sprachsysteme sich aufbauen.

Von einer gegensätzlichen sprachtheoretischen Grundposition geht die zweite ›Pragmatik‹-Forschungstradition aus: von der Sprache als einem speziellen Sozialhandlungsprozeß und der Konstituierung historischer Sprachen als Sedimente von früheren Sprachhandlungen. So setzt Wittgenstein anhand seines Sprachspielbegriffs einen neuen Begriff von pragmatischer, durch den Sprachgebrauch, die Sprachverwendung konstituierter Bedeutung an. Die daran anknüpfende Forschungstradition der Pragmalinguistik beschäftigt sich mit Sprechakten, den Bausteinen solcher in einem jeweils speziellen situativ-intentionalen Zusammenhang stehenden Sprachhandlungen. Die Sprachanalyse besteht dabei aus zwei Ebenen, einer grammatischen und einer kommunikativ-pragmatischen Ebene, in der die Beziehungen von Sprechakten zueinander und die gesellschaftlich-situativen Bedingungen und Funktionen von Sprechakten analysiert werden. Die Vorstellungen von Dialektpragmatik, die von Schlieben-Lange und Weidt skizziert worden sind, werden sich hier einordnen. In dem programmatischen Beitrag ›Für eine Pragmatisierung der Dialektologie‹ stellen die beiden Autoren fest: »(...) daß in der Dialektologie vollständig die Frage nach charakteristischen, typischen Sprechweisen einer Dialektgemeinschaft fehlt.«[45] Unter dem Begriff ›typische Sprechweisen‹ sind wohl die linguistischen Einheiten des pragma- oder textlinguistischen Bereichs zu verstehen, also etwa Sprechakte wie ›ich komme morgen‹ oder ›das ist aber schön‹, die, wie die Autoren ausführen, in verschiedenen Dialekten bzw. Varietäten in unterschiedlicher Weise verwendet werden. Die Aufgabe einer Dialektpragmatik ist hier, die regionalen Unterschiede in Form und besonders in Funktion und Bedeutung solcher Floskeln oder Redeweisen zu beschreiben und zu vergleichen.

Aber auch in der Sprechakttheorie findet sich theoretisch kein Ansatzpunkt für die in der vorliegenden Untersuchung vorgenommene Trennung zwischen der Situation und dem sozialen Bereich. Beide Bereiche konstituieren gemeinsam den kommunikativ-pragmatischen Rahmen, dessen Auswirkungen auf die Sprechweisen den eigentlichen Gegenstand der Pragmatik dieser Prägung bilden. Doch zeigt ein Blick auf die bisher vorliegenden Untersuchungen im pragmatischen Bereich, daß hier die sozialen Aspekte in der Regel zurücktreten bzw. teilweise in den situativen Bereich mit integriert erscheinen. Linguistische Pragmatik ist hier oft die Analyse des momentan-situativ gegebenen Zusammenhangs während des Ablaufes von Sprechhandlungen.[46)]

An dieser Praxis setzt die in der vorliegenden Untersuchung verwendete Begrifflichkeit ein. Dialektpragmatik ist die Analyse des Bedingungscharakters sozialer Situationen für die Verwendung von Dialekten und der Funktionen von Dialekt innerhalb von Situationen.

Dialekt und gesellschaftliche Strukturierungen

Das erste Gebiet, das im folgenden anzusprechen sein wird, ist der Bereich der gesellschaftlichen Strukturierungen und ihrer Relevanz für die Verwendung bestimmter Sprachvarietäten. Mit der Kategorie ›gesellschaftliche Strukturierungen‹ wird dabei ein sehr weiter Bereich erfaßt. Hierhin gehören sowohl die Basiskomponenten gesellschaftlicher Gliederungen, ›Geschlecht‹ und ›Alter‹, die jeder Person zuzuordnen sind, als auch die Kategorien komplexer sozialer Strukturen. Dabei wird unterschieden zwischen personenorientierten Strukturen wie ›Schicht‹, ›Klasse‹ oder ›Gruppe‹ und handlungsorientierten Strukturen wie ›Rolle‹ oder ›Situation‹.

1. Geschlecht und Dialekt

In seiner Schrift ›de oratore‹ (III. 45) berichtet Cicero »(...) wenn er seine schwiegermutter Laelia vernehme, sei es ihm, als höre er Plautus oder Naevius, denn es entspräche mehr der natur der frauen, die alte sprache unverderbt zu bewahren; zu ihren ohren dringen ja nicht die redeweisen aller möglichen leute, sie halten daher an dem fest, was sie sich einmal angeeignet haben.«[47]

Durch diese Bemerkung wird Cicero zum Kronzeugen für die alte dialektologische Praxis, die Sprache der Frauen, und besonders der alten Frauen, als den letzten Hort reiner Mundart sorgfältig zu sammeln und zu analysieren. Es ist interessant, daß schon Cicero diese Eigenschaft nicht etwa dem geschlechtsspezifischen Charakter der Frauen zuweist, indem er Frauen von Natur aus für konservativer erklärt als Männer. Schon ihm ist die gesellschaftliche Begründung dieses Phänomens in den unterschiedlichen Kommunikationskontakten von Männern und Frauen bewußt. Wie die Frauen innerhalb der Familie Ciceros, so sind auch die innerhalb einer ländlichen Sprachgemeinschaft oft ihr Leben lang nicht aus ihrem engen Lebensbereich herausgekommen, während die Männer durch berufliche Kontakte, durch den Wehrdienst und ähnliches schon nicht mehr als völlig unbeeinflußte Dialektsprecher betrachtet werden können.

In dem Maße, in dem sich die Dialektologie von der rein dialektgeographischen Fragestellung löste und auch den Problemkreis der gesellschaftlichen und situativen Existenzbedingungen und Wirkungsweisen von Dialekten berücksichtigte, wurde diese These von dem konservativen Charakter der Frauensprache gegenüber der Männersprache jedoch fraglich.[48]

Für Adolf Bach ist die Frau auf dem Lande zwar noch der Hort der Mundart. Sie bewahrt die Volkssprache unverfälschter, haftet fester am Überlieferten und ist allgemein auch in anderen Äußerungen der Volkskultur durchweg bodenständiger als der Mann.

Aber in der Stadt stellt sich für ihn das Verhältnis zwischen Männer- und Frauensprache schon anders dar. Hier unterscheiden sich beide Geschlechter oft dadurch, daß die Frau gewählter und weniger derb spricht und sich insgesamt mehr an den städtischen Ausdrucksweisen orientiert als der Mann.[49]

In der modernen Dialektsoziologie stehen sich zwei unterschiedliche Positionen gegenüber. Einerseits ist die Frauensprache konservativ und am Altüberlieferten orientiert, die Männersprache dagegen mehr dem Neuen geöffnet, andererseits ist die Frau stark standardorientiert und sehr viel leichter als der Mann bereit, die modischere, prestigereichere und hochsprachlichere Ausdruckweise anstatt der angestammten dialektalen zu verwenden.[50]

Eine Diskussion der Bedeutung des Geschlechtes für die Verwendung von Dialekt wird an diesem Widerspruch anzusetzen haben. Vorher muß jedoch das Gesamtgebiet der Geschlechtsspezifik vom Sprachgebrauch in zwei unterschiedliche Objekt-Bereiche getrennt werden: geschlechtsspezifische Unterschiede in der Verwendung verschiedener Varietäten, also etwa der Verwendung von Dialekt und Standardsprache innerhalb einer Sprachgemeinschaft, und Aspekte einer geschlechtsspezifischen Sondersprache der Männer oder der Frauen.

In vielen früheren und in den meisten der heute erscheinenden Arbeiten zum Problem ›Sprache und Geschlecht‹ ist von dem letzten Komplex die Rede.[51] Es werden Unterschiede zwischen Männer- und Frauensprache im Bereich der Lautgebung, der Intonation, der Morpho-Syntax und besonders des Wortschatzes nachgewiesen. So könnte man etwa zeigen, daß Frauen mehr als Männer zur Verwendung von Modalkonstruktionen oder von einschränkend-hypotaktischen Konstruktionen neigen. Auch wird an einer Reihe von Beispielen herausgearbeitet, daß in vielen europäischen Sprachen das Maskulinum die unmarkierte grammatische Form ist und insofern in eine dominierende Position gegenüber dem Femininum gerät.

In den folgenden Überlegungen sollen diese Aspekte des Komplexes ›Sprache und Geschlecht‹ nicht behandelt werden. Hier steht also nicht eine geschlechtsspezifische Analyse von *Sprachregeln* an, sondern eine geschlechtsspezifische Analyse von *Sprachverwendungsregeln*, von Regeln, die über die Verwendung verschiedener sprachlicher Varietäten in einer bidialektalen Sprachgemeinschaft entscheiden. Es zeigt sich jedoch, daß die gesellschaftlichen Mechanismen, die zu Unterschieden in der Sprachstruktur zwischen Männern und Frauen führen, auch für die Unterschiede in der Verwendung verschiedener Sprachvarietäten verantwortlich sind. Zwei Fragestellungen stehen im Zentrum der folgenden Überlegungen: die statistischen Befunde für den Unterschied zwischen Frauen und Männern im Dialektgebrauch und die Frage, in welcher Weise das Geschlecht die Wahl von unterschiedlichen sprachlichen Varietäten beeinflussen kann. Dabei wird, wie auch bei der Analyse der anderen gesellschaftlichen Grundkategorie, des Alters, die Frage gestellt werden müssen, ob sich, und wenn ja, inwieweit sich das Geschlecht als biologisches Geschlecht hier auswirkt, oder ob wir ein ›biologisches Geschlecht‹ von einem ›sozialen Geschlecht‹ unterscheiden müssen, in dem die gesellschaftlichen Sonderbedingungen jedes Geschlechtes zusammengefaßt werden.

1.1. Statistisches über Dialekt und Geschlecht

Stellt man eine Reihe von statistischen Angaben über Unterschiede im Dialektgebrauch zwischen Männern und Frauen in einer Tabelle zusammen, so ergibt sich folgendes Bild.

Tabelle 1: Differenzen in der Dialektkenntnis zwischen Frauen und Männern[a].

Raum	Prozentualer Anteil der		
	Frauen	Männer	Differenz
Schleswig-Holstein 1.[b]	64.7	70.0	5.3
2.[c]	63.6	65.9	2.3
Hamburg[c]	28.6	31.3	2.7
Bayern[c]	70.4	71.8	1.4
W.-Berlin[c]	34.1	44.0	9.9
NRW[c]	41.7	52.0	10.3
Saarland[c]	81.8	71.4	− 10.4
Rhld-Pfalz[c]	70.3	82.5	12.2
Hessen[c]	58.2	69.9	11.7
Niedersachsen[c]	41.1	51.9	10.8
Bremen[c]	20.0	71.4	51.4
Baden-Württemb.[c]	62.4	65.8	3.4
Nord-B.-W.[c]	57.7	54.8	− 2.9
Süd-B.-W.[c]	67.1	77.6	10.5

Tabelle 1 (Fortsetzung)

Raum	Prozentualer Anteil der		
	Frauen	Männer	Differenz
Ortspunkt in der Altmark[d]	42.0	55.0	13.0
Thüringen: [e]			
Eichsfeld	57.0	64.0	7.0
Zentralthür.	25.2	31.0	5.8
Hennebergisch	82.7	85.2	2.5

a) Tabelle aus verschiedenen statistischen Angaben. Unterschiedl. Zeitpunkte der Erhebung! Unterschiedliche Erhebungsmethoden!
b) Kamp-Lindow (1969)
c) Heuwagen (1974)
d) Schönfeld (1974) (hier wird Sprachgebrauch und nicht Sprachkenntnis erhoben, ebenso in Thüringen)
e) Spangenberg (1969)

Zwei Ergebnisse lassen sich in etwa aus den in dieser Tabelle zusammengestellten Daten ableiten: Erstens kennen und sprechen mit nur zwei Ausnahmen die Frauen durchschnittlich weniger Dialekt als die Männer. Bis auf das Saarland und den Bereich von Nord-Baden-Württemberg ist der Prozentsatz der Männer mit Dialektkenntnis bzw. Dialektgebrauch z. T. erheblich höher als der der Frauen. Zweitens unterscheiden sich die Regionen ganz erheblich in dem Grad der Verbreitung von Dialektkenntnis unter Frauen und Männern. Die Werte schwanken zwischen 1.4 % in Bayern und 51.4 % in Bremen. Selbst wenn wir davon absehen, daß eine unterschiedliche Einstellung zum Dialekt sicherlich zu einem nicht geringen Teil die Realität der Angaben verzerrt[52], bleibt doch die überraschende Tatsache, daß offensichtlich die Korrelation zwischen Geschlecht und Dialektkenntnis in den einzelnen deutschen Landschaften recht unterschiedlich ist. Die detaillierte Interpretation dieses Befundes fällt schwer, da alle weiteren Daten fehlen. Wahrscheinlich ist dieser Befund nur aus dem jeweils besonderen Verhältnis zwischen Dialekt und Standardsprache in den einzelnen Regionen zu erklären. So ist der Dialekt in Bayern, aber auch im Thüringischen Henneberg noch sehr fest. Eine gesellschaftliche Abwertung, auf die Frauen, wie unten zu zeigen sein wird, im allgemeinen schneller reagieren als Männer, hat hier noch nicht eingesetzt. Es gibt nur einen minimalen Unterschied zwischen den Geschlechtern. Als Gegenpol ist Hamburg und z. T. auch das Zentralhüringische zu betrachten. Hier ist der Dialekt durchweg schon stark zurückgedrängt und weitgehend auf die älteren

Bevölkerungsgruppen konzentriert. Die Differenzwerte sind auf einem allgemein niedrigen Dialektniveau von ca. 30 % ebenfalls sehr niedrig. In Regionen, in denen der Differenzwert um 10 Prozent pendelt, haben wir es wohl mit der Normalsituation zwischen Dialekt und Standardsprache zu tun. Der Dialekt ist teilweise erheblich negativ gesellschaftlich indiziert. Frauen sind eher als Männer dazu bereit, auf diese Konstellation mit der Aufgabe des Dialektes oder zumindest mit der Verleugnung des Dialektes bei Befragungen zu reagieren.

Besonders zu erklären sind die Regionen, in denen mehr Frauen als Männer Dialekt sprechen, und die Freie und Hansestadt Bremen, wo die Differenz zwischen Frauen und Männern mehr als 50 Prozent beträgt. Für das Saarland und auch für den nördlichen Teil von Baden-Württemberg könnte man vermuten, daß hier der Anteil der nicht berufstätigen Hausfrauen zumindest im Befragungssample überrepräsentiert ist und daß dadurch die Ergebnisse zustande kommen. Es wird noch zu zeigen sein, daß Hausfrauen besonders in den Altersstufen nach dem 40. Lebensjahr mehr Dialekt sprechen als die gleichaltrigen Männer. Für die krassen Unterschiede in der Dialektkenntnis in Bremen können, wenn hier kein Erhebungsfehler vorliegt, nur erhebliche Unterschiede in der Einstellung zum Dialekt verantwortlich gemacht werden, weniger jedoch der städtische Charakter der Hansestadt, da Städte wie Hamburg und Westberlin andere Werte zeigen.

Die in der Tabelle 1 angegebenen Daten beruhen auf Befragungen danach, ob man den Dialekt der Region kennt bzw. ob man Dialekt verwendet. Es sind jedoch auch Untersuchungen über den Unterschied im Grad der Dialektalität zwischen Frauen und Männern angestellt worden. Die bisher umfangreichste Untersuchung dieser Art, die Analyse der Dialektniveau-Unterschiede zwischen den Geschlechtern in einer Reihe von schwäbischen Orten von Ammon,[53] zeigt in der Tendenz dieselbe Richtung wie die indirekten Befragungen. Frauen sprechen etwas weniger dialektal als Männer. Nicht so deutlich sind die entsprechenden Ergebnisse in dem niedersächsischen Ort Osterholz-Scharmbeck, den Dieter Stellmacher untersucht hat.[54] Hier gibt es keine signifikanten geschlechtsspezifischen Unterschiede, obgleich die Tendenz der Werte auch in Richtung auf ein Übergewicht der Männer deutet.

Else Hofmann hat in ihrer Untersuchung von Nauborner Arbeitern und Arbeiterinnen nur eine bestimmte Alters- und Berufsgruppe der Frauen mit der entsprechenden der Männer verglichen, nämlich die angelernten Arbeiterinnen zwischen 18 und 30 Jahren. Hier zeigte sich bei den Frauen im Gegensatz zu den bisherigen Befunden ein höherer Dialektalitätsgrad als bei den Männern.[55]

Dieses Ergebnis führt zu der Frage, inwieweit sich neben der Region, deren Relevanz oben beobachtet werden konnte, noch andere Faktoren, etwa Berufstätigkeit, Alter und Gesprächssituation, auf die Unterschiede zwischen dem Umfang der Dialektalität bei Frauen und Männern zeigen. Das Alter spielt bei den Unterschieden im Dialektgebrauch zwischen Frauen und Männern eine erhebliche Rolle. Das läßt sich durchweg aus den entsprechenden statistischen Angaben erschließen, von denen einige hier zusammengestellt sind:

Tabelle 2: Beziehung zwischen Dialekt, Alter und Geschlecht in verschiedenen deutschsprachigen Regionen (in Prozent).

ländliche Altmark DDR (Schönfeld, 1974)				BRD Durchschnitt (Heuwagen, 1974)			
Alter	weib-lich	männ-lich	Diffe-renz	Alter	weib-lich	männ-lich	Diffe-renz
16−24	0	7.1	7.1	16−24	43.9	52.3	8.4
25−34	9.7	25.8	16.1	25−39	48.9	59.5	10.6
35−44	11.4	31.6	20.7	40−49	58.8	68.2	9.6
45−64	29.2	29.2	0	50−64	60.4	64.8	4.4
über 64	52.7	25.4	27.3	über 64	57.3	66.0	8.7

Schleswig-Holstein (Kamp/Lindow, 1967)

Alter	weib-lich	männ-lich	Diffe-renz
3−6	14.2	19.2	5.5
6−14	34.0	39.4	5.4
14−25	51.5	63.8	11.8
25−35	65.0	78.5	13.5
35−65	73.6	80.0	6.4
65 und älter	80.8	85.3	4.5

Drei Regionen in Thüringen (Eichsfeld, Zentralthüringen, Henneberg) (Spangenberg, 1969)

Alter	Eichsfeld			Zentralthüringen			Henneberg		
	weib-lich	männ-lich	Diffe-renz	weib-lich	männ-lich	Diffe-renz	weib-lich	männ-lich	Diffe-renz
unter 6	0	3.5	3.6	1.5	1.8	0	47.7	54.8	7.1
6−14	10.7	17.6	9.9	8.9	7.1	−1.8	65.2	74.2	9.0
15−21	37.3	49.1	11.8	14.8	22.0	7.2	82.0	87.8	5.8
22−30	73.2	90.6	17.4	7.7	21.8	14.1	91.7	90.8	−0.9
31−45	87.5	96.4	9.1	28.7	39.2	10.5	97.8	97.5	−0.3
46−61	94.9	93.5	−2.4	41.9	45.7	3.8	96.1	95.2	−0.9
über 61	95.6	97.2	1.6	74.2	79.7	5.5	98.2	96.2	−2.0

Trotz der Unterschiede zwischen den einzelnen Statistiken sowohl in der Einteilung der Altersgruppen als auch in Bezug auf den abgefragten Gegenstand – einmal wurde Dialektkenntnis, ein anderes Mal Dialektgebrauch abgefragt – lassen sich doch eine Reihe von Übereinstimmungen in den Tendenzen der Werte feststellen. Einmal zeigt sich mit zunehmendem Alter durchgehend eine Abnahme der Differenzen zwischen der Verbreitung des Dialektes bei Frauen und Männern. Besonders in Regionen mit starker Dialektverbreitung führt das sogar dazu, daß die Frauen mehr Dialekt sprechen als die Männer.

Die zweite durchgehende Tendenz betrifft die Altersgruppen von 20 bis ca. 35–40 Jahren. Hier unterscheiden sich Männer und Frauen durchweg am meisten im Dialektgebrauch. Frauen verwenden in dieser Zeit immer erheblich weniger Dialekt als Männer. Eine Ausnahme bildet dabei nur das Hennebergische, wo der Dialekt durchweg noch sehr fest ist. Diese Erscheinung wird noch detaillierter zu analysieren sein. Wahrscheinlich hängt die relativ geringe Tendenz der Frauen zum Dialekt in diesem Alter jedoch mit der Kindererziehung zusammen, mit der Frauen mehr beschäftigt sind als Männer. In dieser Phase versuchen auch sonst im Dialekt stehende Frauen vermehrt Hochdeutsch mit den Kindern zu sprechen.

Die Auswirkungen der Berufstätigkeit auf Unterschiede im Dialektgebrauch zwischen Männern und Frauen lassen sich nicht so einfach anhand von statistischen Daten erfassen. Für die gesamte BRD ergibt eine Dialektumfrage des demoskopischen Instituts Allensbach Mitte der 60er Jahre folgendes Bild:

Tabelle 3: Dialektkenntnis nach Berufsgruppen und Geschlecht[a].

Berufsgruppen	Frauen	Männer	Differenz
Landwirte	80.2	90.6	10.4
Landarbeiter	60.0	88.9	28.9
sonst. Arbeiter	60.3	61.1	0.7
geprüft. Facharbeiter	56.8	64.7	7.9
nichtltd. Angestellte	46.6	49.6	3.0
ltd. Angestellte	51.5	53.5	2.0
Beamte: mittl., unter.	32.0	55.8	23.8
Beamte: höherer Dienst	22.6	47.1	24.5
Handwerker Geschäftsleute Unternehmer	47.3	53.6	6.3
Freie Berufe	30.4	53.3	22.9

a) Heuwagen (1974)

Nehmen wir die in der Landwirtschaft beschäftigten Personen heraus, die, was die Dialektalität angeht, unter Sonderbedingungen stehen, so zeigt sich eindeutig, daß besonders bei den Beamten und den freien Berufen in der Dialektkenntnis erhebliche Unterschiede zwischen Männern und Frauen bestehen. Das ist vermutlich dadurch zu erklären, daß in diesen Berufsgruppen Frauen fast ausschließlich in schreibenden Tätigkeiten beschäftigt sind, während der Tätigkeitsbereich sich bei den Männern dieser Gruppen mehr verteilt. Vergleicht man jedoch die erheblichen Unterschiede zwischen den Beamten und den Angestellten, so wird man vermuten, daß innerhalb der weiblichen Beamtenschaft noch ein zusätzlicher starker Trend zur Standardsprachigkeit vorhanden ist, der sich bei den weiblichen nichtleitenden und leitenden Angestellten nicht zeigt.

Else Hofmann hat in ihrer Analyse des Dialektalitätsgrades pendelnder Arbeiter im Hessischen, wie oben erwähnt, eine weibliche Arbeitergruppe mit einer entsprechenden männlichen verglichen. Es handelt sich dabei um junge Mädchen und Frauen, die im Untersuchungsort aufgewachsen sind und seit dem 18. Lebensjahr als Arbeiterpendler in die nahegelegene Stadt fahren. Sie sind durchweg als ungelernte oder angelernte Arbeiterinnen in einer Fabrik für optische Geräte beschäftigt.

Tabelle 4: Vergleich zwischen pendelnden Arbeitern und Arbeiterinnen zwischen 18 und 28/30 Jahren.

Berufe	Abweichung vom Dialekt
Eisenhüttenarbeiter 18–28 Jahre, angelernt	48.3 %
Arbeiter, optische Ind. 18–28 Jahre, gelernt	49.0 %
Arbeiter, optische Ind. 18–28 Jahre, angelernt	49.0 %
Arbeiterinnen, opt. Ind. 18–30 Jahre, angelernt	38.1 %

Die Daten der Tabelle[56] zeigen deutlich, daß die ungelernten Arbeiterinnen fester im Dialekt stehen als ihre männlichen Kollegen. Berücksichtigt man jedoch auch Nebenformen, dann zeigt sich, daß diese Frauengruppe viel häufiger als die Männergruppe neben der Dialektform auch die umgangssprachliche Form verwendet. Sie ist also insgesamt variabler und heterogener als die Sprache der Männer.

Auch Ulrich Ammon[57] hat in dem von ihm untersuchten schwäbischen Raum das Dialektniveau der Frauen und der Männer in verschiedenen Berufsgruppen miteinander verglichen. Durch eine Reihe von Korrelationen kann Ammon drei Hypothesen über das Verhältnis des Dialektgebrauchs bei Frauen und Männern verschiedener Beschäftigungsweise zumindest in der Tendenz bestätigen.

Erstens sprechen im Schwäbischen Männer durchschnittlich weniger dialektal als Frauen. Zweitens sprechen jedoch berufstätige Männer weniger Dialekt als Hausfrauen und drittens sprechen berufstätige Frauen weniger Dialekt als Hausfrauen. Zwischen berufstätigen Männern und berufstätigen Frauen gibt es keinen Unterschied in der Dialektalität ihres Sprachgebrauchs. Das Übergewicht der Dialektalitätsunterschiede zwischen Frauen und Männern muß vor dem Hintergrund der hier angeführten Daten als regional- und altersspezifisch betrachtet werden.

Die besondere Bedeutung auch der Berufstätigkeit für die Verwendung von Dialekt wurde jedoch in den Ergebnissen von Ammon und Hofmann deutlich erkennbar.

Vergleicht man dieses Ergebnis mit der Abhängigkeit des Dialektgebrauchs von bestimmten Lebensphasen, in denen die Frau mit der Kindererziehung beschäftigt ist, dann zeigt sich, daß als vierter Faktor neben der Region, dem Alter und der Art der beruflichen Tätigkeit sicherlich auch die Verwendungssituation der Sprache zu Unterschieden zwischen dem Dialektgebrauch von Männern und Frauen führt.[58]

Tabelle 5: Dialektgebrauch nach Alter und Verwendungssituation in der BRD.

Von Personen mit Dialektkompetenz sprechen ihn nach Geschlecht und Alter (in Prozenten):

	16−29	30−44	45−59	über 60
in der Familie				
männlich	75.0	75.6	81.3	87.8
weiblich	85.7	80.6	81.1	88.5
im Freundeskreis				
männlich	76.5	77.9	79.2	81.1
weiblich	68.3	63.1	73.1	75.0
bei der Arbeit				
männlich	58.3	59.3	65.6	(44.4)[a]
weiblich	42.9	39.8	40.5	(34.4)[a]

[a] Teilweise im Rentenalter

Während die Frau durchweg in der Familie mehr Dialekt verwendet als der Mann, wenn der Dialektgebrauch auch in der Zeit der Kindererziehung abnimmt, unterscheiden sich beide Geschlechter bei der Arbeit recht erheblich in umgekehrter Richtung.

Aber auch im Freundeskreis, der normalerweise in ländlichen Bereichen noch stark dialektal geprägt ist, sprechen Frauen deutlich weniger Dialekt.

1.2. Sprachgebrauch und soziales Geschlecht

Die kurze Skizze der statistischen Angaben über die unterschiedliche Dialektverwendung bei Männern und Frauen läßt erkennen, daß für die Erklärung dieser Unterschiede wahrscheinlich ein ganzes Bündel von Faktoren herangezogen werden muß.

Bevor jedoch auf diese Faktoren und ihre Wirkungsweise im einzelnen eingegangen wird, muß die Frage geklärt werden, ob wir bei den Unterschieden im Sprachverhalten zwischen Männern und Frauen auch mit Faktoren zu rechnen haben, die auf das biologische Geschlecht und die sich daraus ergebenden physischen und psychischen Unterschiede zurückzuführen sind.

Eine Begründung von Unterschieden im Sprachgebrauch durch physische Unterschiede wird nirgendwo ernsthaft behauptet. Hier könnte man allenfalls auf Unterschiede in der Stimmlage und ähnliches hinweisen. Dagegen finden sich besonders in älteren Untersuchungen oft Hinweise auf biologisch bedingte psychische Unterschiede zwischen den Geschlechtern, die zu Unterschieden im Sprachverhalten führen.[59] So neige die Frau durchweg mehr zum Bewahren und halte deshalb mehr am Dialekt fest als die Männer. Andererseits wird aber auch eine typisch weibliche erhöhte Anpassungsbereitschaft und eine allgemein weiter entwickelte Empfindlichkeit und Neigung für das Gewählte konstatiert.[60] Daraus läßt sich dann genau das Gegenteil, nämlich eine größere Neigung der Frau zur Standardsprache ableiten.

Hier stellt sich die Frage, ob sich im psychischen Bereich überhaupt ausschließlich biologisch fundierte geschlechtsspezifische Unterschiede empirisch nachweisen lassen. Nach neueren Forschungen auf diesem Gebiet wird man eher davon ausgehen können, daß die konstatierbaren geschlechtsspezifischen psychischen Unterschiede durch die unterschiedliche Position von Frau und Mann in unserer Sozialordnung motiviert sind. Die Auswirkungen psychischer Dispositionen auf das Sprachverhalten sind daher nicht auf das biologische Geschlecht zurückzuführen, sondern auf ein Phänomen, das man das »soziale Geschlecht« nennen könnte.

Im Begriff ›soziales Geschlecht‹ werden alle diejenigen gesellschaftlichen Faktoren zusammengefaßt, die auf Frauen und Männer in unterschiedlichem Maße zutreffen, in denen sich die gesellschaftliche Ungleichheit zwischen Frauen und Männern zeigt. Es handelt sich dabei sowohl um rein äußerliche Unterschiede wie etwa der unterschiedlichen Berufe bei den Geschlechtern oder der unterschiedlichen Aufgabenverteilung innerhalb der Familie, als auch um wesentlich diffizilere Unterschiede, die sich z. T. aus den äußeren Differenzen ergeben. So muß man sicherlich auch die immer wieder festgestellte größere Anpassungsbereitschaft und Anpassungsfähigkeit der Frau als ein Ergebnis gezielter Sozialisationsmaßnahmen ansehen, die schon im frühen Kindesalter einsetzen.[61]

Die aus diesem ›sozialen Geschlecht‹ abgeleiteten Unterschiede zwischen Männern und Frauen führen nicht direkt zu Differenzen zwischen dem Sprachverhalten der Geschlechter, sondern in erster Linie zu Unterschieden in den Tätigkeitsbereichen und in der Rollenstruktur, wobei sich auch der Faktor ›Alter‹ entscheidend auswirkt. Faßt man die Wirkungsformen aller dieser Faktoren, der Rollenstruktur, der Tätigkeitsbereiche und des Alters zusammen, dann lassen sich eine Reihe von typischen Differenzkonstellationen zwischen dem Sprachgebrauch der Frauen und dem der Männer unterscheiden, die hier abschließend als ein erster Gliederungsversuch der Beziehungen zwischen Geschlecht und Sprachgebrauch zusammengestellt werden sollen.

1. In der Schulzeit sprechen Mädchen sehr häufig weniger Dialekt als Jungen. Das zeigt sich sowohl an einigen der oben angeführten Altersstatistiken als auch in einer Untersuchung der Dialektverbreitung in den Kreisen Nordheim und Bamberg.[62] Im Kreis Bamberg sprechen die Jungen in den Grundschulen zur Zeit der Umfrage (1955/56) zu 75.1 % Dialekt und die Mädchen nur zu 69.2 %. Im Kreis Nordheim im östlichen Niedersachsen zeigt sich auf erheblich niedrigerem Gesamtniveau dieselbe Tendenz. Die Grundschuljungen sprechen zu 9.0 % und die Mädchen nur noch zu 6.8 % Dialekt. Dieses Phänomen greift Ammon in einer 1978 erschienenen Analyse der Verbreitung des Dialektes bei schwäbischen Schulkindern auf.[63] Auch er stellt durchweg fest, daß die Schulkinder sich in alltagssprachlichen Situationen erheblich nach Geschlechtern unterscheiden. Jungen haben in diesem Alter in der Alltagssprache eine signifikant höhere dialektale Ausdrucksweise als Mädchen. Nicht bestätigen kann Ammon jedoch die Vermutung, daß diese Differenz zwischen Geschlechtern in der höheren, an der Standardsprache orientierten Ausdrucksweise, wie sie dem Lehrer gegenüber norma-

lerweise angewendet wird, noch deutlicher hervortritt. In der Standardsprache werden die Unterschiede zwischen den Geschlechtern sogar geringer als in der Alltagssprache.

Offensichtlich wird hier der Dialekt durch die Standardsprache geschlechtsspezifisch unterschiedlich verdrängt. Während die Forderung nach der Standardsprache in offiziellen Situationen von Jungen und Mädchen in gleicher Weise akzeptiert wird, haben auf alltagssprachlicher Ebene bisher nur die Mädchen in der Tendenz diese Forderung akzeptiert, die Jungen verharren weiter im Dialekt, evt. betrifft die Standardforderung sie auch insgesamt weniger als die Mädchen, die schon von klein auf mehr dazu aufgefordert werden ›fein zu sprechen‹.[64)]

2. In einer Reihe von informellen Beobachtungen konnte festgestellt werden, daß sich besonders bei ortsgebundenen, also im Ort selbst beschäftigten Jugendlichen der Unterschied zwischen jungen Männern und Mädchen nach dem Schulaustritt noch verstärkt. Das ist wohl nicht auf eine weitere Annäherung der Mädchen an die Standardsprache, sondern auf eine verstärkte Zuwendung der schulentlassenen Jungen zum Dialekt zurückzuführen. Hier wirkt sich besonders die zunehmende Bindung der Jungen an die peer-group aus, aber auch der Eintritt der Jungen in oft noch dialektal geprägte landwirtschaftliche oder handwerkliche berufliche Bindungen.

Die bei vielen Eltern vorhandene Tendenz zur Hochspracheerziehung hört normalerweise bei den Jungen ebenfalls mit dem Schulaustritt auf. Die Mädchen stehen dagegen oft noch weiterhin unter der Forderung nach einer gewählten, guten Ausdrucksweise. Das zeigt sich besonders deutlich etwa bei ländlichen Tanzveranstaltungen, wo Mädchen in viel höherem Maße als Jungen Standardsprache verwenden und auch von ihren Partnern fordern. Ebenso kann es in dieser Situation dazu kommen, daß die ingroup-Sprache sowohl der Jungen als auch der Mädchen Dialekt ist, die outgroup-Sprache jedoch, die Sprachform zwischen Jungen und Mädchen, ist Standard oder Umgangssprache.

3. Aus den Analysen von Hofmann ergibt sich, daß junge, vorwiegend unverheiratete Arbeiterinnen eine dialektalere Ausdrucksweise haben als gleichaltrige Arbeiter. Diese Ergebnisse, die auf der Untersuchung objektiven Sprachmaterials beruhen, stehen in direktem Gegensatz zu den subjektiven Äußerungen derselben Arbeiterinnen. Wie Hofmann berichtet, führte bei der Befragung dieser Gruppe schon allein die Tatsache, daß sie in Mundart und nicht in Hochdeutsch interviewt wurden, dazu, daß einige beleidigt waren.

»Auf die Frage, warum sie sich denn bewußt darum bemühten, ihre Mundart abzulegen, antwortete man mir, daß ich wissen müsse, wie unangenehm es sei, wenn man mit dem Platt-Sprechen auffalle.«[65] Andere antworteten: »(…) wir gehen ja nicht mehr auf das Feld und in den Stall, wie unsere Mutter es noch tun mußte, wir haben es wie die jungen Frauen in der Stadt und wollen uns auch so benehmen und sprechen wie die.«[66] Einige Informantinnen gaben zu, anfangs in der Stadt kein Wort gesprochen zu haben aus Angst, nicht »für voll genommen zu werden (…)«.[67]

Hier zeigt sich ein Ansatzpunkt für eine durchgehende Kritik an den Befragungen über die Verwendung von Dialekt, auf die schon vorher hingewiesen worden ist. Die gesellschaftlich bedingten Unterschiede in der Anpassungsbereitschaft und in der Reaktion auf vermeintliche oder reale gesellschaftliche Normforderungen zwischen Männern und Frauen führen nicht nur zu Unterschieden in der Dialektverwendung. Der Sprachsoziologe muß auch damit rechnen, daß sich diese Faktoren in unterschiedlichem Maße bei Männern und Frauen bei der Beantwortung von Fragen nach der Verwendung von Dialekt auswirken. Frauen werden in diesem Falle wahrscheinlich eher solche Antworten geben, von denen sie annehmen, daß sie den allgemeinen gesellschaftlichen Anforderungen entsprechen als Männer, speziell dann, wenn es sich bei der Befragungssituation um eine offizielle Situation und ein Gespräch mit einem Fremden handelt. Das gilt besonders für die jüngeren und mittleren Altersklassen, während man in den höheren Altersklassen wahrscheinlich eher mit der Realität entsprechenden Antworten rechnen kann.

Die von Hofmann auf den Dialektalitätsgrad ihrer Sprache hin untersuchten Arbeiterinnen haben also offensichtlich kein reales Bild von der Dialektalität der Sprache, die sie alltäglich verwenden. Sie halten diese Sprache für weniger dialektal, als sie in Wirklichkeit ist.[68]

4. In fast allen Statistiken zeigte sich eine Zunahme der geschlechtsspezifischen Differenz zwischen Dialekt und Standardsprache in den Jahren von 20 bis 35/40. Es wurde schon darauf hingewiesen, daß sich hier wahrscheinlich die besonderen Anforderungen an die Mütter bei der Primärerziehung, speziell der primären Spracherziehung der Kinder zeigt, von der die Väter in der Regel seltener in Anspruch genommen werden. Hier wirken sich Erziehungshaltungen aus, die in ländlichen und dialektgeprägten Regionen nicht vor dem Ausgang des II. Weltkrieges, wahrscheinlich aber erst seit dem Ende der 50er Jahre üblich geworden sind. Im Zusammenhang mit der allgemeinen Aufwertung des Bildungsfaktors auch in den mittleren und unteren

Schichten der Bevölkerung gehen diese Gruppen vermehrt dazu über, ihre Kinder hochsprachig zu erziehen, also als Primärsprache mit den Kindern nicht den sonst als Familiensprache durchaus noch gebräuchlichen Dialekt, sondern von Anfang an soweit als möglich die Standardsprache zu verwenden. Nur Regionen wie das Hennebergische, in denen der Dialekt noch fest ist, machen hier eine Ausnahme. Daß diese neue Tendenz zumindest momentan noch keine massive Aufgabe der Dialekte überhaupt zur Folge hat, zeigt sich daran, daß in vielen Regionen die jüngeren weiblichen Jahrgänge mehr Dialekt verwenden als die Mädchen im Schulalter und daß bei weiblichen Jugendlichen der Dialekt nach dem Schulaustritt sekundär vermittelt zunimmt.

5. Ammon hat für den schwäbischen Raum Unterschiede im Dialektgebrauch festgestellt, die auf Unterschiede im Tätigkeitsbereich zurückzuführen sind. Besonders in den mittleren und älteren Jahrgängen gibt es erhebliche Unterschiede zwischen der berufstätigen Frau und der Hausfrau, die meist weitgehend auf die Familie und einen engeren Lebensraum konzentriert ist und deshalb eine Varietät mit geringerer regionaler Reichweite verwendet. Auf dieses Phänomen sind wohl auch die erheblichen Zunahmen des Dialektgebrauchs bei Frauen über 45 Jahre in einer Reihe von weiteren oben angeführten Statistiken zurückzuführen. Offensichtlich werden diese Statistiken stark von der Gruppe der älteren Hausfrauen beeinflußt. Bei den Männern ist in derselben Lebensphase keine Zunahme des Dialektes im selben Maße zu erkennen. Hier hält sich der Dialekt bis zum Austritt aus dem Berufsleben weitgehend konstant. Erst dann nimmt der Dialektgebrauch in einigen Regionen bei den Männern wieder leicht zu und nähert sich dem Dialektanteil bei den gleichaltrigen Frauen. Die Vermutung Ammons, der Dialekt nehme mit dem Austritt des Mannes aus dem Berufsleben abrupt zu, und es gebe signifikante Unterschiede zwischen dem Dialektalitätsgrad der Männer im Berufsleben und nach dem Austritt aus dem Berufsleben, läßt sich nur an dem Untersuchungsergebnis von Spangenberg für das schwach dialektale Zentralthüringische bestätigen. In allen anderen untersuchten Fällen stellt sich der Übergang nur graduell dar. Man kann vermuten, daß die Berufstätigkeit besonders im höheren Alter kein besonders prägender Faktor für die Verwendung von Dialekt ist.

Als Ergebnis der skizzenhaften Untersuchung des Verhältnisses von Dialekt und Geschlecht kann festgehalten werden, daß es erhebliche Unterschiede zwischen dem Sprachverhalten von Frauen und Männern in dialektgeprägten Regionen gibt und daß sich Frauen und Männer auch signifikant hinsichtlich der Dialektalität ihrer Alltagssprache unterscheiden. Der aus den Befragungen abzuleitende allgemeine Trend, daß Frauen durchweg weniger Dialekt sprechen als Männer, wird durch die bisher leider erst sehr sporadisch durchgeführten Dialektalitätsmessungen nicht bestätigt. Hier zeigt sich in allen untersuchten Fällen, daß Frauen ebenso dialektal oder sogar dialektaler sprechen als Männer.

Die Ursachen für die geschlechtsspezifischen Unterschiede sind nicht im biologischen, sondern im sozialen Geschlechtsunterschied zwischen Frauen und Männern zu suchen, durch den die Geschlechter sowohl im Tätigkeitsbereich als auch in der Rollenstruktur erhebliche Unterschiede aufweisen. Neben diesen, auf die einzelne Person bezogenen Faktoren wirkt sich aber noch eine weitere Komponente auf die geschlechtsspezifischen Sprachunterschiede aus, die nur indirekt mit dem sozialen Geschlecht zusammenhängt: die Regionalität. Aufgrund komplexer soziokultureller Entwicklungen sind in den vergangenen Jahrhunderten in den verschiedenen deutschsprachigen Regionen Unterschiede in der gesellschaftlichen Position von Frauen und Männern entstanden, die sich heute offensichtlich auch in einem geschlechtsspezifisch unterschiedlichen Verhältnis zwischen Dialekt und Standardsprache in den verschiedenen Regionen auswirken.

2. Dialekt und Alter

Schon in den älteren dialektologischen Forschungsansätzen ging man durchweg davon aus, daß das Alter der Sprecher einer der Faktoren ist, die den Dialektgebrauch beeinflussen. Das ist auch einer der Hauptgründe dafür gewesen, daß sich sowohl die frühen Ortsgrammatiken als auch die Erhebungen zum Deutschen Sprachatlas ausdrücklich an eine bestimmte Altersgruppe wendeten. Die frühen Ortsgrammatiken nach dem Wegenerschen Muster[69], aber auch die zur Ergänzung des Sprachatlasses seit dem Beginn des 20. Jahrhunderts entstehenden geographisch orientierten Dialektgrammatiken, wählten als Gewährspersonen in der Regel alte Menschen, die möglichst zeitlebens in dem Untersuchungsort gewohnt hatten. Da diese Bedingung häufig nur von alten Frauen erfüllt wurde, entwickelte sich der Forschungstopos von der alten ortsansässigen Frau als idealer Gewährperson für dialektgeographische Aufnahmen.[70]

Andere Dialektologen folgten in ihrer Methode dem Deutschen Sprachatlas und wählten für die Sprachaufnahmen »die Sprache der *Schulkinder* (…), als (..) Träger der Zukunft (der Sprache).«[71]

Erst Zwirner ging bei den Aufnahmen zum Deutschen Spracharchiv so weit, daß er zur Repräsentation der Ortsmundart Sprachaufnahmen von drei verschiedenen Generationen aufnehmen ließ.[72] Diesen Überlegungen liegt die Annahme zugrunde, daß die verschiedenen Altersstufen innerhalb einer Sprachgemeinschaft nicht dieselbe Sprachvarietät sprechen. Je nachdem, ob es auf Gesamtrepräsentierung der Ortssprache oder auf die Erfassung der ältesten anstehenden Ortsmundart ankam, wählte man verschiedene Personengruppen aus.[73]

Die theoretischen Überlegungen über den Zusammenhang zwischen Sprache und Alter und hier speziell zwischen Dialektverwendung und dem Alter der Sprecher sind jedoch in Zusammenhang mit den mehr methodologischen Überlegungen zur Auswahl der Gewährspersonen bei Erhebungen nicht intensiv weitergeführt worden. Adolf Bach führt an, daß sich mit dem Wechsel der Generationen innerhalb einer Sprachgemeinschaft besonders der Anteil des verwendeten Dialektes und die Art des Dialektes ändert.[74] Wird die Mundart besonders von älteren Menschen und auch von Kindern gesprochen, die noch ganz in der Familie stehen, so nimmt mit dem Schulaustritt die Verwendung von mehr standardsprachlich beeinflußten Sprachformen zu.[75] Daneben weist er aber auch darauf hin, daß die Mundart der Alten häufig von den Kindern nicht mehr verstanden wird.[76]

Beide Beobachtungen heben die besondere Bedeutung hervor, die die Frage nach der Beziehung zwischen Mundart und Alter für die Erfassung sprachlicher Veränderungen und Sprachwandelprozesse hat. Schon in der zweiten Auflage seines sprachtheoretischen Standardwerkes ›Prinzipien der Sprachgeschichte‹ hat Hermann Paul herausgearbeitet, daß das Sprachlernen der Kinder die Hauptquelle für den Sprachwandel darstellt. Dadurch daß die Kinder unvollkommen die Sprache erlernen, ist im generationellen Wechsel ein Ansatzpunkt für sprachliche Veränderungen gegeben.[77]

Auf dieser Grundlage basieren die schon früh und immer wieder auftauchenden Spekulationen, daß der Dialekt sich schnell verliert, wenn er von den Kindern nicht mehr aktiv verwendet wird, da diese Kinder den Dialekt dann nicht mehr an ihre eigenen Kinder weitergeben könnten.[78]

Gerhard Hard hat 1966 Überlegungen angestellt, die Klarheit in das verworrene Feld der Beziehungen zwischen Dialekt und Alter und seine Bedeutung für allgemeine sprachliche Veränderungen brachten.[79] Auch er geht von einer generationsbedingten Variabilität innerhalb von dialektgeprägten Sprachgemeinschaften aus, obgleich er darauf hinweist, daß es sich hierbei, wie auch bei der sozialen und geschlechtsspezifischen Beeinflussung nur um sekundäre Phänomene handelt, denen als primäre Erscheinungen die situativen Beeinflussungen von Sprachgebrauch gegenüberstehen. Er überführt dieses Problem aus dem dialektgeographischen bzw. dem sprachwandeltheoretischen in einen sprachsoziologischen Zusammenhang. Sprache und Sprachgebrauch richten sich danach in erster Linie nach den kommunikativen und auch gesellschaftlichen Anforderungen, die an das sprachliche Kommunikationsmittel in den verschiedenen Lebensabschnitten gestellt werden. Diese Kommunikationsanforderungen sind jedoch in erster Linie bestimmt durch das allgemeine gesellschaftliche Umfeld, in dem der Sprecher sich jeweils in den verschiedenen Altersstufen befindet. So erklärt sich der Dialektgebrauch der alten Leute nicht so sehr dadurch, daß sie in einer Zeit geboren wurden, in der noch mehr Dialekt gesprochen wurde. Wichtiger ist der gesellschaftliche Schrumpfungsprozeß, den die Sozialbeziehungen der alten Leute nach dem Austritt aus dem Berufsleben erfahren und der in der Regel zu einer allmählichen Rückbesinnung auf die Sprache des engsten Gesellschaftskreises, der Familie und des Freundeskreises im Dorf führt, obgleich diese Sprecher mit 30 und 40 Jahren ebenso viel und gut die Hochsprache verwendet haben wie die heutigen Sprecher dieses Alters. Entsprechend können auch alle anderen Beziehungen zwischen einer bestimmten Altersstufe und der Dialektalität der Sprachvarietät, die verwendet wird, als Antwort auf die jeweiligen generationsspezifischen Kommunikationsanforderungen angesehen werden. Für die Beschreibung eines allgemeinen sprachlichen Veränderungsprozesses, etwa der Zurückdrängung des Dialektes durch die Standardsprache, läßt sich ein intergenerationeller Vergleich also nicht heranziehen.

Diese Überlegungen Hards sind sicherlich weiterführend, sie sollten jedoch nicht verabsolutiert werden. Über einen innerhalb der Alterspyramide ablaufenden allgemeinen sprachlichen Veränderungsprozeß kann man zwar durch den Vergleich der Sprache verschiedener Generationen keine Aussagen machen. Trotzdem wird sich auch innerhalb der Zeitspanne eines Menschenlebens die Sprache allgemein und besonders der Gebrauch verschiedener Varietäten ändern.

Ulrich Ammon[80], der sich in der Bundesrepublik als erster empirisch mit dem Verhältnis von Alter und Dialekt beschäftigt hat, stellt als Ausgangspunkt seiner Überlegungen zwei kontroverse Annahmen gegenüber: zum einen, daß die Dialektauflösung innerhalb der Generationenfolge stattfindet, und zum anderen, daß sich das Alter nur insofern in einer Sprachgemeinschaft auswirkt, als es das Verhältnis zwischen Dialekt und Standardsprache nach Maßgabe der generationsspezifischen Kommunikationsanforderungen verändert. Er geht davon aus, daß beide

Prinzipien Gültigkeit haben, daß aber für eine sprachsoziologische Analyse, wie er sie vorlegt, das Problem des sozial bedingten Wechsels der Kommunikationsanforderungen mit dem Generationswechsel im Vordergrund zu stehen hat. In diesem Zusammenhang sind die zentralen Phasen der individuellen Sprachentwicklung die Zeit bis zum Schuleintritt, die Schulzeit und der Eintritt ins Berufsleben, die mit der Eheschließung beginnende Zeit, die mit der Lösung der Kinder aus der Familie endet, sowie die Zeit des Berufslebens, die mit der Pensionierung abschließt und die Pensionszeit einleitet.[81] Einige dieser Abschnitte überlappen sich zum Teil. Die Sprache innerhalb der einzelnen Zeitphasen unterscheidet sich nach Ammon in dialektgeprägten Regionen hinsichtlich des Dialektalitätsgrades.

Durch seine empirischen Untersuchungen kann Ammon diese Annahmen grundsätzlich erhärten, wenn auch im Einzelfall andere Faktoren wie Art der Berufstätigkeit und Geschlecht erheblichen und z.T. dominierenden Einfluß auf die Sprachvarietätenwahl gewinnen.

Eine skizzenhafte Darstellung der Beziehungen zwischen Dialekt und Alter, wie sie in diesem Abschnitt versucht werden soll, wird auf den Grundlagen aufzubauen haben, die diese empirischen Untersuchungen von Ammon gelegt haben. Dabei werde ich das Gesamtproblem in einem ersten Zugriff anhand von drei Leitfragen gliedern.

1. Welche statistischen Informationen gibt es in Deutschland über das Verhältnis von Alter und Dialekt?
2. In welcher Weise wirkt sich das Alter als biologisch-soziales Phänomen auf den Dialekt und seine Verwendung in Sprachgemeinschaften aus?
3. Welche Wirkungen hat das Alter für sprachliche Veränderungen, speziell im Verhältnis der Verwendung von Dialekt und Standardsprache?

2.1. Statistisches über Dialekt und Alter

Bei den statistischen Angaben über den Zusammenhang zwischen Alter und Dialekt muß man zwischen zwei verschiedenen Typen von Beziehungen unterscheiden. Die meisten Angaben über solche Korrelationen sind von der Art, daß die Gewährspersonen von Interviewern gefragt werden, ob sie den ortsüblichen oder überhaupt einen Dialekt beherrschen, selbst verwenden oder nur verstehen. Auf diese Art erhält man Informationen, die als subjektive Sprachdaten bezeichnet worden sind.[82] Sie sind bei der Auswertung kritisch daraufhin zu befragen, inwieweit die Gewährspersonen willkürlich oder auch unwillkürlich nicht die Wahrheit gesagt haben, etwa weil es ihnen peinlich war, Dialektgebrauch zuzugeben oder weil sie nicht genau wußten, was der Interviewer unter ›Dialekt‹ verstand.

Der zweite Datentyp umfaßt Information, die aus Dialektalitätsmessungen der Sprache von Sprechern verschiedener Altersstufen stammen. Hier haben wir bisher nur wenige und ganz punktuelle Angaben in einigen Untersuchungen. Diese Angaben sind aber, je nach der verwendeten Methode der Dialektalitätsmessung als wesentlich fundierter anzusehen als die Erfragung von subjektiven Angaben über die Verwendung von Dialekt.

Großräumige Erhebungen des ersten Datentyps zur Beziehung von Alter und Dialekt sind bisher nur im Zusammenhang der Allensbach-Untersuchung für die gesamte Bundesrepublik durchgeführt worden. Dabei läßt die pauschale tabellarische Korrelation zwischen beiden Größen keine weitergehenden Aussagen zu.[83)]

Tabelle 6: Befragte Personen nach Altersgruppe und nach Kenntnis des Dialektes in der BRD, in Prozent.

Altersgruppen	Es können Dialekt sprechen
16−17	47.5
18−20	50.0
21−24	48.5
25−29	55.9
30−39	53.4
40−44	66.4
45−49	59.5
50−58	58.0
60−64	66.4
65−70	60.0
71−79	61.8
80 u. ält.	64.7

Insgesamt ist, abgesehen von den nur schwer erklärbaren Schwankungen innerhalb der Werte, eine langsame Zunahme der Dialektkenntnis von erheblich unter 50 Prozent bis gut 60 Prozent zu erkennen. Die starken Schwankungen lassen jedoch vermuten, daß sich hinter den pauschalen Angaben für das Alter eine Reihe weiterer Faktoren verbergen, die teils dialektfördernd und teils dialekthemmend wirken. Auf die Auswirkungen des Geschlechtsunterschiedes in verschiedenen Altersstufen ist schon ausführlich eingegangen worden. Hingewiesen sei hier nur darauf, daß sich die Schwankungen in der Altersstufe von 21 bis 24 Jahren dadurch erklären, daß hier die jungen Frauen erheblich weniger

Dialektkenntnis angeben als die gleichaltrigen Männer, nämlich nur 36.8 Prozent gegenüber 60.3 Prozent der jungen Männer.

Weitere Detailkorrelationen sind anhand des Allensbach-Materials nur noch für die Ortsgröße der Heimatorte der Sprecher möglich.[84]

Tabelle 7: Befragte Personen nach Altersgruppen in verschiedenen Ortsgrößen und nach Kenntnis des Dialektes in der BRD, in Prozent.

	16−29	30−44	45−59	60 und älter
Dörfer (unter 2 000)	76.1	73.0	78.8	72.2
Kleinstädte (bis 20 000)	51.3	54.7	62.9	66.1
Mittelstädte (bis 100 000)	50.0	59.7	65.5	69.4
Großstädte (über 100 000)	38.2	43.3	40.7	52.4

In den Dörfern gibt es nach diesen Daten keine deutlich erkennbare Alterssteuerung des Dialektgebrauches. Der Dialekt ist durchweg in allen Altersgruppen fest. In allen anderen Ortsgrößengruppen nimmt der Dialekt mit dem Alter zu, unterliegt also einer altersspezifischen Steuerung. Dabei fallen die Mittelstädte aus der Gesamttendenz insofern heraus, als ihr Dialektanteil in drei von vier Altersstufen überdurchschnittlich hoch ist. Eine Deutung dieses Befundes ist schwierig. Vielleicht ist er auf Besonderheiten im Sprachwertsystem gerade in diesen Städten zurückzuführen.

Auch alle anderen Befragungsergebnisse über altersspezifischen Dialektgebrauch zeigen die gleiche Tendenz. Durchweg ist sowohl in Schleswig-Holstein, wo Kamp/Lindow 1966[85] eine Mikrozensus-Befragung durchführten[86], als auch in den Thüringer Untersuchungen von

Tabelle 8: Altersstruktur der Dialektkenntnis in drei Bezirken Thüringens, in Prozent. (Stichjahr 1967).

Altersgruppe	Zentralthüringen	Eichsfeld	Hennebergischer Raum
Vorschulkinder	1.4	1.6	50.0
Schulpflichtige	7.8	14.3	69.7
Jugendliche	17.3	43.7	81.7
bis 1946	10.8	60.1	64.4
bis 1939	21.4	72.9	79.2
bis 1914	27.8	73.1	78.1
vor 1905	41.9	80.0	84.7

Spangenberg[87] und der Ortsanalyse von Schönfeld in der Altmark[88] eine stetige Zunahme der Dialektkenntnis wie auch des Dialektgebrauchs mit zunehmendem Alter zu verzeichnen.

Fragen wir nun, ob sich diese Ergebnisse auch auf der Grundlage von objektiven Dialektalitätsmessungen bestätigen. Untersuchungen dazu sind von Else Hofmann (1963), von Dieter Stellmacher (1976) und von Ulrich Ammon (1973)[89] veröffentlicht worden. Else Hofmann findet ebenso wie Dieter Stellmacher die Grundannahme von der kontinuierlichen Zunahme der Dialektalität mit wachsendem Alter bestätigt.

Tabelle 9: Alter und Dialektalitätsgrad bei pendelnden Arbeitern und Schulkindern in einem hessischen Dorf.

Altersstufe	Abweichung vom Dialekt	Anpassung an die Standardsprache
Schulkinder	40.0	29.0
18–29	49.0	37.0
30–44	37.0	24.5
45–59	16.0	7.5

An diesen Dialektalitätswerten zeigt sich abgesehen von der allgemeinen Zunahme des Dialektes mit höherem Alter auch, daß die Schulkinder, die im Heimatort zur Schule gehen und nicht täglich in die Stadt pendeln wie die Arbeiter der anderen Gruppen, weniger standardsprachlich sprechen als die älteren Gruppen.

Dieser Befund zeigt sich auch bei den mit Hilfe eines anderen Dialektalitätsmeßverfahrens gewonnenen Ergebnissen von Stellmacher. Zwischen den älteren und den jüngeren Altersgruppen zeigen sich durchweg tendenzielle oder z. T. auch signifikante Unterschiede. Eine Ausnahme macht nur die Gruppe der Schulkinder, die fast durchweg ein höheres Dialektniveau zeigt als die darüberliegenden Altersgruppen und fast das Dialektniveau der älteren Generation erreicht.[90]

Ammon führt seine Dialektniveau-Bestimmungen in dem von ihm untersuchten schwäbischen Raum in drei Generationen durch. Die ältere Generation umfaßt die Sprecher über 65 Jahre, die mittlere Generation die Sprecher von 30 bis 65 Jahren und die jüngere Generation die Gruppe unter 30 Jahren, in denen sich noch Faktoren wie Ausbildung, Eheschließung und Kindererziehung voll auswirken. Die Bestimmung der durchschnittlichen Dialektalitätsindizes innerhalb verschiedener Berufsgruppen ergibt folgendes Bild:[91]

Tabelle 10: Durchschnittlicher Dialektalitätsindex bei Sprechern verschiedener Generationen und verschiedener Berufsgruppen im schwäbischen Raum.

Berufsgruppe	alte Gen.	mittlere Gen.	jüngere Gen.
Bauern	1.321	1.506	1.857
Ungelernte Arbeiter	1.250	1.792	2.000
gelernte Arbeiter	1.649	2.026	1.783
nicht manuell Arbeitende, niedrig	1.830	2.075	2.214
nicht manuell Arbeitende, hoch	2.638	2.844	2.250
Durchschnitt	1.7376	2.0486	2.0208

Signifikanzanalysen zeigen, daß auch durch diese Daten die These von dem mit dem Alter wachsenden Dialektalitätsgrad durchaus bestätigt wird.

Nicht einwandfrei nachweisen kann Ammon jedoch, daß diese Unterschiede besonders mit der Bindung an bzw. der Lösung von der Berufstätigkeit in Zusammenhang stehen. Zwar unterscheiden sich die Berufsgruppen hinsichtlich der Dialektalität deutlich, doch gibt es beim Übergang von der zweiten zur dritten Generation keine signifikante Differenz zwischen den Arbeitern/Angestellten, bei denen dann der Austritt aus dem Berufsleben erfolgt, und den Bauern, bei denen der Übergang sich langsamer vollzieht. Es ist also wohl nicht direkt der Austritt aus dem Berufsleben, sondern die allgemeine Schrumpfung des Sozialkontakt-Raumes, die in der Altersgruppe über 65 Jahre eine Zunahme der Dialektalität verursacht. Damit sind Fragen nach den ursächlichen Zusammenhängen zwischen Alter und Dialektverwendung angesprochen, die jetzt im zweiten Abschnitt analysiert werden sollen.

2.2. Sprachgebrauch und soziales Alter

Die Leitfrage lautet in diesem Abschnitt: In welcher Weise wirkt sich das Alter als biologisch-soziales Phänomen auf den Dialekt und seine Verwendung in Sprachgemeinschaften aus?

Der Hinweis auf das ›biologische-soziale Phänomen‹ Alter deutet ein Problem an, das sich bei der Analyse der Beziehungen zwischen Dialektgebrauch und Alter – und in gleicher Weise auch bei der zweiten gesellschaftlichen Grundkategorie ›Geschlecht‹ – stellt: die Frage danach, ob sich das Alter hier als biologisches Alter, als körperlichgeistiger Alterungsprozeß auswirkt, oder ob es sich nur indirekt, über die mit dem Alterswechsel verbundenen Veränderungen im allgemeinen Lebensumfeld auf den Sprachgebrauch auswirkt, also als ein ›soziales Alter‹.

Spangenberg deutet diese Ambivalenz an, wenn er schreibt: »Lebensalter (...) sind biologische Gegebenheiten, die von sich aus niemals eine Sprachwahl oder einen Sprachwechsel determinieren, wenn nicht noch andere Faktoren wirksam wären.«[92] Obgleich dieses Problem noch wenig untersucht wurde, gibt es einige Hinweise darauf, daß sich das Alter als biologischer Vorgang auf den Dialekt und seine Verwendung auswirkt. Unbestritten ist die Bedeutung des Alters für die primärsprachliche Entwicklung des Kindes. Je nachdem, in welcher Varietät die Spracherziehung durch die Eltern und die frühen peergroups abläuft, werden die Kinder entweder den Dialekt oder kindgemäße Standardsprache erlernen. Hier sind keine Unterschiede zwischen diesen beiden Kindergruppen zu erwarten, die auf die Sprachvarietät Dialekt oder Standardsprache zurückgeführt werden können. Ein anderes Problem ist jedoch, daß die dialektsprechenden Kinder zusätzlich normalerweise schon sehr früh und dann in der Schule intensiv mit der anderen Varietät konfrontiert werden.

Hier stellt sich die Frage, inwieweit die Fähigkeit, zwei Varietäten auseinanderzuhalten und von einer in die andere zu wechseln, bei den jüngeren Sprechern ebenso ausgebildet ist wie bei den älteren. Fehlt diese Fähigkeit bei Kindern noch, was bis zu einem gewissen Alter zu vermuten ist, dann werden sich gerade bei zwei so nahe aneinander grenzenden Sprachvarietäten wie Dialekt und Standardsprache bei diesen Kindern sehr viel mehr Interferenzen zwischen beiden Varietäten zeigen als bei älteren Sprechern.

In unmittelbarem Zusammenhang damit steht die Frage, in welchem Alter Kinder Sprachwertsysteme ausbilden und wann sich diese Systeme soweit verfestigt haben, daß sie steuernd in das Sprachverhaltenssystem eingreifen können und den Dialekt fest bestimmten Situationskonstellationen zuordnen. Forschungen zu allgemeinen Vorurteilsstrukturen haben gezeigt, daß feste Vorurteilssysteme erst nach dem 10. Lebensjahr angenommen werden können.[93] Lassen sich diese Befunde auf die Bewertung von verschiedenen Sprachvarietäten übertragen, dann bedeutet das, daß jüngere Kinder die Varietäten unsystematisch bewerten und dadurch ebenfalls eher geneigt sind, Interferenzen zwischen Dialekt und Standardsprache zu produzieren als Erwachsene.

Ein zweiter Komplex der Auswirkungen von biologischem Alter auf Sprachgebrauch ist in der Tatsache zu sehen, daß die Fähigkeit, eine neue Varietät völlig zu erlernen, nach der Pubertät offensichtlich abnimmt und z.T. sogar völlig schwindet. Genau läßt sich dieser Prozeß nach der derzeitigen Kenntnis noch nicht altersmäßig eingrenzen. Bei der Lernfähigkeit in Fremdsprachenbereichen hat man für die Zeit vom 12. bis zum 14. Lebensjahr einen Einschnitt festgestellt. Für die Erlernung von neuen Dialekten oder von Standardsprache können hier besonders die Befunde herangezogen werden, die bei der Eingliederung der Flüchtlinge und Vertriebenen nach dem Zweiten Weltkrieg in die Sprachgemeinschaft der Bundesrepublik und der DDR gemacht werden konnten. Hier lernten die Kinder, die im vorschulischen Alter und in den unteren Schuljahren vertrieben worden sind, in der Regel die neue Mundart des westdeutschen Ortes völlig. Höhere Schuljahrgänge erlernten diese neuen Mundarten nur noch teilweise. Bei ihnen wurde wie auch bei den erwachsenen Vertriebenen meist nur das standardsprachliche Element verstärkt, das jedoch schon zumindest passiv vorher vorhanden war. Als Umschlagpunkt erwies sich in mehreren Fällen das Vertreibungsalter 13 bis 16 Jahre.

Genauere empirische Untersuchungen zu diesem Problem sind in Deutschland jedoch noch nicht angestellt worden. Eine neuere Analyse dieser Frage liegt aus Japan vor. Fred C.C. Peng berichtet von einer Untersuchung, bei der der Dialektologe Nomoto in Nordjapan anhand von Sprachaufnahmen der gleichen Sprechergruppe 1950 und 1971 die Zunahme der Annäherung der Sprecher an die japanische Standardsprache ermittelte.[94] Ein Vergleich der Annäherungsdifferenzen bei den jeweils gleichen Sprechern ergab folgendes Bild (Abb.1, S. 49):

Die unten in Abb. 1 angegebene Differenz zwischen denselben Personengruppen, nachdem 21 Jahre vergangen sind, zeigt eindeutig, daß die Gruppe der 35–44-jährigen im Jahre 1950 sich in den letzten 20 Jahren nur um 2.9 Prozent der standardsprachlichen Norm angenähert hat, die Gruppe der 1950 15 bis 19-jährigen jedoch um 21.3 Prozent. Das Ergebnis zeigt auch, daß die Bereitschaft oder Fähigkeit zur weiteren Annäherung an die Standardsprache offensichtlich linear abnimmt und um das 45. Lebensjahr gegen Null tendiert. Das Ergebnis wurde durch die Untersuchung einer Reihe weiterer Lautvariablen voll bestätigt. Inwieweit dieser Befund auf deutsche Verhältnisse übertragen werden kann, ist nicht klar. Auch ist nicht sicher, ob sich hier wirklich nur Faktoren des biologischen Alters, nämlich die Abnahme der Fähigkeit zur Annahme von sprachlichen Neuerungen aufgrund von psychischen Entwicklungen auswirken. Es wäre auch denkbar, daß sich das gesellschaftliche Milieu in den Jahren von 35 bis 56 soweit stabilisiert hat, daß nur noch wenig Notwendigkeit zur Übernahme von Neuerun-

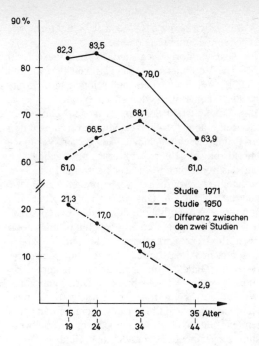

Abb. 1: Unterschied in der phonetischen Qualität für dieselbe Altersgruppe in der Nomoto-Untersuchung.

gen vorhanden ist. Doch geht man normalerweise davon aus, daß gerade in diesem Alter der höchste Anteil an standardsprachlichem Sprachgut auf die Sprecher eindringt.

Noch ungesicherter als die Auswirkungen der Lernbereitschaft von neuen Varietäten nach der Pubertät sind Überlegungen dazu, ob und inwieweit sich die im Alter abnehmende Fähigkeit zur Unterscheidung zwischen verschiedenen Varietäten auf die allgemein beobachtete Zunahme von Dialektalität und auf die wachsende Zahl von Interferenzen zwischen den Varietäten auswirkt. Immerhin können auch hier Auswirkungen biologischer Faktoren vermutet werden.

Sind die Auswirkungen des biologischen Alters auf die Verwendung von Dialekt durchaus bis heute umstritten, so ist die Bedeutung des sozialen Alters in weiten Bereichen allgemein anerkannt. Die Differenzen konzentrieren sich hier in der Hauptsache darauf, inwieweit bestimmte über das Alter sich auswirkende gesellschaftliche Faktoren wie etwa die Berufstätigkeit gegenüber anderen dominieren.

Das soziale Alter wirkt sich wie übrigens auch das soziale Geschlecht indirekt über altersspezifische Veränderungen im Tätigkeitsbereich und in der Rollenstruktur der Personen und Personengruppen aus. So erweitert sich etwa durch den Schuleintritt, der an das Alter von sechs Jahren gebunden ist, das Tätigkeitsfeld des Kindes in den schulischen Bereich hinein, und eine Reihe neuer Rollenbeziehungen treten zu den schon vorhandenen der Primärerziehung hinzu. Aus diesen Veränderungen im sozialen Umfeld und in seiner Strukturierung ergeben sich neue Anforderungen an das sprachliche Ausdruckssystem. In diesem Falle nimmt die Komponente ›Öffentlichkeit‹ als prägender Faktor für Sprachverhalten langsam Gestalt an. Das führt zu einer Zunahme der Standardsprache und ihrer Verwendung in den neuen Lebenssituationen. Dabei handelt es sich in den jüngeren Altersstufen oftmals noch um eine objektive Erweiterung des Sprachwissens, um eine hinzugelernte Varietät. In den späteren Altersstufen bedeutet eine Zunahme der Standardsprache oder des Dialektes nicht mehr eine Kompetenzerweiterung, sondern meist nur eine Verschiebung im Sprachgebrauch. Das Gesamtspektrum der zur Verfügung stehenden Sprachvarietäten ist in der späteren Jugendzeit ausgebaut und bleibt in seinem Umfang stabil. In den darauffolgenden Jahren verschieben sich nur die Schwerpunkte in der Verwendung der einen oder der anderen Varietät.

Die Wirkungsmöglichkeiten, die im sozialen Alter für den Dialektgebrauch impliziert sind, können in einem ersten und wegen der lückenhaften Forschungslage notwendigerweise unvollständigen Zugriff als ein mehrphasiger Prozeß dargestellt werden, wobei sich einige dieser Entwicklungsphasen gegenseitig überschneiden und beeinflussen. Die erste Phase umfaßt den Bereich der Erlernung der Primärsprache im Elternhaus. Und im Elternhaus läuft seit einigen Jahrzehnten eine der folgenreichsten, vielleicht sogar die wichtigste Sprachgebrauchsveränderung ab.

Die Eltern gehen, wie schon vorher in der Stadt, so jetzt auch auf dem Lande dazu über, die Kinder in der Standardsprache als Primärsprache zu erziehen. Dieser Prozeß ist schon 1943 von Janssen in den heute weitgehend mundartfreien Gebieten um Hannover und Braunschweig beobachtet worden.[95] 1963 berichtet Spangenberg aus Thüringen, daß dort nach dem Zweiten Weltkrieg dieses Verhalten üblich geworden sei[96], und auch eigene Untersuchungen zeigen, daß man im Rheinland seit den 50er Jahren damit beginnt, die kleinen Kinder zuerst Hochdeutsch zu lehren.[97]

Auf welche Ursachen diese Veränderung zurückzuführen sein könnte, wird in dem Kapitel über die gesellschaftlichen Wandlungsprozesse zu erörtern sein.[98] Hier ist wichtig festzuhalten, daß es vor der Mitte des 20. Jahrhunderts nur in städtischen Bereichen üblich war, Kinder primär hochsprachig zu erziehen, und daß seit etwa 30 bis 40 Jahren dieses Verhalten auch auf die ländlichen Bereiche übergegriffen hat.

Die Folgen können noch nicht abgesehen werden. Sicherlich führt dieser Prozeß nicht zu dem schon oft prophezeiten Verfall der Mundart innerhalb einer Generation. Schon Janssen wies 1943 darauf hin, daß nach »(...) Beendigung der Schuljahre (...) sich ein großer Teil der Jugendlichen wieder zum (Plattdeutsch) als Umgangssprache der Erwachsenen und des Arbeitskreises, in den sie mit dem 15. Lebensjahr eintreten, zurück(wendet).«[99]

Wichtiger mag eine andere Folge sein. Untersuchungen zur Übernahme sprachlicher Neuerungen haben gezeigt,[100] daß solche Neuerungen immer auf der Systemgrundlage der primär erlernten Sprache angenommen werden, daß also die Bedingungen und Steuerungen, unter denen ein standardsprachlicher Laut oder eine Form angenommen wird, immer von dem jeweiligen Primärsystem gestellt werden. Was passiert nun, wenn dieses Primärsystem standardsprachlich ist und der Dialekt quasi als Sekundärvarietät auf der Grundlage des Standard adaptiert wird? In diesem noch völlig unbearbeiteten Bereich liegt wohl das eigentliche Wandlungspotential, das mit dem Übergang der Eltern zur Primärsprachenerziehung in Hochdeutsch verbunden ist.

Diese Überlegung führt unmittelbar zur zweiten Phase der Beziehungen zwischen Dialektverwendung und sozialem Alter, der Ausweitung des Varietätenspektrums durch die Auswirkungen der kindlich-jugendlichen peer-group. Da sich die Kinder entwicklungsmäßig noch in der aktiven Aufbauphase befinden, werden in dieser Phase entweder bei standardsprachlich erzogenen Kindern die dialektalen Varietäten auf der hochsprachlichen Grundlage hinzugelernt, oder sie werden bei Dialektkindern durch die Bestätigung der Umgebung in der ländlichen Sprachgemeinschaft erheblich verstärkt.

In der dritten Phase wird dann durch die Schule die standardsprachliche Varietät verfestigt bzw. hinzugewonnen. Hier ergeben sich nun erhebliche Unterschiede zwischen den dialektal und den standardsprachlich sozialisierten Kindern, die meist nebeneinander in einer Schulklasse sitzen. Die Kinder entwickeln im Verlauf der Grundschulzeit in der Regel die bidialektale Sprachkompetenz, die den Dialektsprecher in Deutschland heute allgemein charakterisiert. Diese Entwicklung fällt zusammen mit dem entwicklungsbedingten Ausbau von Wert- und Vorurteilsstrukturen, die für den Ausbau eines funktions- und sozialge-steuerten Switching-Systems zwischen den beiden Varietäten und auch zur deutlichen Differenzierung der beiden in der Sprachkompetenz wichtig sind.

Die vierte Phase der Beziehungen zwischen Dialekt und sozialem Alter beginnt mit dem Eintritt in das Berufsleben. Hier greifen eine Reihe von neuen Gesellschaftsfaktoren in die Sprachgebrauchsentwicklung ein: die Art des gewählten Berufs bzw. der Grad der Schrift- und Kommunikationsorientiertheit, der damit verbundene Arbeitsort bzw. der Grad der Verstädterung dieses Ortes, der Beruf selbst und die Bedeutung der beruflichen Fachsprache und des Berufsjargons und schließlich die Kommunikationsgemeinschaft, die den Sprecher im beruflichen Bereich umgibt. Diese vier Faktoren können sich im Verlauf der Berufstätigkeit etwa durch beruflichen Aufstieg und Abstieg oder durch Berufswechsel entscheidend verändern. Sie haben während der gesamten Zeit der Berufstätigkeit, also im Normalfall vom 15. bis zum 60. bzw. 65. Lebensjahr, entscheidend prägenden Einfluß auf das Kommunikationsverhalten und auch auf die Varietätenverwendung der Dialektsprecher.

Hinzu kommt, daß die Berufsposition von entscheidender Bedeutung für die gesellschaftliche Positionierung eines Sprechers und auch seiner gesamten Familie ist, was besonders in mittelschichtlichen Familien dazu führt, daß die aufgrund der im Beruf geforderten Varietäten entwickelten Sprachgebrauchssysteme der berufstätigen Männer von der gesamten Familie auch im Alltag übernommen werden. Insofern kann man mit Ammon (1978) von einer hervorragenden und teilweise beherrschenden Bedeutung der Berufstätigkeit für die Varietätenwahl sprechen, die jedoch außerhalb der pendelnden und mittelschichtorientierten Kreise nicht so ausgeprägt ist.[101]

Die nächste häufig wirksam werdende Komponente in der Sprachgebrauchsstruktur ist die Eheschließung. Gerade in einer Zeit zunehmender Bevölkerungsverschiebungen sind Eheschließungen zwischen Partnern mit verschiedenen Sprachverwendungssystemen an der Tagesordnung, sei es, daß sie unterschiedliche Dialekte sprechen, sei es, daß der standardsprachliche Anteil bei beiden Sprechern unterschiedlich ist. Von daher kommt es zu Anpassungsprozessen, die Verschiebungen in den Sprachverwendungsregeln der beiden Ehepartner zur Folge haben.

Ein weiterer Faktorenkomplex, der das Verhältnis zwischen Dialekt und sozialem Alter in den mittleren Jahren prägt, betrifft besonders die Frau in ihrer Funktion als Hausfrau und Mutter, die in besonderer

Weise mit der Erziehung und auch der Spracherziehung der Kinder befaßt ist. Wie im Abschnitt über geschlechtsspezifische Steuerung von Varietätenverwendung schon ausgeführt worden ist, nimmt in den Jahren, in denen die Frau besonders mit der Erziehung der Kinder befaßt ist, die Verwendung von Standardsprache im Gegensatz zu dem Verhalten der Männer stark zu. In den Jahren nach dem 45. Lebensjahr, in denen diese Lebensphase normalerweise abgeschlossen und die Kinder häufig schon aus dem Hause sind, pendelt sich das Verhältnis zwischen Frauen und Männern wieder ein, d.h. die Frauen verwenden wieder mehr Dialekt.

Die letzte Phase der Beziehungen zwischen Dialektverwendung und sozialem Alter beginnt mit dem Austritt aus dem Berufsleben. Hard (1966) hat diese Periode als sozialen und auch sprachsozialen Schrumpfungsprozeß bezeichnet.[102] Die aus dem Berufsleben austretende Person findet sich meist in den Sozialkontaktrahmen zurückverwiesen, den sie mit dem Eintritt in die standardsprachlich orientierte Schule verlassen hatte, in einen Lebenskreis, der fast ausschließlich durch die Familie und die peer-group, also den engen Freundes- und Bekanntenkreis geprägt ist und in dem Kontakte in die Öffentlichkeit und die Offizialität weitgehend fehlen.

Ammon sucht anhand dieses Vorganges die besondere Bedeutung des Berufs für das allgemeine Sprachverhalten zu erweisen, indem er den oben schon skizzierten Unterschied zwischen dem Sprachverhalten pensionierter Arbeiter und Angestellten und Bauern der gleichen Altersstufe postuliert.[103] Es gelingt ihm jedoch nicht, dieses Phänomen klar nachzuweisen.

Der Überblick über den Einfluß des ›sozialen Alters‹ auf die Verwendung verschiedener Sprachvarietäten hat sechs relevante Komponenten ergeben:

1. primäre Spracherziehung
2. schulische Spracherziehung
3. Beruf
4. Eheschließung
5. Kindererziehung
6. Ausscheiden aus dem Berufsleben

Die mit diesen sechs Faktoren verbundenen Veränderungen in den Tätigkeitsbereichen und in den Rollenstrukturen der Sprecher führen zu Verschiebungen im Dialekt-Standard-Verhältnis. Dabei kann man eine Aufbauphase der Sozialbeziehungen und einen parallel laufenden Ausbau des Varietätensystems und eine Abbauphase, verbunden mit einem sprachlichen Schrumpfungsprozeß, unterscheiden.

Die Auswirkungen, die diese Veränderungen auf die Sprache selbst, also auf das Varietätenspektrum zwischen Dialekt und Standardsprache haben, betreffen einerseits die Varietäten selbst, indem sie zu Veränderungen im Switching-Verhalten und im Ausmaß der Interferenzbeziehungen zwischen den Varietäten führen. Auf der anderen Seite werden jedoch auch die subjektiven Bereiche des Sprachverwendungssystems von den Veränderungen betroffen, sowohl im Bereich des Aufbaus bis zur Stabilisierung des Sprachwertsystems als auch hinsichtlich der Rigorosität der Sprachnormen, also der Intensität, mit der die Forderung nach Reinheit einer Varietät, sei es der Standardsprache, sei es des Dialektes, gestellt wird. Besonders die Schule unterstützt die Forderung nach reinem Hochdeutsch, im Alter wird dagegen die Forderung nach dem reinen alten Dialekt oft durch die peer-group intensiviert. Die mittleren Lebensjahre sind unterschiedlich charakterisiert. Bei schrift- und kommunikationsorientierten Berufen und in Mittelschichtfamilien wird oftmals die Standardsprache rigoros gefordert, und jede, wenn auch geringe Abweichung negativ sanktioniert. Andere Lebensumfelder zeichnen sich durch ein Nachlassen der Rigorositätsforderungen aus, wodurch besonders Interferenzprozessen ein weiter Spielraum gewährt wird.

Faßt man alle diese Faktoren zusammen, so kann man schematische Sprachverhaltensmodelle entlang der Altersachse und im Varietätenraum zwischen Dialekt und Standardsprache aufstellen, die jeweils typisch für bestimmte gesellschaftliche Gruppen sind.

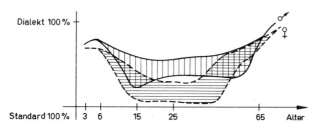

Abb. 2: Schematische Darstellung typischer Sprachverhaltensmodelle im Varietätenraum zwischen Dialekt und Standardsprache in deutschsprachigen Sprachgemeinschaften.

54

In der Abbildung 2 ist der fiktive ›sprachliche Lebenslauf‹ eines männlichen und eines weiblichen Dialektsprechers skizziert, die beide zeitlebens in ländlicher Umgebung leben und wenige Kontakte zu städtischen Bereichen haben, weder beruflich noch bildungsmäßig. Beide werden noch im Dialekt primär sozialisiert. Die diglossische Konstellation zwischen öffentlichen und privaten Bereichen entwickelt sich mit dem Schuleintritt, der daneben allgemein einen Rückgang der Dialektverwendung verursacht. Der Eintritt in den ländlichen Beruf führt beim Jungen zu einer Dialektzunahme auch auf der Ebene der öffentlichen Sprachvarietät. Beim Mädchen bleibt das niedrige Dialektniveau bis zum Abschluß der Spracherziehungsphase der eigenen Kinder erhalten. Der Dialekt nimmt dann rasch zu und übertrifft z.T. das Dialektniveau der gleichaltrigen Männer. Im Alter wird wieder das Dialektniveau der Kinderzeit erreicht und auch die Diglossiesituation wird teilweise abgebaut, indem die sozialen Situationen sich auf den privaten Bereich konzentrieren.

2.3. Sprachveränderung und Alter

Der dritte, mit dem Verhältnis zwischen Sprache und Alter in Zusammenhang stehende Problemkreis betrifft die Frage nach den Wirkungen des Alters für sprachliche Veränderungen allgemein und für langfristige Veränderungen im Bereich des Sprachgebrauchssystems zwischen Dialekt und Standardsprache. Diese Frage steht bei einer Reihe von Arbeiten überhaupt im Vordergrund und wird ungerechtfertigterweise mit den generations- und sozialspezifischen Auswirkungen auf den Sprachgebrauch vermischt. Trotzdem handelt es sich um zwei völlig voneinander getrennte Fragestellungen. Hier ist nur zu untersuchen, ob sich in den im Laufe der Generationenfolge zu erkennenden Veränderungen des Dialektes und seiner Verwendung allgemeine Sprachveränderungsprozesse aufzeigen lassen. Ein Typ solcher Veränderungen ist etwa, wenn man aufgrund von Befragungen über das Spracherziehungsverhalten der 25–35jährigen und der 55–65jährigen Sprecher einer dörflichen Sprachgemeinschaft feststellt, daß sich die primäre Spracherziehung früher in Dialekt und heute in Hochdeutsch vollzieht. Hier liegt ein Wandel in den situationsgesteuerten Sprachverhaltensregeln vor. Eine andere Art dauernder Dialektveränderungen ist gegeben, wenn man feststellt, daß die Annahme von bestimmten Sprachelementen, etwa bestimmten hochsprachigen Lauten für dialektale Laute entlang der Altersskala kontinuierlich zu- oder abnimmt.

Sprachveränderungen des ersten Typs lassen sich sicherlich entlang der Generationenfolge feststellen, und solche Veränderungen vollziehen sich auch innerhalb eines Menschenlebens, so daß sie gut beobachtet werden können. Die meisten Untersuchungen zum altersbedingten Sprachwandel betreffen aber gerade den zweiten Wandlungstyp.

So zeigen die Analysen von Keintzel-Schön [104] (1969) für das Siebenbürgische, von Steller [105] (1959) für das Nordfriesische und von Bellmann [106] (1957) für das Obersächsische, daß sich sprachliche Veränderungen aufzeigen lassen, wenn man die synchron erhobene Sprache verschiedener Generationen miteinander vergleicht. Eine Lautform, die in der älteren Generation noch nicht vorhanden ist, taucht in der mittleren Generation fakultativ auf und ist in der jüngsten Generation schon der Regelfall.

Wir müssen bei der Untersuchung dieser Frage zwei Problemfelder unterscheiden: einmal die Frage danach, ob derartige sprachliche Veränderungen wie die Durchsetzung einer lautlichen Neuerung sich innerhalb der Lebenszeit eines Sprechers vollziehen und wie ein solcher Prozeß in den Alterungsprozeß eingebettet ist. Zum anderen muß unabhängig davon gefragt werden, in welcher Weise ein solcher Prozeß empirisch zu erfassen ist, ob über eine Untersuchung derselben Sprecher in verschiedenen Lebensaltern oder durch eine Analyse unterschiedlich alter, gleichzeitig lebender Mitglieder einer Sprachgemeinschaft, die den Prozeß gleichsam virtuell widerspiegeln. [107]

Die erste Frage gehört in die Sprachwandeltheorie. Sie kann deswegen hier auch nur andeutungsweise aufgegriffen werden. Dabei spielen die Annahmen über die Herkunft der sprachlichen Varianten, die das Material für den Sprachveränderungsprozeß bilden, eine wichtige Rolle. Auf die Beschreibung geschlossener Sprachsysteme ausgerichtete Forschungsansätze, wie sie sich bei den Junggrammatikern und auch in der strukturalistisch-generativen Theorie finden, sehen hier eines der zentralen Probleme, das normalerweise dadurch gelöst wird, daß sie Sprachveränderungen beim kindlichen Spracherlernen annehmen, die dann an die nächste Generation weitergegeben werden. [108] Ohne daß diese und auch andere in diesem Zusammenhang angeführte innerlinguistische Erklärungshypothesen über die Entstehung von Neuerungen in Zweifel gezogen werden sollen, ist doch darauf hinzuweisen, daß in den gegenwärtigen dialektal geprägten Sprachgemeinschaften diesem Typ von Sprachvarianten nur eine Nebenbedeutung zukommt. Im Vordergrund stehen hier eindeutig Varianten, die durch das parallele Vorhandensein verschiedener Varietäten in einer Sprecherkompetenz entstehen, [109] also nach strukturalistischen Maßstäben als Entlehnungs- und Interferenzprozesse zu bezeichnen sind. Neuerungen dieser Art werden nicht im Zusammenhang mit der Generationenfolge, sondern in erster Linie im Zusammenhang mit dem Ausmaß des Standardsprachen-Kontaktes in verschiedenen Altersstufen adaptiert. Von einer kontinuierlichen Integration dieser Neuerungen entlang der Altersskala kann daher keine Rede sein. Labov hat bei seinen Untersuchungen zur Entstehung und Integration von sprachlichen Neuerungen in soziolektalen Ausdruckssystemen festgestellt, daß Neuerungen dieser Art vorzugsweise in den Gruppen/Situationen auftreten, die am intensivsten der standardsprachlichen Norm ausgesetzt sind, also in den mittleren Gesellschaftsschichten und in den öffentlichen Situationen.[110] Von diesen Gruppen aus weiten die Neuerungen ihre Gültigkeit in einem Regelgeneralisierungsprozeß auch auf andere Situationen und soziale Gruppen aus.

Innersystematisch entstehende Neuerungen, die etwa auch aus Systemanpassungen an vorher integrierte Neuerungen von außen stammen können, werden jedoch anders adaptiert. Sie können prinzipiell in jeder Gruppe und in jeder Situation entstehen, entwickeln sich aber vorzugsweise in Bereichen, in denen es keine stetige Kontrolle durch eine starre Norm gibt wie in der Standardsprache.[111] Auch diese Neuerungen unterliegen einem Generalisierungsverfahren, bei dem sich in Labovs Untersuchungen häufig eine kontinuierliche Entwicklung entlang der Altersskala aufzeigen läßt.[112]

Bei der Antwort auf die Frage nach dem Ablauf von sprachlichen Veränderungen entlang der Altersskala müssen wir also unterscheiden zwischen innersystematischen Veränderungen, wie etwa der Rundung der Kurzvokale im Landkölnischen, und Veränderungen aufgrund von Interferenzen zwischen verschiedenen, in einer Sprachgemeinschaft vorkommenden Sprachvarietäten. Nach den Forschungen von Labov und anderen wird man annehmen dürfen, daß sich innersystematische Veränderungen kontinuierlich entlang der Altersskala entfalten, so daß die jüngeren Jahrgänge die Neuerung genereller und häufiger verwenden als die älteren. Über die diesem Phänomen zugrunde liegenden sprachpsychologischen und eventuell auch sprachsoziologischen Gegebenheiten ist noch wenig bekannt. Offensichtlich handelt es sich dabei um innersystematischen Bedingungen unterliegende Entfaltungsprozesse.

Von anderer Art sind die von ihrer Bedeutung und ihrem Umfang her wichtigeren Sprachveränderungen aufgrund von Interferenzen etwa zwischen dem Dialekt und einer überdachenden Standardsprache. Diese Prozesse unterliegen in erster Linie innerlinguistisch-syntagmatischen *und* gesellschaftlich-situativen Bedingungen.[113] Die Neuerungen aus der höherwertigen Varietät werden nach Maßgabe des Vor- und

Nachkontextes und auch der jeweiligen gesellschaftlichen Situation in die Ausgangsvarietät übernommen. Dabei spielt das Alter nur eine nachgeordnete Rolle, insofern sich das Situationsspektrum mit fortschreitendem Alter ändert.

Der Nachweis von innersystematischen Sprachwandelvorgängen entlang der Altersskala ist nun auf zwei unterschiedliche Arten möglich, die einander bis zu einem gewissen Grade ergänzen. Einmal ist es möglich, verschiedene, gleichzeitig nebeneinander lebende Altersgruppen einer Sprachgemeinschaft zu untersuchen und hier die Unterschiede in der Durchsetzung der Neuerung festzustellen. Bei dieser Vorgehensweise spiegelt sich der Zeitablauf quasi virtuell in den unterschiedlichen Altersstufen der Gewährspersonen. Ein Hauptproblem bei dieser Forschungsmethode, die besonders Labov angewendet hat, ist es, sicherzustellen, daß die Texte der verschiedenen Sprecher unter situativem Aspekt gleichartig sind.

Die zweite hier mögliche Methode ist eine Untersuchungsform, die man in der empirischen Sozialforschung ›Panel-Analyse‹ nennt: die Analyse von Sprachmaterial, das von denselben Personen mit mehreren Jahren Abstand erhoben worden ist. Bei dieser Art von Untersuchung wird in realer Zeit gearbeitet. Aber auch hier ist eines der Hauptprobleme die Gewinnung von Sprachmaterial in objektiv und auch subjektiv vergleichbaren situativen Umgebungen.

Dieser Einwand trifft auch die beiden einzigen bisher bekannt gewordenen Untersuchungen dieser Art, die Analyse der Mundart von Charmey durch Gauchat und Hermann 1905 und 1928[114] sowie die Untersuchung Nomotos 1950 und 1970, von der Peng (1975)[115] berichtet.

Während Hermann 1928 die von Gauchat gewonnenen Werte nur punktuell überprüfte, suchte Nomoto dem skizzierten Datenproblem dadurch zu entgehen, daß er in beiden Fällen Material aus weitgehend situationsunabhängigen Konstellationen untersucht. Er verwendet Abfragelisten von dialektalem Wort- und Satzgut. Dadurch wird sich noch am besten wirklicher Wandel in bestimmten sprachlichen Elementen erfassen lassen, jedoch wohl in erster Linie auf der lautlichen Ebene.

Die Untersuchungen des ersten hier skizzierten Typs in virtueller Zeit haben mit ähnlichen erhebungsmethodischen Problemen zu kämpfen. Der modifizierende Einfluß der Auswirkungen des sozialen Alters auf den generationstypischen Dialektanteil kann nur schwer ausgeschaltet werden. Schulkindersprache ist mehr am Standard orientiert als Sprache von Frauen um 50, jedoch nicht unbedingt mehr als die Sprache von kaufmännischen Angestellten im gleichen Alter. Steller (1959) und Bellmann (1957), die beide derartige Analysen angestellt haben, suchten dieses Problem dadurch zu umgehen, daß sie jeweils die tiefste Dialektschicht, die den Sprechern möglich war, erhoben. Steller sammelte Material, das Angehörige verschiedener Generationen im Dialekttheater verwendeten. Bellmann ließ die unterschiedlichen Generationen jeweils denselben Text in Dialekt übersetzen. Wenn man zusätzlich noch auf Vergleichbarkeit im allgemeinen gesellschaftlichen Positionssystem der Gewährspersonen achtet, müßte es möglich sein, auf diese Art für bestimmte Sprachbereiche, und hier steht wiederum der Lautbereich im Vordergrund, Veränderungen auch durch Intergenerationen-Vergleich zu erhalten.

Aus der Beziehung zwischen Alter und Dialekt/Dialektgebrauch kann man also in zwei Bereichen Daten für allgemeine sprachliche und sprachsoziologische Veränderungen ableiten, einmal für den Bereich der Sprachverwendungsregeln und dann für den Bereich der innersystematischen, nicht durch Interferenzen mit anderen Sprachvarietäten ausgelösten Veränderungen. Die Veränderungen, die die gegenwärtige Situation in dem hier untersuchten Bereich zwischen Dialekt und Standardsprache am meisten charakterisiert, die Übernahme von standardsprachlichen Varianten in das dialektale System, kann jedoch über den Vergleich verschiedener Altersgruppen nicht erfaßt werden.

Hier sind mehr als das Alter die Komponenten ›soziale Situation‹ und ›soziale Gruppe‹ für sprachliche Veränderungen in den bestehenden Sprachvarietäten verantwortlich.

3. Dialekt und komplexe gesellschaftliche Gruppierungen

3.1. Dialekt und soziale Gruppen

Nachdem im vorigen Kapitel die sozialen Grundkategorien ›Alter‹ und ›Geschlecht‹, die jedem Gesellschaftsmitglied von Natur aus zukommen, auf ihre Bedeutung für die Verwendung von verschiedenen Sprachvarietäten hin befragt worden sind, wenden wir uns jetzt den gesellschaftlichen Faktoren zu, die den Personen aufgrund ihres Verhaltens, ihrer Handlungen und ihrer Leistungen innerhalb der Gesellschaft zugeschrieben werden, und die zu ›komplexen‹ gesellschaftlichen Strukturierungen führen. Gesellschaft ist in diesem Zusammenhang ein mehrfach gegliedertes und gliederbares System von Systemen, dessen Elemente sowohl Einzelpersonen als auch gesellschaftliche Gruppen sein können. Als gesellschaftliche Gruppen werden dabei Individuen-Ensembles betrachtet, die in bezug auf ein oder mehrere Verhaltens-, Tätigkeits- oder Leistungsmerkmale übereinstimmen.

Je nachdem mit welchem Interesse der Forscher an dieses ›Supersystem‹ herantritt, bieten sich ihm unterschiedliche Systemebenen oder auch Systemausschnitte zur Gliederung an. Eine Analyse der politischökonomischen Struktur erfordert Untersuchungen über die Verteilung der Verfügungsgewalt über gesellschaftliche Mittel und gesellschaftliche Macht. Eine Sozialverhaltensanalyse wird sich, ohne diese Grundstrukturen zu verleugnen, mehr mit den Gruppierungen beschäftigen, in denen Verhaltensunterschiede bzw. Differenzierungen in der gesellschaftlichen Tätigkeit sich auswirken, also etwa mit sozialen Schichten.

Eine Analyse der gesellschaftlichen Steuerung und der gesellschaftlichen Funktion der Verwendung verschiedener Kommunikationsmittel innerhalb einer Gesellschaft – wie sie hier durchgeführt werden soll – wird sich in erster Linie den gesellschaftlichen Korrelaten von dem zuwenden, was die Sprachwissenschaft ›Sprachgemeinschaften‹ nennt. Als ›Sprachgemeinschaften‹ sollen hier vorläufig Gruppen von Sprechern bezeichnet werden, die nach eigener Anschauung eine Gemeinschaft aufgrund der zumindest zeitweilig gemeinsam verwendeten Sprache bilden. Auf eine linguistische Fundierung der Sprachgemeinschaft durch die Annahme einer objektiv gleichen Sprache wird dabei bewußt verzichtet, da sowohl die Mehrsprachigkeitsforschung[116]) als auch die Erforschung von Mischsprachen wie Creoles und Pidgins[117]) die linguistische Relativität solcher Aussagen wie ›wir sprechen die gleiche Sprache‹ deutlich gemacht haben.

Gesellschaftliche Korrelate solcher Sprachgemeinschaften können recht verschiedenen Umfang haben. Hier können größere Regionen und auch ganze Nationen erfaßt werden. Für die Dialektsprecher, die im Mittelpunkt unserer Untersuchung stehen, sind die Kernzellen solcher gesellschaftlichen Korrelate wohl die ländlichen Ortsgemeinschaften, in denen zumindest potentiell jeder mit jedem in kommunikativem Kontakt steht, das heißt, daß das im Ort verwendete Varietätenspektrum zumindest aufeinander abgestimmt sein muß, in vielen Fällen jedoch weitgehend aneinander angeglichen ist.

Wie sich solche Korrelate zwischen Sprachvarietätensystemen in Sprachgemeinschaften und sozialen Gruppierungen gestalten, wie sie entstehen und welche Unterschiede sich dabei zwischen den verschiedenen Ebenen der gesellschaftlichen Struktur, der Ortsebene, der Regionalebene und dem gesamtgesellschaftlichen Rahmen ergeben, das ist eines der Zentralgebiete der Dialektsoziologie.

In der Forschungsgeschichte gab es bisher eine große Anzahl von Versuchen, gesellschaftliche Strukturen aufzudecken, die für die Steuerung der Verwendung von Sprachvarietäten wie Dialekt und Standardsprache verantwortlich sind.

Dabei wurde auf die verschiedensten in der Sozialwissenschaft erarbeiteten Gliederungsschemata zurückgegriffen, auf die Einteilung nach dem Bildungsgrad, nach Städtern und Landbewohnern, nach höheren und niedrigeren Schichten, nach verschiedenen ökonomischen Klassen im Marx'schen Sinne, nach den Arbeitsformen und vielem mehr. In diesen Modellen spiegelt sich zugleich der Prozeß der Entstehung und Entwicklung der Soziologie seit dem Ende des 19. Jahrhunderts aus den frühen sozialwissenschaftlichen Ansätzen in Nationalökonomie und Geschichte wider.

Die Beschäftigung mit den Beziehungen zwischen Dialektverwendung und gesellschaftlichen Gliederungen, die sich in der Dialektologie seit dem Ende des vorigen Jahrhunderts nachweisen läßt, soll hier etwas ausführlicher dargestellt werden, da damit zugleich zentrale Aspekte der Wissenschaftsgeschichte der Dialektsoziologie angesprochen werden, die sonst nicht aufgegriffen werden.

3.1.1. Forschungsgeschichte

Das Phänomen, daß es zwischen verschiedenen Teilen der Gesellschaft im Gebrauch von Dialekt und Hochsprache Unterschiede gibt, ist beobachtet worden, seit es den Gegensatz zwischen Dialekt und Standardsprache gibt, also seitdem die Standardsprache so weit entwickelt war, daß sie dem Dialekt als Alternative gegenübertreten konnte. Und auch damals entstand dieses Phänomen keineswegs neu. Schon vorher wird von gesellschaftlichen Unterschieden gesprochen, die sich im Sprachgebrauch zeigen. Meier Helmbrecht bemüht sich etwa ›fein‹, ›höfisch‹ zu sprechen, wenn er nach langer Abwesenheit auf seinen väterlichen Bauernhof zurückkommt, seine Verwandten sprechen ihm zu bäurisch.[118] In dem kölnischen Schwank von Stynchyn van der Crone aus dem 14./15. Jahrhundert spricht der Nürnberger feiner als der Westfale.[119]

Systematisch beschäftigt man sich mit diesen Fragen jedoch zum ersten Mal im 19. Jahrhundert im Zusammenhang mit der Entwicklung der Dialektologie zur Wissenschaft.

Die Auffassung des 19. und des beginnenden 20. Jahrhunderts von den Beziehungen zwischen Dialekt und Gesellschaft werden am eindrucksvollsten erkennbar in den methodischen Forderungen Philipp Wegeners zur Dialektologie, in den programmatischen Überlegungen von Hans Naumann zum sprachlichen Verhältnis zwischen Oberschicht und Unterschicht und in den Überlegungen Paul Kretschmers zur Position der Umgangssprache im Spektrum der sprachlichen Varietäten.

Philipp Wegener geht in der 1880 veröffentlichen Anleitung für die Erarbeitung von Ortssprachen-Grammatiken davon aus, daß eine solche Monographie »ein volles und treues bild des betreffenden dialectes geben sollte«.[120]

Dieser Dialekt, die Sprache der Bauern auf dem platten Land, wird unterschieden von zwei anderen mündlichen Varietäten und einer schriftlichen Varietät. In den ländlichen Städten ist der Dialekt des halbgebildeten Städters verbreitet, aber auch der Dialekt der Gebildeten, der der eigentlichen Schriftsprache am weitesten angenähert ist. Wegener veranschaulicht dieses Verhältnis zwischen den einzelnen Sprachvarietäten durch ein Bild von konzentrischen Kreisen, in denen um die Schriftsprache als Mittelpunkt die Dialekte der Gebildeten, der städtischen Halbgebildeten und des ländlichen niederen Volkes angeordnet sind. Er veranschaulicht jedoch in diesem Modell nicht, wie das später Ulrich Engel[121] mit seinem Modell der Sprachkreise und Ulrich Ammon[122] mit dem Konzept der regionalen Reichweite tun, den regionalen Geltungsbereich der jeweiligen Varietät, sondern den Grad der Abweichung von der schriftsprachlichen Norm.

Aus den Angaben, die Wegener zur gesellschaftlichen Situierung der Sprecher der einzelnen Varietäten macht, kann man auf seine Vorstellungen über die gesellschaftliche Steuerung des Gebrauches dieser Varietäten schließen. Die zentrale Dichotomie der Gesellschaft in Bezug auf den Sprachgebrauch ist für Wegener die Tatsache, ob die Sprecher auf dem Lande oder in der Stadt wohnen. Dialekt ist die Sprache des flachen Landes, Gemeinsprache die Ausdrucksform der Stadt. Diese Zweiteilung der Sprachgemeinschaft wird jedoch durchkreuzt von einer zweiten, der Trennung zwischen dem Volk, den Halbgebildeten und den Gebildeten, einer Schichtungsvorstellung, die mit der Gesellschaftsauffassung der Zeit durchaus übereinstimmt.

Beide Komponenten der sprachsoziologischen Einbettung der Sprecher durchkreuzen sich insofern, als die niederen Volksschichten grundsätzlich auf dem Land angesiedelt und von der Schicht der Halbgebildeten wie auch der Gebildeten in den Städten abgehoben werden. Wegener gibt auch eine Erklärung für dieses Phänomen der gesellschaftlichen Verquickung zwischen den Bildungsgraden und den Graden der Urbanität. Das ›niedere Landvolk‹ besteht danach aus: »(...) hinter dem grossen culturstrom der gebildeten welt zurückgebliebenen volksschichten, isoliert auf ihrer scholle, isoliert durch die einseitigkeit der beschäftigung, beschränkt durch die fortschritte der schriftsprache in schule und kirche, welche, wenigstens für sehr viele dialectgebiete, die volkssprache nicht für das höhere geistes- und gefühlsleben in gebet, erbauung und poesie zuläßt.«[123] Hier wird klar gesehen, daß die örtliche Isolierung auf dem Lande der Auslöser für die Unterschiede in der Bildungsschichtung ist, und es wird auch auf die sich dadurch ergebenden sozialen Schwierigkeiten der ländlichen Dialektsprecher hingewiesen.

Wenn diese Überlegungen zur Bedeutung gesellschaftlicher Gliederungen für den Gebrauch verschiedener Sprachvarietäten auch für die Zeit am Ende des vorigen Jahrhunderts erstaunlich fortschrittlich anmuten, so darf doch nicht übersehen werden, daß wichtige Aspekte dieses Problems von Wegener nicht erkannt worden sind. Erstens untermauert er seine theoretischen Überlegungen nicht durch empirische Untersuchungen. Zweitens bleiben die Hinweise auf die Genese der festgestellten Beziehungen zwischen Dialekt und gesellschaftlicher Gliederung rudimentär. Es fehlen auch Überlegungen zur Bedeutung der Herausbildung der neuhochdeutschen Gemeinsprache besonders in ihrer gesprochenen Form. Drittens schließlich geht er gar nicht oder nur ganz am Rande auf die gebildeten Volksschichten auf dem Lande und besonders auf die ›niederen Volksschichten‹ in der Stadt ein. Letzteres kann jedoch vielleicht daran liegen, daß diese gesellschaftliche Gruppe, die zum großen Teil aus ländlichen Kreisen stammt und durch Zuwanderung in die Städte kommt, im zweiten Viertel des 19. Jahrhunderts noch nicht so bedeutend ist, oder daß sie sich nicht wesentlich von dem sprachlichen Verhalten ihrer Herkunftsregion unterschied. Die Sprache des städtischen Proletariats entsteht erst im Zusammenhang mit der Herausbildung dieser gesellschaftlichen Gruppe im Rahmen der Industrialisierung und der Verstädterung.

Paul Kretschmer beschäftigt sich 40 Jahre später in der Einleitung zu seinem Wörterbuch der deutschen Umgangssprache ebenfalls indirekt mit dem Problem der gesellschaftlichen Bedingungen für die Verwendung verschiedener Sprachvarietäten.[124] Sprachlich unterscheidet er die Volksmundarten, die geprägt sind von »(...) dem engen Gesichtskreis (...) der niederen Volksklassen, namentlich der Landbevölkerung (...)«,[125] die familiäre Sprache der Gebildeten, die teilweise noch durch die Nähe zur Mundart bestimmt ist, die Sprachform des geschäftlichen und gesellschaftlichen Verkehrs und die Repräsentations- oder Öffentlichkeitssprache. Mit diesen gesellschaftlichen Bestimmungen übernimmt Kretschmer weitgehend das Einteilungsmodell von Wegener. Er erweitert es nur durch eine feinere funktionale Differenzierung der mittleren Sprachvarietäten. Er fügt dazu noch eine weitere Komponente in den Bestimmungsrahmen für gesellschaftlich fundierten Sprachgebrauch ein, die Regionalität. Nach den Feststellungen Kretschmers hält sich in »(…) manchen Orten (…) die Sprache der Gebildeten von der Mundart besonders fern«.[126)] In anderen Regionen gehen Mundart und Gebildetensprache fast nahtlos ineinander über. Er konstatiert dabei ein Gefälle von Nord nach Süd. Während im Norden Deutschlands Mundart und Gemeinsprache klar durch die Faktoren ›Bildung‹ und ›Ländlichkeit des Lebensraumes‹ getrennt sind, erscheinen diese Grenzen in den südlichen Regionen Deutschlands verwischt, indem hier auch in den Städten und in den Kreisen der Gebildeten weitgehend Mundart oder andere mundartnahe Varietäten gesprochen werden. Besonders hebt Kretschmer dabei Württemberg und die damaligen Reichslande Elsaß und Lothringen sowie die Schweiz und Luxemburg hervor, wo die skizzierten gesellschaftlichen Gliederungen des Varietätengebrauchs nicht vorhanden sind, da dialektgeprägte Varietäten wie das Honoratiorenschwäbisch, das Schwyzerdeutsch, die luxemburgische Koine und die elsässischen und lothringischen Ausgleichsdialekte auch von durch Urbanität und Bildung geprägten Gruppen verwendet werden. Eine Erklärung dieses Phänomens durch die Unterschiede in der Bedeutung der einzelnen Regionalvarietäten bei der Herausbildung der deutschen Einheitssprache und durch Differenzen in der allgemeinen sozialhistorischen Entwicklung dieser Regionen versucht Kretschmer jedoch nicht.

Mit den gesellschaftlichen Gliederungsfaktoren ›Ländlichkeit‹, ›Bildungsgrad‹ und ›Regionalität‹, die von Wegener und Kretschmer als strukturierend für die Verwendung verschiedener Sprachvarietäten und besonders des Dialektes herausgearbeitet werden, haben wir die Kategorien gewonnen, die bis in die jüngste Zeit hinein mit leichten Modifikationen immer wieder als bedeutsam für die sprachsoziologische Gliederung der Varietätenverwendung angesehen wurden und werden. In diesen Rahmen werden seit den 20er Jahren dieses Jahrhunderts auch empirische Untersuchungen zur gesellschaftlichen Steuerung der Sprachverwendung angesiedelt. Dabei standen jedoch – unter dem Einfluß der dominierenden dialektgeographischen Schule – Beschreibungen von regionalen Differenzierungen oft im Vordergrund. Aber besonders die Untersuchungen zu städtischen Dialekten und zu sprachlichen Schichtungen in Städten ließen die Berücksichtigung von gesellschaftlichen Strukturierungen notwendig werden.

Theoretisch befassen sich in der Zeit vor dem Zweiten Weltkrieg besonders Hans Naumann und Friedrich Maurer noch einmal mit diesem Problem, fügen sich jedoch grundsätzlich in den von Wegener und Kretschmer skizzierten Rahmen ein.

Naumann wendet sich im Zusammenhang mit seinen allgemeinen Überlegungen zum Absinken von Kulturgut der Frage der gesellschaftlichen Gliederung von Sprachvarietäten zu.[127] Für ihn ist die Gesellschaft aufgeteilt in eine Oberschicht und eine Unterschicht. Die Oberschicht ist durch gehobene Bildung und Intellektualität gekennzeichnet. Sie dominiert in gesellschaftlichen Bereichen wie Schule, Kanzel, Katheder, Bühne, Zeitung, Amt und Dichtung. Dieser Schicht kommt die Kultursprache, das Hochdeutsche, zu. Ihr gegenüber steht die Schicht der Ungebildeten, die von Naumann durch Bäuerlichkeit, Bodenständigkeit und Primitivität charakterisiert wird und die die Mundart verwendet. Obgleich auch in diesem Modell sowohl Ländlichkeit als auch Bildung als Strukturierungskomponenten von Sprachgemeinschaften eine Rolle spielen, tritt jedoch die ›Ländlichkeit‹ in ihrer Bedeutung als bestimmende Kategorie hinter den Faktor ›Bildung‹ zurück, die als der in erster Linie Sozialschichten bildende Faktor angesehen wird. Ob Dialekt oder Standard gesprochen wird, ist für Naumann in erster Linie dadurch bestimmt, welchen Bildungsgrad der Sprecher oder die Sprechergruppe hat. Auf begründende Zusammenhänge zwischen den Faktoren geht Naumann nicht ein. Er weist jedoch auf eine interessante Beziehung zwischen der gesellschaftlich-staatlichen Struktur einer Sprachgemeinschaft und den verwendeten Varietäten hin. In Zeiten mit fest begründeter Oberschicht und gefestigter Kultur haben danach die Kultursprachen durch einen Vorbildcharakter und über Prozesse wie Modeerscheinungen und Nachahmung einen starken Einfluß auf die Mundarten. Die Dialekte übernehmen in solchen Epochen viel kultursprachliches Material. In Zeiten gesellschaftlicher Umschichtungen, in denen die Oberschichten in Auflösung oder in Neubildung begriffen sind und in denen es auch häufig zu einem Ausgleich von Bildungsdifferenzen kommt(!), gewinnen dagegen die Mundarten Einfluß auf die Gemeinsprache.[128] An diesen Überlegungen zeigt sich unter anderem, daß Naumann die Beziehungen zwischen der Bildung und den Positionen gesellschaftlichen Einflusses sowie der wirtschaftlichen und staatlichen Macht sehr wohl gesehen und implizit berücksichtigt hat. Für ihn bleiben Kategorien wie die gesellschaftliche Position eines Sprechers jedoch von sekundärer Bedeutung für die Verwendung bestimmter unterschiedlicher Varietäten.

Friedrich Maurer beschäftigt sich 1933 mit ähnlichen Fragen.[129] Dabei übernimmt er weitgehend die Position von Naumann. Die Naumannsche Zweischichten-Theorie mit der dominierenden Rolle der Bildung eignet sich nach Maurer gut für die Erfassung der gesellschaftlichen Bedingtheit von Dialekt- und Standardgebrauch. Er modifiziert diese

These jedoch in zweifacher Hinsicht. Einmal weist er darauf hin, daß die Unterschicht heutzutage zwar noch weiterhin durch Nicht-Bildung, jedoch nicht mehr einheitlich durch ›Ländlichkeit‹ charakterisiert werden kann, daß sich »(...) an die Stelle der bäuerlichen (...) die proletarische (...)«[130] Schicht dränge, was zu ganz neuen Konstellationen führt. Zum anderen weist Maurer auf die Dynamik in der Entwicklung der Verhältnisse zwischen den sozialen Gruppen einerseits und den von ihnen vorzugsweise verwendeten Sprachvarietäten andererseits hin. Die Verbindung zwischen der Raumkomponente und der gesellschaftlichen Gliederung sieht Maurer in dem ständig zunehmenden Verkehr, der zu einer räumlichen Vermischung der Dialekte und indirekt zur Verwendung von überregionalen Varietäten führt. ›Verkehr‹ wird von Maurer in diesem Zusammenhang jedoch in direktem Sinne und nicht wie später bei Walter Mitzka[131] und auch Adolf Bach[132] im Sinne von vermehrtem gesellschaftlichen Kontakt überhaupt verwendet. Die empirischen Untersuchungen, auf denen zumindest die Überlegungen von Friedrich Maurer schon z. T. beruhen, entstanden, wie schon angedeutet, hauptsächlich im Zusammenhang mit Stadtsprache-Analysen.

Otto Rudolf berichtet über eine Untersuchung sprachlicher Abstufungen unter einheimischen Darmstädtern.[139] Er unterscheidet durch eine linguistische Analyse drei Sprachschichten, den reinen Dialekt, die Halb- oder Mischmundart und die Darmstädter Schriftsprache, die alle unterhalb der gemeinsprachlichen Norm anzusiedeln sind. Jede dieser Varietäten ordnet Rudolf nun einer gesellschaftlichen Gruppe im Untersuchungsort zu. Die reine Mundart oder der Vulgärdialekt wird zumeist von Leuten verwendet, die keine höhere Schulbildung genossen haben. Die Halb- oder Mischmundart erscheint beim Mittelstand, der zum großen Teil eine gute schulische Ausbildung genossen hat. Die Darmstädter Schriftsprache schließlich wird von all den Einheimischen gebraucht, die durch ihren Beruf zur Verwendung von Schriftsprache und Einheitsprache genötigt sind, wie z. B. die Lehrer, die öffentlichen Redner usw. Berücksichtigt Rudolf bei der linguistischen Beschreibung der Varietäten empirisches Material, so beruhen die soziologischen Zuordnungen allein auf seinen eigenen Kenntnissen und seinen intuitiven Vorstellungen von der Verteilung der Varietäten.

Interessant ist jedoch, daß in dieser Gesellschaftsgliederung der Faktor der Bildung ausschließlich berücksichtigt wird und daß Rudolf zumindest für die Gruppe der Sprecher der Darmstädter Schriftsprache auf die enge Verbindung zwischen der Bildung und dem Beruf ausdrücklich hinweist.

Auf diese Verbindung weist auch Adolf Bach in der ersten Auflage seiner Deutschen Mundartkunde ausdrücklich hin.[134] Für ihn ist der Ansatzpunkt für eine gesellschaftliche Schichtung der Sprache ebenfalls die Bildungsstufe, damit sind in der Regel die übrigen sozialen Verhältnisse der Sprachträger festgelegt. Hier zeigt sich die Schlüsselfunktion, die die Gesellschaftsmodelle auch in dieser Zeit noch der Bildung für die gesellschaftliche Positionierung von Individuen zumessen.

Die Untersuchungen zu Stadtsprachen, zu den Beziehungen zwischen Stadt und Land und zu den regionalen Umgangsprachen bildeten einen Ansatzpunkt für die in den 60er Jahren einsetzende systematische Beschäftigung mit dem Problem der gesellschaftlichen Steuerung von Dialekt-Verwendung. Arbeiten wie die von Else Hofmann[135] schließen direkt an diese Forschungen an.

Der zweite Ansatzpunkt für die neuesten Forschungen im Bereich der Beziehungen zwischen Dialekt und gesellschaftlichen Gliederungen ist die Dialektgeographie Marburger Prägung gewesen.[136]

Diese Forschungsrichtung hatte sich parallel zu den oben skizzierten Forschungen im Laufe der ersten Hälfte des 20. Jahrhunderts zu der eigentlich dominierenden dialektologischen Richtung entwickelt. Die gesellschaftliche Einbettung von Dialekt war jedoch schon von Anfang an bewußt aus dem Forschungsinteresse ausgeklammert worden.

Das Konzept der kartographischen Darstellung von räumlichen Sprachunterschieden und ihrer historisch-kulturräumlichen Interpretation ging davon aus, daß die Sprache innerhalb der einzelnen Ortspunkte homogen ist.[137]

Wo die Sprachwirklichkeit diesem Konzept nicht mehr entsprach, weil innerhalb eines Ortes keine einheitliche Sprache von allen sozialen Gruppen gesprochen wurde, da legte man die örtlichen Repräsentanten so fest, daß zwar die alte Ortssprache, nicht aber die örtlichen Sprachgemeinschaften repräsentiert waren.[138] Es wurden möglichst Angehörige des Bauernstandes mit minimalen Sozialkontakten nach außen während ihres ganzen Lebens ausgewählt und nach ihrer Sprache befragt. Welche Richtung hier eingeschlagen worden war, zeigt sich schlaglichtartig an der Verwendung der Bezeichnung ›sozial-linguistisch‹ durch den Hauptvertreter der Marburger Konzeption, Ferdinand Wrede. ›Sozial-linguistisch‹ hat für Wrede nichts mit irgendwelchen die soziale Position der Einzelsprechers charakterisierenden Determinanten zu tun. Sozial-linguistisch nennt Wrede seine eigene, auf die Erfassung der Sprache im Raum ausgerichtete Arbeitsweise, im Gegensatz zu der ›individual-linguistischen‹ Arbeitsweise der Junggrammatiker, zu denen aber auch lautphysiologisch arbeitende Dialektologen wie Winteler und Bremer gehörten.[139] ›Sozial‹ bezieht sich hier also offensichtlich auf räumliche Gemeinschaften im Gegensatz zu Einzelsprechern bzw. Sprachsystemen.

Doch die gerade die Konzentrierung der reinen Dialektgeographie auf den alten Dialekt und die damit verbundene Entfernung von den sprachlichen Realitäten städtischer und industrialisierter und dann auch ländlicher Gebiete bot einen Ansatzpunkt für die sukzessive Einbeziehung der Aspekte gesellschaftlicher Schichtung in dialektgeographische Untersuchungen. Im deutschsprachigen Bereich sucht man zuerst bei den Planungen zu den Aufnahmen zum Deutschen Spracharchiv die Mehrschichtigkeit der Ortsgemeinschaften zu berücksichtigen.[140]

Systematische Untersuchungen der Beziehungen zwischen gesellschaftlichen Gliederungen und dem Gebrauch von verschiedenen Sprachvarietäten setzten jedoch erst in den 60er Jahren ein. Bis dahin hat man über diese Beziehungen nur Vermutungen angestellt, die auf informellen Beobachtungen der Dialektologen bzw. auf einer Übernahme allgemeiner Vorstellungen von gesellschaftlicher Schichtung beruhten.[141]

Die erste Arbeit, die sich in der Bundesrepublik diesem Problem mit empirischen Methoden auch für die Seite der Gesellschaftsstruktur zuwendet, ist, wie erwähnt, die Dissertation von Else Hofmann.[142] Obwohl Hofmann aus der Marburger Schule stammt, knüpft sie nicht an die dialektgeographische Forschungstradition an, sondern greift ein Thema auf, das eher im Zusammenhang mit der traditionellen Stadtsprachenforschung zu sehen ist. Sie stellt die Frage, welchen Einfluß die Beschäftigung in der benachbarten Stadt auf die Sprache von aus einem dörflichen Lebenskreis stammenden pendelnden Arbeitern hat. In ihren theoretischen Vorüberlegungen geht sie davon aus, daß sich die Arbeiter nicht alle sprachlich gleich verhalten, sondern daß es Differenzen zwischen den verschiedenen Arbeitertypen in der verwendeten Sprachform geben wird. Bestimmte Arbeitergruppen werden weitgehend Dialekt sprechen und andere mehr Gemeinsprache oder – und das ist eine interessante Erweiterung des Problemfeldes – den städtischen Dialekt des Arbeitsortes. Die Verwendung von Dialekt soll also nach den Annahmen von Hofmann schon innerhalb der Gruppe der pendelnden Arbeiter unterschiedlich sein. Andere gesellschaftliche Gruppen, etwa die Handwerker und Beamten im Wohnort oder die nicht pendelnden Arbeiter, werden nicht untersucht. Außerdem werden nur ortsgeborene Sprecher untersucht, die auch ihre Jugend im Wohnort zugebracht haben. Der Faktor des Gegensatzes Stadt/Land kommt nur dadurch in die Untersuchung hinein, daß zwei Kontrollgruppen berücksichtigt werden, eine Gruppe alter Bauern des Wohnortes und eine

Gruppe im Arbeitsort aufgewachsener Arbeiter. Dabei zeigen sich die deutlichsten Sprachunterschiede bei diesen beiden Gruppen. Der Gegensatz Stadt/Land ist also auch heute noch weitgehend dominierend, obgleich dieser Schluß aus dem von Hofmann vorgelegten Material nur mit Vorsicht gezogen werden sollte. Denn in der Stadt und auf dem Lande werden unterschiedliche soziale Gruppen und auch unterschiedliche Altersgruppen verglichen.

Der zweite Gegensatz, der in den theoretischen Überlegungen früherer Dialektologen eine Rolle gespielt hat, ist der Unterschied im Bildungsgrad. Je höher die Bildung eines Sprechers, desto weniger verwendet er Dialekt. Auch diese Hypothese kann von Hofmann nicht vollgültig überprüft werden, da sie unterschiedliche Bildungsgrade nur über den beruflichen Status, ›gelernt‹ oder ›ungelernt‹, in die Untersuchung einbezieht. Nun liegen besonders in den untersuchten Berufsgruppen ›Gießereiarbeiter‹ und ›Arbeiter in der optischen Industrie‹ beide Ebenen besonders bei langer Berufsdauer recht nahe beieinander, da sie einerseits durch steigende Erfahrung und andererseits durch betriebliche Fortbildungskurse auch finanziell weitgehend ausgeglichen werden können. Die Korrelationsergebnisse Hofmanns zum Sprachgebrauch von gelernten und ungelernten Arbeitern ergeben daher auch keinen Unterschied, der eindeutig auf diesen Faktor zurückzuführen wäre.

Über diese beiden klassischen Steuerfaktoren gesellschaftlich bedingten Sprachgebrauchs hinaus vermutet Hofmann neben weiteren Einflußfaktoren wie etwa der Arbeitsform noch die Wirksamkeit einer Komponente, die komplexer Natur ist und die am besten als ›Ortsloyalität‹ oder ›Ortsorientiertheit‹ bezeichnet werden kann. Hofmann erfaßt damit die geistige und affektive Bindung eines Sprechers an den Wohnort mit seinen festen Meinungs- und Einstellungsstrukturen und seinen Sozialverhaltenssystemen. Dieser Faktor ist naturgemäß sekundär und basiert auf einer Reihe von objektiven Bedingungen, die zu einem Wirkkomplex zusammentreten. Hofmann sucht diese Ortsloyalität durch Konformität im politischen Verhalten (Wahlverhalten) und durch die Bindung an örtliche Vereinstraditionen sowie durch die Einstellung zur bäuerlichen Lebensweise zu operationalisieren.[143] Aufgrund dieser Faktoren kann sie eine Gruppe von sogenannten ›Industriebauern‹ von einer ›Arbeiter‹-Gruppe unterscheiden. Dabei spielt als Unterscheidungskriterium zumindest in den älteren Jahrgängen neben den genannten auch die berufliche Tätigkeit teilweise eine Rolle. Unter den ›Industriebauern‹ mit hoher Ortsloyalität dominieren die Gießereiarbeiter, obgleich sich auch ältere Arbeiter der optischen Industrie hier finden.

Es spielt wohl neben dem Faktor Alter, auf den oben eingegangen worden ist, auch so etwas wie gesellschaftliches Ansehen des Berufes eine Rolle ebenso wie die Möglichkeit des sozialen Aufstiegs, die in der optischen Industrie besonders bei jüngeren Arbeitern eher gegeben ist als in Gießereibetrieben.

Der Faktor ›Ortsorientiertheit‹ zusammen mit den Gegenfaktoren ›soziale Aufstiegsorientiertheit‹ und ›Anpassungswillen‹ an urbane Lebensformen erweist sich in der Untersuchung von Hofmann als zwar abgeleiteter, sekundärer, jedoch von der Relevanz her zentraler Aspekt neben dem Alter. Der gemessene Dialektalitätsgrad der ›Industriebauern‹ mit hoher Ortsloyalität stimmt fast mit dem der ortsgebundenen Bauernschaft überein. Die ›Arbeiter‹-Gruppe spricht wesentlich weniger Dialekt, wobei zumindest bei den jungen Arbeitern auch die Art der Beschäftigung keine Rolle mehr spielt. Aufstiegsorientiertheit und Anpassungswille sind zusammen mit den ihnen zugrundeliegenden objektiven sozialen Bedingungen – z.B. den realen Aufstiegsmöglichkeiten und dem Bildungsgrad – von entscheidender Bedeutung für die Wahl der Sprachvarietät.

Durch dieses Forschungsergebnis wird die Vorstellung über die gesellschaftlichen Bedingtheiten der Verwendung von Dialekt erheblich verfeinert. Selbst innerhalb einer so homogen erscheinenden Gruppe wie die der aus einem Dorf stammenden und in die Stadt pendelnden Arbeiter zeigt sich eine Differenzierung im Sprachgebrauch, die quer durch diese Gruppe geht. Von primärer Bedeutung für die Varietätenwahl sind also komplexe subjektive Faktoren, wie ›Ortsloyalität‹ und ›Aufstiegsorientiertheit‹, die sicherlich nicht restlos auf objektive soziale Gegebenheiten zurückführbar sind.

Die zweite empirische Arbeit, die sich indirekt auch mit den gesellschaftlichen Bedingungen für die Verwendung von Dialekt oder Gemeinsprache beschäftigt, ist die Studie Heinz Wolfensbergers über den Sprachgebrauch verschiedener sozialer Gruppen in einer dörflichen Gemeinde in der Nähe von Zürich.[144] Heinz Wolfensberger entwickelt seine Fragestellung, indem er die horizontale Problemstellung der klassischen Dialektgeographie um eine, wie er sagt, dialektgeologische Komponente erweitert. Der Schweizerdeutsche Sprachatlas (SDS) hat, ebenso wie der Deutsche Sprachatlas und der Deutsche Wortatlas, jegliche Berücksichtigung innergesellschaftlicher Gliederungen in einem Erhebungsort definitionsgemäß ausgeschlossen und in der Empirie durch gezielte Auswahl alter und ortsfester Sprecher umgangen.[145] Wolfensberger versucht nun diesen Aspekt durch eine dialektologische ›Tiefenbohrung‹ an einem Untersuchungsort zu erweitern. Dabei erwägt er die Bedeutung einer ganzen Reihe von gesellschaftsstrukturierenden Faktoren, des Berufes, der sozialen Stellung, der Konfession, des Geschlechtes und des Alters.

Der Beruf und die soziale Stellung erweisen sich – und das ist zumindest für binnendeutsche Verhältnisse überraschend – für seinen Schweizer Untersuchungsort als völlig irrelevant für den Dialektalitätsgrad, den die untersuchten Sprecher aufweisen. Hier wirkt sich ein Faktor aus, der schon von Kretschmer 1918 in die Diskussion eingeführt worden ist und den ich als ›Regionalität‹ bezeichnet hatte. Offensichtlich gibt es in den verschiedenen deutschsprachigen Regionen große Unterschiede zwischen den relevanten gesellschaftlichen Faktoren für den Dialektgebrauch. In der Schweiz spielen, und das wird auch von anderen Beobachtungen bestätigt, gesellschaftliche Statusunterschiede keine Rolle für den Dialektgebrauch.

Aber auch für die Relevanz bäuerlich-landwirtschaftlicher Tätigkeiten beim Dialektgebrauch gibt es keinen Hinweis. Zwar zeigen sich in der speziellen bäuerlichen Fachsprache eine Reihe von dialektalen Einflüssen. Die normale Alltagssprache ist jedoch in gleicher Weise vom Dialekt geprägt wie bei Facharbeitern, Bankbeamten und Lehrern.[146)]

Im Vordergrund der gesellschaftlichen Strukturierung steht bei Wolfensberger die Intensität der Ortsgebundenheit der Sprecher. Diese Komponente sucht er in drei Kategorien zu erfassen: die Alteingesessenen, deren Familien schon seit Generationen im Untersuchungsort leben, die Eingesessenen, die im Untersuchungsort aufgewachsen sind, deren Familien jedoch z. T. erst vor einer Generation zugewandert sind, und die Zugezogenen im engeren Sinne, die erst nach der Kindheit in den Ort gekommen sind. Diese Kategorien liegen jedoch nicht – wie Wolfensberger annimmt – auf einer Ebene und können deswegen keine Skala mit graduell unterschiedlicher Ortsgebundenheit begründen. Das ist allenfalls bei den ›Alteingesessenen‹ und den ›Eingesessenen‹ der Fall. Die Zugezogenen haben ihre Muttersprache in der Primärsozialisation in einem anderen Ort erhalten, und die Sprachunterschiede müssen auf dieser Ebene erklärt werden. Da nun die meisten dieser Zugezogenen aus mehr städtischen Umgebungen stammen, oft direkt aus Zürich, spiegelt sich in der Dichotomie Zugezogen/Nicht-Zugezogen indirekt der bekannte Gegensatz Stadt/Land wider. Die Kategorien ›alteingesessen‹ und ›eingesessen‹ bilden Grade unterschiedlicher Ortsgebundenheit und messen das, was Wolfensberger untersuchen will.

Wolfensberger Untersuchungsergebnisse zeigen eindeutig, daß Unterschiede zwischen Stadt und Land, wie sie in den Gruppen der Eingesessenen und der Zugezogenen greifbar werden, eine bedeutende Rolle bei der gesellschaftlichen Strukturierung des Dialektgebrauches spielen. Zugezogene sprechen wesentlich weniger dialektal als Eingesessene. Darüber hinaus zeigen sich aber weniger deutlich auch Unterschiede zwischen Sprechern mit großer Ortsgebundenheit und Sprechern mit geringerer Ortsgebundenheit. Die eingesessenen Bürger haben einen geringeren Dialektalitätsgrad als die Alteingessenen.

Der Faktor der Ortsgebundenheit ist im Spektrum der relevanten Steuerfaktoren für die Verwendung verschiedener Sprachvarietäten bisher noch nicht speziell untersucht worden. Es stellt sich auch die Frage, ob man Ortsgebundenheit in binnendeutschen Gebieten an der Ansässigkeit der Familie im Ort und der lokalen Herkunft festmachen sollte. Mit solchen Faktoren wird wahrscheinlich nicht so sehr die objektive Bindung des Sprechers an den Ort, sondern indirekt seine subjektive Ortsloyalität, die Akzeptierung örtlicher Einstellungs- und Verhaltenssysteme erfaßt. So gesehen bilden die Ergebnisse von Wolfensberger eine interessante Bestätigung der Ergebnisse von Else Hofmann, die ebenfalls die Ortsloyalität als bedeutenden Steuerfaktor für Dialektverwendung herausgestellt hatte.

Ländlichkeit und Ortsloyalität sind nach den Forschungsergebnissen von Heinz Wolfensberger also in der Schweiz für die Steuerung der Verwendung verschiedener Sprachvarietäten von Bedeutung, nicht jedoch Faktoren wie Art der Berufstätigkeit oder Grad der Ausbildung.

Eine dritte Arbeit, die sich im deutschsprachigen Bereich mit der gesellschaftlichen Gliederung des Spektrums zwischen Dialekt und Standardsprache beschäftigt, ist die vor kurzem erschienene Untersuchung von Dieter Stellmacher über die gesprochene Sprache in Niedersachsen.[147] Wie Wolfensberger unternimmt Stellmacher eine Ortsanalyse. Es geht ihm bei seinen Untersuchungen neben anderem um die Feststellung der Relevanz gesellschaftlicher Gliederungsstrukturen beim Verwenden unterschiedlicher Varietäten innerhalb seines Untersuchungsortes.

Die Analyse benutzt zur Strukturierung der Gesellschaft einen Sozialstatus-Index, der grob an den Kategorien des sog. Scheuch-Index orientiert ist, jedoch in den Bewertungen der einzelnen Faktoren die örtlichen Verhältnisse des Untersuchungsraumes berücksichtigt.[148] Dabei gewinnt besonders der Schulabschluß des Sprechers selbst und seiner Ehefrau, bzw. seines Vaters an Bedeutung. Aber auch der jetzt ausgeübte Beruf wird in dem Index stark berücksichtigt, wobei deutlich unterschieden wird zwischen Arbeitern/Facharbeitern einerseits und Angestellten/Beamten andererseits, sowie der berufliche Ausbildungsstandard und die Wohnverhältnisse des Sprechers.

Das Phänomen ›Sozialstatus‹ ist in den bisher vorgestellten Überlegungen zu den Wechselwirkungen zwischen gesellschaftlichen Schichtungen und Sprachvarietäten-Verwendung noch nicht berücksichtigt worden. Es handelt sich um ein in Anlehnung an die empirische Sozialforschung der angelsächsischen Länder entwickeltes Modell, nach dem die Mitglieder einer Gesellschaft sich untereinander nach einer Reihe von äußerlich erkennbaren sozialen Merkmalen wie Ausbildungsstand, Beruf usw. einen gesellschaftlichen Status zuordnen.[144] Nimmt man alle diese Statuszuordnungen zusammen, so ergibt sich daraus eine Gliederung der Gesellschaft in Schichten mit gleichem oder ähnlichem Sozialstatus. Durch die Festsetzung der gesellschaftlichen Strata mit Hilfe von Sozialstatus-Analysen werden in komplexen Gesellschaften einseitige Überbewertungen einzelner Faktoren für die gesellschaftliche Strukturierung vermieden. Im Hintergrund steht bei der Verwendung solcher Modelle die Überzeugung, daß in hochkomplexen Industriegesellschaften einlinige Schichtungen nach Kategorien wie ›Stadt/Land‹, ›gebildet/ungebildet‹ usw. keine Aussagen erlauben. Insofern besteht ein direkter Zusammenhang zwischen der Verkomplizierung der modernen Gesellschaft und dem Komplexerwerden der soziologischen Beschreibungsmodelle für diese Gesellschaften. Und es ist durchaus dem Gegenstand angemessen, wenn auch die Sprachsoziologie nach geeigneteren Modellen für die Beschreibung der sprach-relevanten gesellschaftlichen Strukturen sucht.

Dabei ist das Sozialstatus-Modell ursprünglich völlig unabhängig von gesellschaftlichen Kommunikationszusammenhängen entwickelt worden. In auf diesem Modell beruhenden Schichtanalysen der Soziologie wird angenommen, daß die sich dabei ergebenden Schichten objektive und wirkliche gesellschaftliche Gruppen differenzieren, die sich innerhalb der Gesellschaft als unterschiedliche Gruppen auch bewußt gegenübertreten.

Von solchen Gruppen wird dann in der Sprachsoziologie auch angenommen, daß sie – sei es wegen unterschiedlicher Sozialisationsbedingungen, sei es aufgrund verschiedener Kommunikationsstrukturen oder kommunikativer Anforderungen – unterschiedliche sprachliche Varietäten verwenden.

Für die Sprachsoziologie ist dabei einmal zu klären, ob die von der Soziologie postulierten gesellschaftlichen Schichten mit unterschiedlichem Sozialstatus tatsächlich verschiedene Sprachvarietäten verwenden. Dieser Frage wendet sich Stellmacher ausschließlich zu.

Daran schließt sich jedoch die weitergehende Frage an, in welcher Art und Weise und in welchem Maße sich diese sprachlichen Unterschiede aus den oben erwähnten gesellschaftlichen Zusammenhängen herleiten lassen. Das ist die Frage nach der Ursache für gesellschaftlich geschichteten Sprachgebrauch, mit der sich besonders Ulrich Ammon beschäftigt hat, auf dessen Untersuchungen später ausführlich eingegangen werden soll.

Stellmacher gibt nur einige Hinweise darauf, wie er sich die Zusammenhänge erklärt. Und er verweist dabei auf den soziologischen Gruppen-Begriff. Die gesellschaftliche Gruppe als Gruppe derer, die in interaktionalem Kontakt miteinander stehen, bildet die Basiseinheit für die Konstitution jeglicher gesellschaftlicher Strukturierungen. Und diese Sozialgruppe ist es auch, in der die Grundlagen für die Verwendung unterschiedlicher kommunikativer Mittel gelegt werden. Dabei gründet sich die Unterschiedlichkeit einerseits auf die unterschiedlichen kommunikativen Anforderungen in verschiedenen sozio-kulturellen Milieus. Andererseits ist es aber besonders die unterschiedliche Sozialisation, die diese Differenzen institutionalisiert und stabilisiert.[150] Beide Faktoren wirken zusammen und begründen so die gesellschaftliche Steuerung von Sprachgebrauch. Es stellt sich nun die Frage, ob nicht hinter solchen Kategorien wie ›kommunikative Anforderungen von soziokulturellen Milieus‹ und ›gruppenspezifische Sozialisation‹ weitere begründende Kategorien für die konstatierten Differenzen im Sprachgebrauch gesucht werden müssen, die die eigentlich verursachenden Kategorien sind. Auf diese Fragen geht Stellmacher jedoch nicht ein. Er konzentriert sich auf den Nachweis der Korrelation zwischen Sozialstatus-Gruppen und der Dialektalität ihrer Sprache. Setzt man die Validität und Zuverlässigkeit der verwendeten Analyse-Methoden voraus,[151] dann ergibt sich aus den von Stellmacher durchgeführten Korrelationsanalysen, die er mit statistischen Prüfverfahren absichert, eine positive Korrelation zwischen der Dialektalität und der Tendenz zu den unteren Sozialstatus-Gruppen. Diese Relation erweist sich in allen durchgeführten Analysen auch bei verschiedenen Textgattungen teils als stark signifikant und teils als signifikant. Da gegenteilige Korrelationen fehlen, kann man wohl festhalten, daß hier der Nachweis der gesellschaftlichen Steuerung von Sprachvarietäten-Verwendung in diesem speziellen Bereich und in kleinstädtischer Umgebung Norddeutschlands gelungen ist.

Stellmacher überprüft jedoch nicht nur die ›sozialinterne‹ Gesellschaftsgliederung nach Statusgruppen, sondern auch die ›sozialexterne‹ nach der herkunftsmäßigen Bindung des Sprechers an den Untersuchungsort und nach der mit dem Arbeitsort verbundenen regionalen Mobilität. Hier kommen in die Untersuchung Aspekte hinein, die auch schon in den Analysen von Wolfensberger und Hofmann eine Rolle gespielt haben. Die Ortsgebundenheit war bei Wolfensberger durch die Dauer der Ansässigkeit der Familie im Ort und bei Hofmann durch Formen der subjektiven Orientierung an den lokalen Verhaltensnormen operationalisiert worden. Stellmacher unterscheidet hier nur diejenigen Ortsbewohner, die im Ort selbst sozialisiert wurden, als ›indigen‹ von denjenigen, die nach der Sozialisationsphase erst in den Ort gekommen sind. Zwischen diesen beiden Gruppen, die sich in etwa mit den ›Eingesessenen‹ und den ›Zugezogenen‹ bei Wolfensberger vergleichen lassen, stellt Stellmacher deutliche und signifikante Dialektalitätsunterschiede fest. Er bestätigt damit die Schweizer Verhältnisse auch für Norddeutschland. Nicht im Ort Geborene sprechen weniger Dialekt als die Ortsansässigen, und zwar wahrscheinlich unabhängig von der Region.

Nicht signifikant sind dagegen durchweg die Beziehungen zwischen dem Arbeitsort und der Dialektalität. Die Vermutung, daß Sprecher, die täglich in einen anderen Ort fahren, um dort zu arbeiten, weniger dialektal sprechen als Personen, die im Untersuchungsort wohnen und auch arbeiten, bestätigt sich daher zumindest für norddeutsche Kleinstädte nicht. Stellmacher vermutet, daß hier die geringe Entfernung der Arbeitsorte vom Wohnort und die Ähnlichkeit der Dialekt-Standard-Verhältnisse in der gesamten Region eine Rolle spielen. Vielleicht ist auch zu beachten, daß es nur geringe Differenzen im Grad der ›Ländlichkeit‹ zwischen dem Wohnort und dem potentiellen Arbeitsort gibt, da sonst bis auf Bremen und Bremerhaven keine größeren Pendelzentren existieren und auch der Untersuchungsort im Verhältnis zur Umgebung schon städtischen Charakter hat. Differenzen zwischen Wohnort und Arbeitsort werden wohl am ehesten festzustellen sein, wenn zwischen diesen beiden Orten zugleich ein erhebliches Urbanitätsgefälle herrscht. Das bestätigt sich auch in der Untersuchung von Hofmann, in der vor allem die Orientierung an den städtischen Verhaltensnormen des Arbeitsortes mit einer Adaptation nicht-dialektalen Sprechens korrelierte.

Verglichen mit den bisher skizzierten Vorstellungen von sprachrelevanten gesellschaftlichen Gliederungen erweist sich das Modell von Stellmacher als recht komplex. Er unterscheidet die herkunftsmäßige Bindung des Sprechers an den Untersuchungsort und seinen sozialen Status innerhalb der Gemeinde und stellt für beide Faktoren signifikante Relevanz bei der Sprachvarietätenverwendung fest. Durch die Relevanz der Kategorie ›Sozialstatus‹ wird zugleich aber indirekt das frühere Konzept von der Bedeutung des Bildungsgrades und der Berufsgruppe für die Dialekt-Verwendung bestätigt, da diese beiden Komponenten innerhalb des Sozialstatus-Index eine überragende Rolle spielen.

3.1.2. Dialektsoziologie in der DDR

Parallel zu den Forschungen, die in der Bundesrepublik und in der Schweiz zu der gesellschaftlichen Schichtung von Dialektgebrauch durchgeführt wurden, entwickelte sich in der DDR schon seit dem Ende der 50er Jahre eine Forschungstradition, die sich mit diesen Fragen in den ländlichen und städtischen Regionen der DDR beschäftigte. Dabei wurde angeknüpft an die dialektgeographisch-kulturräumliche Dialektologie der Frings-Schule[152], in der die Ansatzpunkte für eine Beziehung zwischen gesamtgesellschaftlich-sozialhistorischen Strukturen und sprachlichen Veränderungen von vorne herein angelegt waren. Untersuchte die Frings-Schule die Bedeutung spätmittelalterlicher und frühneuzeitlicher Territorialbildungen für die Entstehung von regionalen Ausgleichssprachen, so erweiterte man jetzt das gesellschaftliche Spektrum, indem man die neueren Entwicklungen im Zuge von Industrialisierung, Urbanisierung und besonders im Zusammenhang mit den gesellschaftlich-politischen Umwälzungen nach 1945 mit in die Untersuchungen der Sprachgebrauchsveränderungen einbezog. Dadurch traten die Probleme der regionalen Abgrenzung sprachlicher Räume in den Hintergrund gegenüber den Fragen nach den sprachlichen Übergangsschichtungen zwischen Dialekt und Gemeinsprache und ihren möglicherweise gesellschaftlichen Bedingungen.

Zwei Entwicklungsphasen lassen sich in dieser Forschungstradition unterscheiden. Die erste Phase ist geprägt durch die von der Stadtsprachenforschung ausgelöste Beschäftigung mit den umgangssprachlichen Zwischenformen zwischen Dialekt und Gemeinsprache. Zu einer gesellschaftstheoretischen Fundierung des Verhältnisses von Dialekt und anderen Sprachvarietäten dringen die DDR-Forscher erst in der zweiten Phase der Entwicklung vor. Seit der Rezeption der sprachsoziologischen Forschung am Ende der 60er Jahre sucht man aufgrund fundierter dialektsoziologischer Forschungen die Einflüsse sozialer Gruppierungen auf die Verwendung und die Veränderung von Sprachvarietäten zu erforschen. Das geschieht nun explizit auf der Grundlage der sozialistischen Gesellschaftstheorie.

Für die erste Phase dialektsoziologischen Forschens formuliert Heinz Spangenberg 1963 die zentrale Forschungsfrage: »Wer (vollzieht) in welcher Zeit, in welchem Alter, in welcher Weise und unter welchen

Bedingungen (den) ... Sprachwechsel (vom Dialekt zur Gemeinsprache)?«[153] Geleitet von dieser Problemstellung, sucht man zentrale gesellschaftliche Einflußfaktoren auf den allgemein zu konstatierenden Übergangsprozeß von der Mundart zur Gemeinsprache und die Bildung von regionalen und überregionalen Umgangssprachen zu isolieren. Dabei beschränkt man sich methodisch in der Regel auf eine informelle Beschreibung der in den letzten Jahrzehnten abgelaufenen gesellschaftlichen und sprachlichen Veränderungen, oft konzentriert auf einen Ortspunkt. Interessant ist besonders der Versuch von Heinz Spangenberg und anderen, dialektgeographische und sprachsoziologische Daten früherer Zeiten für eine Langzeituntersuchung auszuwerten. So vergleicht Spangenberg die sozialen Verschiebungen in der Gruppe der Mundartsprecher in einem thüringischen Dorf von 1930 über 1952 bis 1960.[154] Dabei zeigen sich für die Zeit vor dem Zweiten Weltkrieg besonders Bildung und berufliches Prestige, aber auch schon der Zuzug von aussen als Einfallstore Gemeinsprache-orientierter Varietäten in die örtliche Gemeinschaft. Während 1914 allein die Lehrerfamilie keinen Dialekt spricht, sind es 1930 schon zusätzlich die einheimische Gastwirtsfamilie und die zugezogene Bäckerfamilie sowie vier aus städtischen Regionen eingeheiratete Personen.

Nach dem Kriege tritt neben die weiterhin wirkenden oben skizzierten Gruppen noch die Gruppe der Umsiedler. Zumindest die erwachsenen Umsiedler erlernen nicht mehr die Ortsmundart, sondern verwenden umgangssprachliche Formen zur Kommunikation innerhalb des Ortes.

Hinzu kommt ein weiterer Faktor, der, wie auch Rosenkranz feststellt,[155] für die Zeit vor dem Weltkrieg keine Rolle spielte: die Spracherziehung der Kinder zum Hochdeutschen. Wurde die Konfrontation mit dem Gemeindeutschen vor dem Weltkrieg sogleich nach der Schulzeit durch die intakte Dorfgemeinschaft kompensiert, so zeigt sich zumindest seit 1960 eine allgemeine Lockerung der Ortsloyalität, die neben der Schulbildung wohl auch die zunehmenden Kontakte zur städtischen Umgebung sowohl beruflicher als auch privater Art ausgelöst haben. Es stellt sich hier die Frage – und auf sie werden wir noch später einzugehen haben –, ob nicht die bewußtseinsmäßige Bindung an den Heimatort und seine Sozialverhaltensformen von entscheidender Bedeutung für die Erhaltung des Dialektes sind und ob nicht besonders die sozialen Entwicklungen, die diese Bindung gruppenspezifisch mit unterschiedlicher Intensität lösen, für die Verwendung von Dialekt und Gemeinsprache die eigentlich entscheidende Bedeutung besitzen. Diese Vermutung wird auch durch die Ergebnisse der Untersuchungen von Else Hofmann gestützt.

In den frühen dialektsoziologischen Untersuchungen der DDR-Forscher werden jedoch weniger diese Komponenten als die schon bekannten Faktoren ›Zusammenrücken von Stadt und Land durch Urbanisierung‹, ›Industrialisierung‹ und ›Bevölkerungsverschiebung nach dem II. Weltkrieg‹ als auslösende Elemente für Veränderung des Sprachgebrauchs angeführt. Durch diese gesellschaftlichen Prozesse werden die kommunikativen Anforderungen, die an die verschiedenen gesellschaftlichen Gruppen gestellt werden, verändert. »Dabei müssen wir von der (…) Tatsache ausgehen, daß jeder Sprachschicht eine bestimmte soziologische Gruppe als Trägerschicht zuzuordnen ist, deren Mitteilungsbedürfnissen die Sprache genügen muß.«[156]

Diese Annahme prägt implizit die grundlegenden dialektsoziologischen Vorstellungen der Wissenschaftlergruppe. Man kann sie zusammenfassen in dem Leitsatz: Eine Gesellschaftsschicht gleich eine Sprachschicht. Sie entspricht den Annahmen, die sich seit den Stadtsprachenforschungen der Vorkriegszeit in der Dialektologie der BRD finden und die 1953 auch von Ulrich Engel in seiner dialektsoziologischen Arbeit über Württemberg vertreten werden.[157]

Das Hauptaugenmerk gilt dabei der Dichotomie zwischen Stadt und Land und zwischen städtischen und ländlichen Lebensformen, die von Sperschneider als unterschiedliche sozio-kulturelle Milieus identifiziert werden.[158] Subjektive Korrelate zu den Verschiebungen in den objektiven Lebensverhältnissen sind die soziale Aufstiegsorientiertheit und das Bildungsstreben. Diese Faktoren wirken sich direkt sowohl auf die Gesellschaftmitglieder selbst in ihrem beruflichen Werdegang aus als auch auf die gesamte familiäre Struktur. Dabei entsteht dann z.B. eine Spracherziehungsideologie, nach der Kinder unbedingt hochsprachlich erzogen werden müssen, damit sie später bessere berufliche Aufstiegsmöglichkeiten haben.

Die Dichotomie zwischen Arbeiterschaft und Bürgertum tritt – wie erwähnt – in dieser Phase der Theorieentwicklung der DDR-Dialektsoziologie noch völlig zurück. Die Arbeiterschaft wird teils dem bäuerlichen Bereich zugeordnet und teils dem bürgerlichen Bereich. Eine eigenständige sprachliche Entwicklung auf dem Hintergrund der gesellschaftlichen Klassenstrukturen wird für das Proletariat nicht explizit angenommen. Die Auswirkungen der gesellschaftlich-politischen Umwälzungen in der DDR nach 1949 werden hauptsächlich in Veränderungen im Wortschatzbereich gesehen.[159]

Seit dem Ende der 60er Jahre hat sich in der zweiten Phase der Entwicklung der Forschungs- und besonders der Theorieschwerpunkt der DDR-Dialektologie entscheidend verändert. Das seit dieser Zeit allgemein zu beobachtende Bemühen um eine theoretisch-marxistische Begründung dialektologischen und besonders dialektsoziologischen Forschens ist wohl auf zwei Einflußbereiche zurückzuführen:

- die Rezeption der amerikanischen und vor allem der russischen Sprachsoziologie[160] und Sprachgeschichtsforschung,[161]
- die Erarbeitung einer marxistischen Begründung für Sprache und Sprachforschung in mehreren theorieorientierten Publikationen.[162]

Wir können in diesem Zusammenhang nicht im Detail auf die nuancenreichen Überlegungen zu diesem Problem eingehen. Für die Frage nach den Beziehungen zwischen Dialekten und gesellschaftlichen Schichtungen oder anderen Gruppierungen ist jedoch ein jetzt aufgegriffenes Problem von besonderem Interesse: Welche gesellschaftstheoretischen Vorstellungen werden über die dialektologisch relevanten sozialen Gruppierungen entwickelt und welche Rolle spielt dabei die marxistische Zentralkategorie ›Klasse‹?

Sprache wird allgemein angesehen als Mittel zur Entwicklung menschlicher Kooperationsbeziehungen, als Produkt früherer gesellschaftlicher Arbeitsteilung und als Voraussetzung für jetzige gesellschaftliche Arbeit.[163] Sie spiegelt dabei zu jedem Zeitpunkt ihrer Entwicklung den jeweiligen Entwicklungsstand der historisch-konkreten Gesellschaft wider, indem sich in den Kommunikationsgemeinschaften die momentanen gesellschaftlichen Verhältnisse und in den darin vorhandenen Kommunikationsbedürfnissen die Produktivkräfte innerhalb der Gesellschaft widerspiegeln. Dabei kommt der im Zuge des historischen Prozesses einsetzenden Arbeitsteilung die Rolle des entscheidenden ökonomisch-sozialen Phänomens zu. Durch die sich langsam verfeinernde und verkomplizierende Arbeitsteilung werden drei verschiedene gesellschaftliche Prozesse ausgelöst:

Erstens entsteht eine räumlich-horizontale Gliederung des von einer Gesellschaft bewirtschafteten Raumes, in der Zentren industriell-städtischer Produktion mit weiträumigen Sozialkontakten und Zentren ländlicher Produktion mit engräumigen Sozialkontakten voneinander geschieden werden.

Zweitens entstehen vertikale gesellschaftliche Gliederungen, bedingt durch die unterschiedliche Stellung einzelner Gruppen im Arbeitsprozeß. Die sich auf dieser Grundlage ausbildenden gesellschaftlichen Gruppierungen sind in erster Linie bestimmt durch das unterschiedliche Verhältnis der Menschen zu den Produktionsmitteln. Insofern ist die zentrale gesellschaftliche Gliederung die nach den gesellschaftlichen Klassen.[164] Unterhalb dieser Großgliederung wird die gesellschaftliche Strukturierung direkter bestimmt durch die jeweilige Funktion der Personen innerhalb der arbeitsteiligen Gesellschaft. Hier liegen die Grundlagen für die Strukturierung der Gesellschaft nach sozioökonomischen Schichten, die Schichtenstruktur. Klassenstruktur und Schichtenstruktur sind die wesentlichen Merkmale der Gesellschaft. Mit der Arbeitsteilung in Zusammenhang stehende Gliederungen nach Bildung, Disposition und allgemeinen demographischen Merkmalen haben nachgeordneten Charakter.

Drittens entstehen durch die sich differenzierende Arbeitsteilung immer höhere, differenziertere und kompliziertere Anforderungen an die innergesellschaftlichen Kommunikationsmittel und das Bedürfnis zur Verbesserung der praktischen Beherrschung und bewußten Gestaltung sprachlicher Prozesse zum Zwecke der Optimierung der notwendigen Kommunikationsprozesse. Dieser dritte Prozeß wirkt in engem Zusammenhang mit den beiden anderen, der räumlichen und der gesellschaftlichen Strukturierung, und führt zu Verschiebungen und Veränderungen in der Kommunikationsstruktur. Dabei interessiert uns besonders der Ausschnitt des Verhältnisses zwischen den Dialekten und den überdialektalen sprachlichen Existenzformen Umgangssprache und Standardsprache. Dialektale Ausdruckssysteme erscheinen in diesem Zusammenhang als Reste einer mehr regional als vertikal gegliederten Gemeinschaft. In einer ausgebildeten bürgerlichen Gesellschaft wie auch in einer sozialistischen Gesellschaft dominieren aufgrund der gesellschaftlichen Verhältnisse relativ homogene, großräumige Sprachgemeinschaften.[165]

Nicht ganz deutlich wird dabei die Bedeutung, die der Unterschied zwischen der bürgerlichen Gesellschaft kapitalistischer Prägung in den westlichen Ländern und der sozialistischen Gesellschaft in der DDR für die Sprachverhältnisse hat. Einerseits weist Rosenkranz[166] darauf hin, daß Dialekt und Standardsprache in der BRD noch weiterhin in erster Linie gesellschaftlich bedingt sind. Hier sei der Unterschied zwischen Dialekt und Standardsprache wie in der DDR vor 1945 noch ein Symbol und ein Mittel für die Erhaltung der bestehenden Klassen- und Schichtenunterschiede. In der DDR hat der Dialekt seit der sozialistischen Revolution diese Funktion verloren. Schönfeld[167] (1974) stellt jedoch empirisch fest, daß die Steuerung des Dialektgebrauches nach der Stellung und Funktion im Beruf und nach dem Bildungsgrade auch in der DDR noch durchaus greifbar ist. Ising (1974) konstatiert dazu, „daß (...) mit der Übernahme der gesamtgesellschaftlichen Leitung im Sozialismus durch die Arbeiterklasse diese allmählich in ihrer Gesamtheit zu einer allgemeinverbindlichen Sprachform übergeht."[168] Eine eindeutige empirische Fundierung der Auswirkungen der Unterschiede der gesellschaftlichen Struktur auf die Beziehungen zwischen Dialekt und Standard/Umgangssprache in der BRD und in der DDR ist jedoch noch nicht gelungen.

Nach den bisher und noch im folgenden vorzutragenden Überlegungen zur Soziologie der Dialekte wird das wohl auch nur schwer möglich sein. In beiden Gesellschaftssystemen wird die Strukturierung des Dialekt-Standard-Gegensatzes nämlich letztlich nicht auf den Klassengegensatz, sondern auf die aus der Arbeitsteilung abgeleiteten gesellschaftlichen Differenzen im Bereich der räumlichen und sozialen Schichtung zurückgeführt. In dieser Hinsicht weisen die beiden Gesellschaftssysteme jedoch erhebliche Ähnlichkeiten auf, besonders was die Anforderungen an die Kommunikationsmittel angeht.

Auch der Hinweis auf die in der sozialistischen Gesellschaft im Gegensatz zur kapitalistischen in der Tendenz vorhandene Aufhebung von Gegensätzen zwischen Stadt und Land und zwischen aktiven und passiven Regionen sowie zwischen geistiger und körperlicher Arbeit[169] führt nicht weiter. Alle diese Prozesse sind auch in kapitalistischen Gesellschaften zu beobachten und bilden hier wie dort die Grundlage für eine Einheits- bzw. Nationalsprache.

Die in der DDR feststellbaren Differenzierungen in der Verwendung von verschiedenen sprachlichen Existenzformen werden neuerdings noch in einem anderen Erklärungszusammenhang aufgegriffen. Ising stellt auf der Grundlage von empirischen Untersuchungen der letzten Jahre fest: »Die Teilhabe einer großen Anzahl von Sprechern an verschiedenen Sprachschichten bringt es (...) mit sich, daß deren Anwendung nach und nach mehr durch die kommunikative Situation als durch die Zugehörigkeit zu einer sozialen Gruppe bestimmt wird.«[170]

Hier wird das Konzept von der Steuerung des Sprachgebrauchs durch gesellschaftliche Gruppen – in einer Gesellschaft ohne starre Gruppengegensätze – abgelöst durch ein Modell der situativen bzw. funktionalen Steuerung der Verwendung verschiedener Sprachvarietäten. Donath sucht diese Überlegung auch gesellschaftstheoretisch zu fundieren, in dem er neben die sozialstrukturell wichtigen Einheiten ›Klasse‹ und ›Schicht‹ die ›Gruppe‹ als den unmittelbaren Determinationsfaktor für soziales und auch sprachliches Handeln des Individuums setzt. Eine Gruppe ist dabei »(...) eine Vereinigung von Individuen durch kooperatives Handeln, die auf der Basis von Tätigkeiten erfolgt und der Realisierung somit notwendiger Aufgaben und Ziele sowie entsprechender Interessen dient.«[171] Solche soziale Gruppen sind in der DDR etwa Brigaden im Industriebetrieb, Klassengemeinschaften in der Schule und auch Freizeitgruppen. Jeder gehört dabei im Verlauf seines Lebens mehreren sozialen Gruppen an. Donath unterscheidet dabei prägende Gruppen, die die Person durchgehend und für künftiges Verhalten entscheidend beeinflussen, von variierenden Gruppen, die nur zeitweise Einfluß nehmen. Die Gruppenstruktur ist danach die für die Verwendung unterschiedlicher Kommunikationsmittel und Sprachvarietäten entscheidende gesellschaftliche Gliederung. Hier wird im Ansatz das Rollen- und Situationskonzept der modernen Soziologie adaptiert, das auf der funktionalistischen Theorie von der Gesellschaft basiert.[172] Die Beziehung zu Phänomenen wie ›Schicht‹ und ›Klasse‹ wird dadurch vage.

Wie diese kurze Skizze der Überlegungen von DDR-Dialektologen zum Verhältnis zwischen sozialen Gruppierungen und sprachlichen Existenzformen zeigt, hat man dort ganz ähnliche Konzepte entwickelt wie in der BRD. Deutliche Unterschiede sind in der sprachlichen und auch in der sprachtheoretischen Entwicklung nicht festzustellen.

3.1.3. Dialekt und gesellschaftliche Schichtung bei Ammon

Der erste Dialektologe, der sich die Frage nach dem Zusammenhang zwischen gesellschaftlichen Schichten und dem Gebrauch von Sprachvarietäten wie Dialekt und Standardsprache in einem umfassenderen systematisch-theoretischen Zusammenhang stellt und zugleich den Versuch unternimmt, sie empirisch gut fundiert zu lösen, ist Ulrich Ammon. In seiner Arbeit über Dialekt, soziale Ungleichheit und Schule[173] stellt er als Quintessenz seiner Kritik an der bisherigen Forschung drei Forderungen an die Dialektologie:

1. Das Verhältnis von Sprache und Gesellschaft, im vorliegenden Falle von dem Dialekt-Standardsprache-Kontinuum und gesellschaftlichen Schichtungen muß in seiner jeweiligen konkreten historischen Situation bestimmt werden.[174]
2. Dabei genügt es nicht, dieses Relation nur beschreibend zu erfassen. Wichtig sind besonders die Bedingungen für die Veränderungen, die sich im Verlauf der Zeit ergeben.
3. In dem komplizierten Geflecht von Bedingungen für Veränderungen solcher Art müssen zentrale Momente des historischen Prozesses von peripheren und nachgeordneten Momenten unterschieden werden.[175]

Diesen Forderungen sucht Ammon nachzukommen, indem er im Gegensatz zu den seiner Meinung nach zu kurz greifenden gesellschaftstheoretischen Überlegungen der früheren Dialektsoziologie den gesamtgesellschaftlichen Zusammenhang der Entstehung und der gegenwärtigen Existenz des Unterschieds von Dialekt und Standardsprache mit in seine theoretischen Vorüberlegungen einbezieht.

Dabei geht er aus von der Bindung der sprachlichen Kommunikation an die Produktion der materiellen Lebensgrundlagen der Gesellschaftsmitglieder durch gemeinsame und aufeinander bezogene Arbeit. Sprache ermöglicht in erster Linie die für alle entwickelteren Stufen der materiellen Produktion nötige Arbeitsteilung. Dabei stehen der Entfaltungsprozeß der Produktion und die Entwicklung der jeweils angemessenen kommunikativen Mittel in einem dialektischen Verhältnis. Aus dieser Grundannahme leitet Ammon den prinzipiellen Vorrang der Arbeitswelt bei der Begründung und Strukturierung von Sprachvarietätensystemen ab. »Das (…) bei der Arbeit erforderliche Verhalten (prägt) auch das übrige Verhalten des Menschen.«[176] Die Arbeitsplatzstruktur und ihr sprachliches Korrelat, die Struktur der sprachlichen Anforderungen am Arbeitsplatz sind daher, wie Ammon 1978 feststellt, in erster Linie für die jeweilige Gestaltung des Sprachvarietätensystems in einer Gemeinschaft verantwortlich, und zwar nicht nur für den Bereich der Produktion, die Berufssphäre, sondern auch für den privaten Lebensalltag, den Freizeitbereich.[177]

Durch die Aufspaltung der Arbeit im Zusammenhang mit der Entwicklung des politisch-ökonomischen Systems werden auf Grundlage der Unterschiede im Tätigkeitsbereich gesellschaftliche Gruppen gebildet und institutionalisiert. Diesen allgemeinen Prozeß bezeichnet Ammon als die Grundstruktur der Entwicklung von Sprachgemeinschaften. Durch die mit dem frühen Mittelalter einsetzenden Zentralisierungsprozesse politisch-ökonomischer Art wird ein lang andauernder und mehrfach unterbrochener Standardisierungsprozeß in der deutschen Sprachgemeinschaft eingeleitet, der primär bedingt wird durch die sich aus der ökonomisch-politischen Zentralisierung ergebenden Forderung nach ungehinderter, weitreichender Kommunikation. Diese Forderung trifft jedoch nicht alle an dem ökonomisch-politischen Prozeß Beteiligten in gleicher Weise, und es gibt auch gesellschaftliche Gruppen, die über Jahrhunderte überhaupt nicht von diesem Zentralisierungsprozeß betroffen sind, so etwa der gesamte landwirtschaftlich-bäuerliche Bereich. Dieser Bereich ist bis in die jüngste Zeit geprägt durch »(…) fortdauernde vorindustrielle, individuelle Produktionsweise (…) und das hat zu der (…) ungleichmäßigen Entwicklung von Stadt und Land im Kapitalismus (…) geführt, die noch heute vorliegt.«[178]

Für Ammon (1972) war es jedoch nicht dieses Phänomen, das in erster Linie für die Dichotomie Dialekt-Standardsprache verantwortlich ist. Hier stand von Beginn an die unterschiedliche gesellschaftliche Tätigkeit der Menschen im Rahmen des ökonomisch-politischen Zentralisierungsprozesses im Vordergrund. Das zentrale Moment war dabei die Unterscheidung zwischen manueller Tätigkeit und nicht – manueller Tätigkeit. Diese zentrale Differenz begründet für Ammon die Einteilung der Gesellschaft in zwei sozioökonomische Schichten, die Unterschicht der manuell Arbeitenden und die Oberschicht der nicht-manuell Arbeitenden[179] Für die dialektsoziologische Analyse greift Ammon also nicht auf den Typ von Gesellschaftsstruktur zurück, der sich aus der Interpretation des politisch-ökonomischen Systems als eines Stadiums in der Entwicklung der kapitalistischen Gesellschaft ergibt und der zu einer Gruppierung nach sozialen Klassen im marxistischen Sinne hätte führen müssen. Eine solche Strukturierung der Gesellschaft betrifft seiner Meinung nach nur die abstrakte Arbeit, die auf Tauschwertquanten beruht.[180] Für die Sprachverhaltensanalyse ist jedoch die konkrete Arbeit relevant, die sich an den oben skizzierten Tätigkeitsmerkmalen festmachen läßt.

Von dieser grundlegenden Einteilung der Gesellschaft in sozioökonomische Schichten und den sich daraus ergebenden gesellschaftlichen Unterschieden leitet Ammon alle weiteren Strukturierungen innerhalb der Gesellschaft ab: etwa die unterschiedliche Verfügungsgewalt über materielle Güter ($\pm$ reich), Unterschiede in der Machtbefugnis ($\pm$ mächtig), Unterschiede im Wissen und in der Bildung ($\pm$ gebildet) und Unterschiede in der allgemeinen Lebensweise, die sich in unserer Gesellschaft meist als mehr oder weniger städtische Lebensweise erfassen lassen. Den Dialektsoziologen betrifft schließlich ein weiterer Unterschied, der ebenfalls mit den Differenzen in der Arbeitsweise zusammenhängt, der Unterschied in der Verwendung von Standardsprache und Dialekt. Die nicht-manuell tätigen Individuen sind in erster Linie im verwaltenden und planenden Bereich beschäftigt. Die an sie gestellten kommunikativen Anforderungen sind weiträumiger orientiert und auf Dauer konzipiert, also schriftsprachlich. Die manuell Arbeitenden sind dagegen in der Regel nur Rezipienten von Anweisungen. Sie haben einen begrenzten Sozialkontaktbereich und eine restringierte Arbeitsweise. Die unter diesen Bedingungen entwickelten und verwendeten Ausdrucksmittel müssen daher auch den Charakter der Restringiertheit und der regionalen und sozialen Begrenztheit tragen. Diese Verhältnisse betreffen nach Ammon nicht nur die gegenwärtige Situation der gesellschaftlichen Bedingtheit des Dialekt-Standard-Kontinuums. Die Fundierung der sozioökonomischen Schichten in den Unterschieden der Arbeitsweise sieht er als eine Grundstruktur von ›erstaunlicher Dauerhaftigkeit‹[181] an, gibt jedoch zu, daß ihre Existenz in verschiedenen historischen Epochen nur dann nachgewiesen werden kann, wenn man von den konkreten historischen Inhalten sehr stark abstrahiert.[182] So sind sowohl die sozioökonomischen Schichten als auch die Kategorien ›Dialekt‹ und ›Einheitssprache‹ in den verschiedenen Zeitabschnitten der von Ammon skizzierten historischen Entwicklung mit recht unterschiedlichen Inhalten gefüllt.

Es stellt sich die Frage, ob Ammon hier nicht sein anfangs deklariertes Ziel, das Verhältnis von Sprache und Gesellschaft im jeweiligen historischen Zusammenhang zu bestimmen, allzusehr außer Acht läßt.

So ist z. B. bei der Betrachtung seines sozioökonomischen Schichtenbegriffs darauf hinzuweisen, daß sich die von ihm skizzierte inhaltliche Realisierung der sozialen Schichten nur in voll entwickelten Bereichen der Industriegesellschaft zeigt. Doch kann man von einer solchen vollen Entwicklung selbst heute noch keineswegs sprechen, wie etwa Ammon 1978 ausdrücklich feststellt.[183] Das ist für die hier vorliegende Analyse des Dialektgebrauchs insofern schwerwiegend, als gerade in den Bereichen, in denen Dialekt hauptsächlich verwendet wird, die Entwicklung zum kapitalistischen System noch zurückhängt und z. T. noch vorkapitalistische Verhältnisse herrschen, nämlich in den Bereichen der Landwirtschaft. In den Bereichen dagegen, in denen der Kapitalismus voll entwickelt ist, gibt es auch in den manuell arbeitenden Schichten die größten Anteile von Einheitssprache-Sprechern, zumindest im gesamten Westen und Norden Deutschlands. Hier fragt es sich, ob tatsächlich der Unterschied in der Arbeitsweise für die Dichotomie von Dialekt und Standardsprache verantwortlich ist oder ob nicht der Unterschied zwischen städtischen und ländlichen Regionen sehr viel entscheidender steuernd in diese Relation eingreift. Dabei soll auf die gesellschaftliche Begründung dieser Dichotomie hier nicht weiter eingegangen werden. 1978 läßt Ammon selbst erkennen, daß er diese Dichotomie wohl für wichtiger hält als die Dichotomie zwischen manuell und nicht-manuell arbeitenden Sprechern. Er zieht daraus jedoch nicht die Konsequenz, seine Fundierung der gesellschaftlichen Schichtenstruktur zu ändern, indem er etwa die Arbeitsweise der von ihm ebenfalls aus den Widersprüchen der kapitalistischen Systeme begründeten Stadt-Land-Differenz nachordnet.

Aber auch gegen die von Ammon angenommene dominierende Bedeutung der Arbeitswelt für die Gestaltung der allgemeinen Sprachverhaltensstruktur können aufgrund der schon referierten Forschungsergebnisse und eigener Untersuchungen[184] Bedenken geltend gemacht werden. So zeigte sich in verschiedenen Untersuchungen, daß neben den auf die Bedeutung der Stadt-Land-Differenz hindeutenden Faktoren

›Herkunft‹, ›Ortsgebundenheit‹ usw. auch subjektive Faktoren wie ›Ortsloyalität‹ eine wichtige Rolle bei der Verwendung von Dialekt und Standardsprache spielen. Untersuchungen im Rheinland haben gezeigt, daß eine hohe Ortsloyalität die Verwendung des Dialektes im privaten Bereich stabilisiert und sogar Rückwirkungen auf den Arbeitsbereich zu erkennen sind.[185] Auch diese Phänomene könnten wahrscheinlich besser von der Stadt-Land-Differenz abgeleitet werden als von der Annahme des absoluten Vorranges der Arbeitswelt bei der Gestaltung der Sprachverhaltenssysteme. Damit soll diese Annahme nicht prinzipiell in Zweifel gezogen werden. In hoch entwickelten Gesellschaften ist die dominierende und den alltäglichen Lebensbereich mit prägende Bedeutung der sprachlichen Anforderungen der Arbeitswelt durchaus vorhanden.[186]

Alle hier vorgebrachten Einwände gegen die theoretischen Annahmen von Ammon über die Beziehungen zwischen den sozioökonomischen Schichten und der Dialekt-Standard-Dichotomie betreffen nicht oder nur in beschränktem Maße die regional und zeitlich eingegrenzten Bereiche, in denen Ammon diese Annahmen empirisch überprüft hat, also den schwäbischen Raum und die Gegenwart. Sie betreffen in erster Linie seine Forderungen nach der allgemeinen Gültigkeit dieser Prinzipien. Ist diese Allgemeingültigkeit jedoch nicht gegeben, dann fällt der Anspruch auf eine allgemeine dialektsoziologische Theorie in sich zusammen.

3.1.4. Dialekt und soziale Schicht

Die in den vorausgehenden Abschnitten referierten Untersuchungen aus der DDR und der BRD und auch eine Reihe von hier nicht angesprochenen Analysen von Reitmajer[187], Vahle[188], Rein[189] sowie der sprachsoziologischen Projektgruppe Erp[190] lassen erkennen, daß das Phänomen der sozialen Schicht bei der Analyse von Sprachverwendungsstrukturen in Dialekt-Standardsprache-Gemeinschaften von grosser Bedeutung ist. Deshalb soll nun kurz auf die Problematik der Schichtbegriffe im Zusammenhang mit sprachsoziologischen Untersuchungen eingegangen werden.

Daß wir es dabei nicht mit einem klar definierten und in der Soziologie unbestritten anerkannten Phänomen zu tun haben, das zeigen schon die Berichte über die Untersuchungen von Stellmacher und Ammon. Die gesellschaftliche Schicht ist wohl eines der am meisten umstrittenen gesellschaftlichen Phänomene. Es hängt in Form und Inhalt stets eng mit den jeweiligen gesellschaftstheoretischen Grundthesen zusammen. Als gemeinsamer Ausgangspunkt kann allenfalls angeführt werden, daß durch den Schichtbegriff das Phänomen der gesellschaftlichen Ungleichheit strukturiert werden soll.[191] Dabei können jedoch recht verschiedene Arten von Ungleichheit gemeint sein, etwa Ungleichheit im Verfügen über gesellschaftliche Machtmittel[192] oder auch Ungleichheit in den Funktionen, die in einer Gesellschaft ausgefüllt werden müssen,[193] oder im Grade der Anpassung an die von der Gesellschaft gesetzten Normen und Erwartungen.[194] Eine gesellschaftliche Schicht ist dabei der Ausschnitt einer Gesellschaft, der mehr Homogenität bzgl. wichtiger gesellschaftsgliedernder Faktoren zeigt. Solche Faktoren sind etwa ›ökonomisch bedingte Lebenssituation‹, ›Teilhabe an Machtbefugnissen‹, ›Rang in der gesellschaftlichen Wertschätzung‹, ›Arbeitsweise‹ und ähnliches mehr. Dabei kann es sich um objektive Schichtfaktoren handeln, die die Individuen real auszeichnen, wie etwa die manuelle oder nicht-manuelle Arbeitsweise, das Einkommen oder der Grad der Weisungsbefugnis. Die Faktoren können aber auch subjektiven Charakter haben wie etwa der Grad der von anderen erwiesenen sozialen Wertschätzungen.

Bei den gesellschaftstheoretischen Basisannahmen, die den Hintergrund für die Fundierung der gesellschaftlichen Ungleichheit bilden, stehen sich in der Sozialforschung heute zwei Konzepte gegenüber, die materialistische Schichtungstheorie[195] und die funktionalistische Theorie.[196] In der funktionalistischen Theorie wird die gesellschaftliche Ungleichheit abgeleitet von unterschiedlichen Positionen, die in jeder Gesellschaft zur Erhaltung ihrer Existenz gegeben sein müssen. Die Positionen unterscheiden sich nach ihrer Bedeutung für das Funktionieren der Gesellschaft. In modifizierter Form taucht dieser Ansatz auch in der Parsonschen Theorie von der Begründung der gesellschaftlichen Ungleichheit in dem unterschiedlichen Grad der Normenerfüllung bei verschiedenen Personengruppen wieder auf.[197]

Diesem Ansatz steht der materialistische Schichtbegriff gegenüber, der die gesellschaftliche Schichtung als Resultat institutionalisierter gesellschaftlicher Widersprüche deutet, die auf die fundamentale Trennung der relevanten Entscheidungskompetenzen innerhalb der Gesellschaft von der Masse der Menschen zurückzuführen ist. Insofern ist die Schichtstruktur immer auf die Herrschaftsstruktur innerhalb einer Gesellschaft zurückzuführen.

Das Hauptproblem bei der Bestimmung und Feststellung von sozialen Schichten ist, abgesehen von diesen theoretischen Vorentscheidungen, die Erarbeitung geeigneter Operationalisierungs- und Meßverfahren.

Hier können eindimensionale Schichtmodelle und mehrdimensionale Gruppierungen unterschieden werden. Im Zusammenhang mit der Dichotomie von objektiven und subjektiven Schichtmerkmalen können eine Reihe von Modelltypen für die Erfassung gesellschaftlicher Schichten unterschieden werden. So arbeitet etwa Ammon mit einem eindimensional-objektiven Schichtmodell, indem er seine Schichten primär nach dem objektiven Merkmal der Art der beruflichen Tätigkeit einteilt. Stellmacher verwendet dagegen ein mehrdimensional-objektives Modell, mit dem er jedoch nicht nur die objektive Ungleichheit in den Lebensverhältnissen, sondern Differenzen in der gesamten Lebenswelt zu erfassen sucht. Untersuchungen, die mit einer Berufsprestigeskala arbeiten, verwenden ein eindimensional-subjektives Modell.

Fragen wir uns nun nach der Relevanz des Phänomens ›gesellschaftliche Schichtung‹ für die Verwendung verschiedener Sprachvarietäten in einer dialektal und standardsprachlich geprägten Sprachgemeinschaft, so ist als erstes Resultat der bisherigen wissenschaftlichen Beschäftigung mit diesem Problem, festzuhalten, daß solche Beziehungen und Korrelationen wohl grundsätzlich vorhanden sind.

Doch muß das Problem der Festellung dieser Korrelationen unterschieden werden von der Frage danach, welche Art von Schichtbegriff für solche Untersuchungen angemessen ist. Drei Forderungen wird ein hierfür geeigneter Schichtbegriff zu erfüllen haben.

Erstens muß er die Gesellschaft sozial strukturieren, d. h. die in der Gesellschaft objektiv und subjektiv vorhandene Ungleichheit erkennbar werden lassen.

Zweitens muß er einen argumentativen Zugang zu den Gründen für die gesellschaftliche Ungleichheit ermöglichen.

Drittens muß der Schichtbegriff Aussagen darüber zulassen, wie evt. feststellbare Korrelationen mit dem Sprachverhalten aus dem Aufbau der Schichtstruktur erklärbar sind.

Der Schichtbegriff Ulrich Ammons ist wohl von den vorgestellten Untersuchungen der einzige, der diesen Forderungen bis zu einem gewissen Grade nachkommt. Die von ihm gemessene Ungleichheit zwischen manueller und nicht-manueller Arbeit begründet bis zu einem gewissen Grade tatsächlich gesellschaftliche Ungleichheit. Doch gibt es eine Reihe von Berufsgruppen, in denen diese Trennung nicht so eindeutig verläuft. Auch die Bindung an die von Ammon gemachten gesellschaftlichen Grundannahmen über Arbeitsteilung und Übernahme von Machtpositionen durch die nicht-manuell Arbeitenden ist deutlich erkennbar. Drittens wird schließlich auch die Verbindung zur Sprachstruktur durch die Differenzierung der kommunikativen Anforderungen hergestellt.

Der von Stellmacher verwendete Schichtbegriff erfüllt diese Forderungen weniger deutlich. Stellmacher sucht die gesamte Lebenswelt der Individuen innerhalb einer Sprachgemeinschaft durch eine Reihe von gesellschaftlichen Merkmalen zu bestimmen, von denen er die wichtigsten in einem Schichtindex zusammenfaßt.

Durch diesen Index werden objektive Sozialmerkmale wie Bildungsstand der Familie, Stellung im Beruf und Wohnverhältnisse gemessen. Zwar beruht gesellschaftliche Ungleichheit sowohl subjektiv als auch objektiv auf solchen Merkmalen, aber der Bezug zur gesamten Lebenswelt ist nur recht indirekt, und über die Ursachen werden keine Überlegungen angestellt. Die Verbindung zur Sprache ist dagegen über die implizite Annahme gegeben, daß Unterschiede in der allgemeinen Lebenswelt mit sprachlichen Unterschieden zusammenhängen.

Keine der hier vorgestellten Untersuchungen hat das Problem der Schichtenbestimmtheit von Sprachgebrauch bisher völlig gelöst. Das Hauptproblem, das ein Weiterkommen auf diesem Weg verhindert, liegt darin, Meßkategorien für die gesellschaftliche Schichtung zu finden, die weit genug sind, um die Entstehungsgründe für gesellschaftliche Ungleichheit erkennen zu lassen, aber auch eng genug, um die diffizilen Prozesse im subjektiven Bereich zu erfassen, die bei der Konstituierung von gesellschaftlichem Status ablaufen, und die drittens auch Sprachverhaltens- und Sprachbewertungsstrukturen subjektiv und objektiv begründen können.

Wichtige Faktoren für jede Art von Schichtanalyse, die sprachsoziologischen Untersuchungen zugrundeliegt, sind sicherlich in erster Linie die Bildungsstruktur und die berufliche Tätigkeit. Diese objektiven Faktoren stehen einerseits direkt mit den Grundprinzipien gesellschaftlicher Ungleichheit in Verbindung, sie strukturieren aber andererseits zugleich in entscheidendem Maße den Erwerb und die Verwendung von verschiedenen Sprachvarietäten.

Eine sprachsoziologische Untersuchung, die sich jedoch ganz auf diese Faktoren beschränkt, greift zu kurz, wie u. a. die Kritik an der Ammonschen Analyse zeigt. Man kann wahrscheinlich mit dem Schichtbegriff allein die gesellschaftliche Verteilung der Varietäten Dialekt und Standardsprache überhaupt nicht erfassen. Es gibt zwar eine schichtspezifische Verwendung von Dialekt und Standardsprache. Diese Varietäten sind jedoch nicht wesenhaft einer bestimmten sozialen Schicht zugeordnet. Dialekt ist keine Unterschichtsprache, er kann allenfalls Unterschichtsprache sein, wenn eine Reihe von weiteren Faktoren hinzutritt. Dieser Auffassung neigt in seinem jüngsten Beitrag zum Problem wohl auch Ammon zu, indem er feststellt: »Die soziale Verteilung könnte vordergründig selbst als ein wesentliches außerlinguistisches Merkmal der beiden Sprachtypen aufgefaßt werden. Gegenüber den genannten Merkmalen (Substandardcharakter und regionale Reichweite, d. V.) erscheint sie mir jedoch eher akzidentiell, (...)«.[198]

Die gesellschaftlichen Merkmale, die die Dialekt-Standard-Dichotomie in erster Linie prägen, sind in der Definition des Dialektes zusammengefaßt. Unter den gegenwärtig vorliegenden Verhältnissen sind es der Substandardcharakter, die Regionalität und das Verhältnis zum Phänomen ›Öffentlichkeit‹. Zwar stehen bei der inhaltlichen Füllung von Komponenten wie ›Substandardcharakter‹ oder ›Öffentlichkeitsfunktion‹ die zentralen gesellschaftlichen Kategorien Bildung und Berufstätigkeit im Vordergrund. Doch über die Komponente ›Regionalität‹ kommen andere Faktoren in die Steuerung des Dialekt-Standard-Verhältnisses hinein, Faktoren wie ›landschaftliche Bindung‹, ›Herkommen und Ortsgebundenheit‹, ›Ortsbewußtsein bzw. Ortsloyalität‹, deren Bedeutung für den Sprachgebrauch sich in den Analysen von Hofmann und Wolfensberger sowie in eigenen Untersuchungen des Verfassers erwiesen hat.

Nur eine Verbindung zwischen den zentralen Komponenten gesellschaftlicher Schichtung und diesen mehr raumbezogenen Faktoren wird es ermöglichen, die Sprachverwendungsstrukturen in Zwei-Varietäten-Sprachgemeinschaften zu erfassen. Von einer grundlegenden Beziehung zwischen Sprachgebrauch und sozialer Schichtung im engen Sinne kann man dagegen in dialektal geprägten Sprachgemeinschaften wohl nicht sprechen.

3.2. Situation und Dialekt

Sowohl in den allgemeinen Überlegungen zur Steuerung von Dialektgebrauch in der Einleitung als auch bei den Darstellungen der Beziehungen zwischen Dialekt und sozialen Gruppierungen ist auf die Bedeutung der Situation für die Gliederung gesellschaftlicher Zusammenhänge und Prozesse hingewiesen worden. Die Situation erscheint dabei als ein alternatives Gliederungskonzept für Gesellschaft. Die Klassen-, Schichten- und Gruppenmodelle strukturieren die Gesellschaft in personenorientierter Weise, d. h. sie fassen mehrere Personen oder Personengruppen als Untergliederungen von Gesellschaft auf. Die Person ist dabei die unterste Einheit solcher Modelle. Situationsorientierte Modelle lösen dagegen die Einheit der Person auf und betrachten einzelne Lebenssituationen als verhaltensstrukturierende Grundeinheiten. Die Personen nehmen dann jeweils an einem Komplex von Situationen teil, konstituieren sich, was ihr soziales Verhalten angeht, aus einem Ensemble von Situationen.

Eine in diesem Zusammenhang verwendbare Definition von ›Situation‹ liefern zum ersten Mal Thomas und Znaniecki am Ende der zwanziger Jahre dieses Jahrhunderts.[199] Danach wird die menschliche Wirklichkeit als ein gesellschaftlicher Prozeß gesehen, der am besten durch eine Folge von Situationen veranschaulicht werden kann. Die Situation erscheint als ein dynamisches Ensemble von Bedingungsfaktoren für Handlungsreaktionen. Hier wird besonders die Bedeutung erkennbar, die für die Analyse von Sozial- und Sprachhandlungen im Situationskonzept liegt. Situationen scheinen eher und direkter als soziale Schichten oder Gruppen Einfluß auf die Verwendung von verschiedenen Sprachvarietäten zu haben. Doch erscheint dieser Ansatz nur auf den ersten Blick als dem Gruppenkonzept konträr. Die nähere Analyse wird zeigen, daß beide Theoriekonzepte sehr eng aufeinander bezogen sind und gerade dadurch ihre Funktionen im Bereich der Sprachverwendung erfaßt und beschrieben werden können.

3.2.1. Zur Erforschung des situationsgesteuerten Dialektgebrauchs

Bevor wir jedoch auf die Versuche zur theoretischen Integration der sozialen Situation in dialektologische Modelle eingehen, sei zuerst einmal gefragt, ob und wo sich solche situative Steuerung des Gebrauchs unterschiedlicher Varietäten überhaupt feststellen läßt. Verwenden dieselben Personen verschiedene Sprachvarietäten, wenn sie in verschiedenen Situationen sind, oder sprechen sie in allen Situationen gleich?

Die empirischen Beobachtungen, die zu diesem Problem bisher gemacht worden sind, haben in vielen Fällen nur heuristischen Charakter. In früheren Publikationen stehen sie oft in Zusammenhang mit Beobachtungen zum Verfall der Mundart und mit methodologischen Überlegungen zur Erhebung der echten alten Mundart. Schon Otto Bremer kritisiert 1895 am Sprachatlas von Georg Wenker die Unsicherheit, ob man bei allen Sprachaufnahmen für den Atlas die gleiche Sprachschicht aufgenommen hat, da die Erhebungssituation oft geschwankt habe.[200] Einmal seien die Fragebögen von den Kindern ausgefüllt worden, ein anderes Mal von den Lehrern usw. Auch Rudolf Hotzenköcherle weist 1934 auf große situative Schwankungen im Mundartgebrauch hin. Er zieht daraus die Konsequenz, daß man für die Erhebung von tiefem Dialekt am besten die Sprache von Frauen aufnehmen sollte, wenn sie unter sich sind, also in einer ganz bestimmten Kommunikationssituation.[201)] Ähnliche Beobachtungen werden vor dem Zweiten Weltkrieg häufig gemacht.[202)]

Systematisch erhoben worden ist situativer Sprachgebrauch, soweit man erkennen kann, – sieht man von einigen Untersuchungen in mehrsprachigen Randbereichen des Deutschen[203)] und in der Sprachinselforschung[204)] ab – zum ersten Mal durch Wilhelm Janssen[205)] (1943). Bei Janssen steht die Frage der Verbreitung des Dialektes im niederdeutschen Raum im Vordergrund, und für ihn spiegelt sich in der unter den verschiedenen Sprechsituationen unterschiedlichen Verwendung von Dialekt der Prozeß der Dialektaufgabe. In seinen Befragungen unterscheidet Janssen vier verschiedene Situationen, die Gespräche der Eltern untereinander, die Gespräche zwischen Eltern und Nachbarn, die Gespräche der Eltern mit den Kindern und die der Kinder untereinander.

Trotz der Schwächen, die diese Erhebung bei der Beschaffung der Daten aufweist, können einige Tendenzen in der Situationsspezifik des Dialektgebrauches herausgearbeitet werden. Eltern sprechen mit Kindern überall da sehr wenig Dialekt, wo der Dialekt allgemein noch stark ist. In dieser Konstellation sprechen Eltern am meisten mit Nachbarn und etwas weniger untereinander Dialekt. Ist das Platt allgemein schon im Rückgang begriffen, dann ist dieser Prozeß am weitesten bei Kindern fortgeschritten, wenn sie untereinander sprechen. Hier zeigt sich deutlich die grundsätzliche Bedeutung der Sprechsituation für die Wahl der Sprachvarietät. Daneben wird jedoch auch die Dynamik dieses Verhältnisses erkennbar. Die Bedeutung der Situation für den Sprachgebrauch verändert sich offensichtlich in engem Zusammenhang mit der allgemeinen Dialektfestigkeit einer Region.

Weitere theoretische Überlegungen stellt Janssen zu diesen Phänomen nicht an. Für ihn ist es in erster Linie wichtig, gezeigt zu haben, daß der Abbau des Dialektes auch in Abhängigkeit von den Sprechsituationen erfolgt, und daß sich bestimmte Situationen als progressiver in Bezug auf das Sprachverhalten erweisen als andere.

Statistisch abgesicherte situationsspezifische Sprachgebrauchsanalysen sind nach dem Zweiten Weltkrieg in der Dialektbefragung von Noelle/Neumann in der Mitte der sechziger Jahre publiziert worden.[206)] Hier werden drei verschiedene Situationen unterschieden: die Familie, der Freundeskreis und die Arbeit.[207)]

Auch hier zeigte sich unabhängig von anderen sozialen Gruppierungen eindeutig die Bedeutung der Sprechsituation für Sprachverwendung. Darüber hinaus wird das Phänomen erkennbar, daß der Dialekt besonders stark im privaten Bereich von Familie und Freundeskreis verbreitet ist und im Bereich der Berufstätigkeit deutlich geringer.

Tabelle 11: Ortsansässige befragte Personen, die Dialekt sprechen können, nach Geschlecht und nach Anwendungsbereich des Dialektes, in Prozent.

Geschlecht	Ortsansässige befragte Personen sprechen Dialekt			
	...in der Familie	...im Freundeskreis	...bei der Arbeit	sonst
Befragte insgesamt	81.4	74.3	48.1	7.7
Männer	79.2	78.3	57.0	6.8
Frauen	83.5	70.3	39.2	8.7
(Mehrfachnennungen möglich)				

Ähnliche Ergebnisse zeigt auch die Mikrozensusbefragung, die Kamp/ Lindow 1967 publizierten.[208] Die Tatsache der Situationssteuerung von Sprachgebrauch im Dialekt-Standard-Bereich ist also gesichert.

Es ist jedoch erstaunlich, daß trotz früher Beobachtung und empirisch-statistischem Nachweis die theoretische Eingliederung dieses Phänomens in allgemeine Vorstellungen von den Bedingungen für die Verwendung von Sprachvarietäten lange auf sich warten ließ. Im Vordergrund stand bis zum Zweiten Weltkrieg eindeutig die soziale Steuerung des Sprachgebrauchs durch verschiedene gesellschaftliche Gruppen. Das hängt wohl auch damit zusammen, daß die Verwendung von verschiedenen Varietäten durch verschiedene Gesellschaftsgruppen mehr ins Auge fällt als die unterschiedliche Verwendung bei ein und derselben Person in verschiedenen Situationen. Bei einem dialektsprechenden Bauern wurde dabei übersehen, daß er manchmal auch gequältes Hochdeutsch spricht, und bei einem gebildeten Städter blieb die Tatsache unbeachtet, daß er im Alltag daheim häufig auch seinen Dialekt spricht. Wahrscheinlich wirkt sich hier aber auch das Homogenitätskonzept der Sprachwissenschaft aus, das dazu verleitet, zusätzliche Variabilität durch gezielte theoretisch-methodische Reduktionen auszuschalten.

Doch wird die situative Schichtung der Sprache im Zuge der allgemeinen Mobilisierungsprozesse wohl etwa gleichzeitig mit der gesellschaftlichen Schichtung aufgetreten sein. Einige Beobachtungen lassen sogar vermuten, daß innerhalb eines sprachlichen Entwicklungsprozesses, wie er durch die Modernisierung ausgelöst wird, in vielen Fällen die situative Steuerung der Sprachvarietätenverwendung der sozialen vorausgeht. So ist in dem von Martha Scheffelmann und Kurt Rein untersuchten oberbayerischen Dorf zumindest unter den Ortsgeborenen keine gesellschaftliche Steuerung des Dialektgebrauches festzustellen. Alle Sprecher gleich welcher gesellschaftlichen Position sprechen Dialekt. Unterschiede gibt es nur innerhalb der Situationen. In öffentlichen

Situationen sprechen die Ortsgeborenen regionale Umgangssprache und in mehr privaten ihren Dialekt.[209)]

Auch am Ende des Verdrängungsprozesses von Dialekt durch Hochsprache scheint die situative Steuerung von besonderer Bedeutung zu sein. Peter von Polenz beobachtete 1954 im Altenburger Raum, wo der Dialekt fast ganz verdrängt worden ist, daß Mundart nur noch okkasionell, aus Lust am Verbotenen und Komischen, also ausschließlich themengesteuert verwendet wird.[210)]

Hier deutet sich schon ein enges Verhältnis zwischen den beiden Arten der Steuerung von Sprachvarietätengebrauch an. Erste theoretische Überlegungen zu diesen Fragen finden sich in Arbeiten von Mathilde Hain und Otto Höfler, die beide von der Mehrdialektalität der normalen Sprecher ausgehen.[211)] Hain unterscheidet innerhalb der Mundart eines kleinen hessischen Dorfes vier Varietäten, die von allen Dorfbewohnern ausschließlich situationsgebunden verwendet werden, und zwar auf einer Rangskala nach zunehmender Öffentlichkeit immer hochsprachenäher.[212)] Otto Höfler greift dieses Konzept in seiner Arbeit über die zentralen Modelle raumbezogenen Sprachwandels auf.[213)] Empirische Analysen von Eberhard Kranzmayer[214)] auswertend, stellt er fest, daß fast überall auf dem Lande neben die Mundart eine überörtliche Verkehrssprache getreten ist und daß dadurch besonders die sozial einflußreichen Mundartträger praktisch zweisprachig sind. »Solche zweisprachigen Individuen sprechen nebeneinander, je nach Anlaß, die bodenständige Ortsmundart und die allgemeinere, sich nach Kulturzentren orientierende, sie gewiß auch nachahmende Verkehrssprache. Der ›Einfluß‹ der gebenden Mundarten auf die nehmenden vollzieht sich also, genau besehen, nicht von Nachbargemeinde zu Nachbargemeinde, sondern innerhalb der Gemeinden bei den Zweisprachigen, (…) die deshalb (…) auch dann, wenn sie Ortsmundart sprechen, diese mit Elementen und Eigentümlichkeiten ihrer zweiten Sprache, der Verkehrssprache, durchsetzen, die ihnen als überlegen, besser, feiner, weltläufiger erscheint.«[215)]

Bei Walter Henzen, der diese Überlegungen aufgreift, erscheinen schon wichtige Elemente einer Theorie der situationsbezogenen Sprachverwendung.[216)] Henzen sieht die verschiedenen Register, die ein Mensch verwendet, gebunden an verschiedene ›Lagen‹, in denen er sich befindet. Dabei gibt es Hauptregister und Nebenregister. Auch auf die Verbindung zu anderen gesellschaftlichen Gliederungen weist Henzen hin, indem er feststellt, daß sich die Registerspektren, die den Einzelnen charakterisieren, je nach der gesellschaftlichen Position, die er einnimmt, unterscheiden.

In diesen Überlegungen findet man schon Beschreibungsmodelle wie den ›switching‹-Begriff oder die ›Diglossie‹-Situation vorgeprägt, die dann in Deutschland später von der amerikanischen Dialektologie und Sprachsoziologie neu übernommen worden sind. Solche Konzepte wurden besonders von der sprachanthropologischen Forschergruppe um Uriel Weinreich, Einar Haugen, Charles Ferguson, John J. Gumperz und Dell Hymes[217] entwickelt, die sich seit den 50er Jahren in Amerika und in anderen Regionen mit Mehrsprachigkeitsproblemen und ihren gesellschaftlichen Bedingungen beschäftigt haben. In Deutschland wurden die frühen Überlegungen zum situationsgesteuerten Sprachgebrauch, soweit man sehen kann, nur von Gerhard Hard aufgegriffen.[218] Hard geht davon aus, daß strenge gesellschaftlich bedingte Sprachschichtung nur unter extrem starren gesellschaftlichen Bedingungen denkbar ist. In mobilen Gesellschaften sind die einzelnen Sprecher in der Regel mehrsprachig bzw. mehrdialektal.[219] Die Verwendung der verschiedenen Sprachvarietäten wird gesteuert durch gesellschaftliche Rollen, die der Sprecher einnimmt. Die unterschiedlichen Sprachvarietäten erhalten dadurch den Charakter von Rollensprachen.

Hard setzt hier an die Stelle der Situationsbedingtheit der Sprachvarietäten die Rollenbedingtheit. Er übernimmt damit das parallel zu den geschilderten Entwicklungen in der Soziologie formulierte Rollenmodell. Auf die theoretisch-methodischen Implikationen dieses Modells wird unten einzugehen sein.[220]

Wichtig ist nur, festzuhalten, daß auch die Rollentheorien die Person in bezug auf ihr Verhalten als ein Ensemble von Rollen sehen. Sie greifen somit zentrale Vorstellungen der Situationstheorie auf.[221]

Sonst ist der Situationsaspekt des Sprachgebrauchs bis in die jüngste Zeit fast nie systematisch in empirischen Forschungen aufgegriffen worden. Frühe dialektsoziologische Arbeiten wie die von Wolfensberger, Hofmann, Rosenkranz und Spangenberg verwenden allesamt Material, das situativ nicht geschichtet ist. Auch Ammon läßt den Situationsaspekt – bedingt durch die Struktur seines Untersuchungsmaterials – völlig außer acht. Es fragt sich, ob seine Feststellung der gesellschaftlichen Steuerung des Sprachgebrauches auch für den von ihm untersuchten Raum nicht hätte modifiziert werden müssen, wenn man die Situation als Variable mit einbezogen hätte.

Stellmacher (1976) versucht das Situationskonzept dadurch mit in seine Untersuchungen einzubeziehen, daß er nach Gesprächstypen differenziert. Zur Unterscheidung der Gesprächstypen ›Meinungsaustausch‹, ›Unterhaltung‹ und ›Dienstleistung‹ verwendet er Kategorienraster, die von Steger und Deutrich[222] im Zusammenhang mit der Sprachstilanalyse von deutscher Standardsprache erarbeitet worden sind. Fraglich ist, ob er mit dieser Festlegung von Situationsunterschieden beim Sprachgebrauch zentrale Differenzen erfaßt hat und ob es bei Untersuchungen im Dialekt-Hochsprache-Bereich nicht in erster Linie darauf ankommt, unterschiedliche Grade der Öffentlichkeit als situationsdefinierend heranzuziehen. Hier zeigen besonders die Untersuchungen von William Labov[223] (1966), daß mit zunehmender Öffentlichkeit und Formalität der Situation Unterschiede in der verwendeten Sprachvarietät auftreten.

Erst in neuester Zeit ist es gelungen, situationsspezifische Unterschiede im Sprachgebrauch empirisch einwandfrei nachzuweisen. Hier sind besonders die Arbeiten der Wiener Sprachsoziologengruppe um Dressler und Wodak-Leodolter[224] zu nennen sowie die Ergebnisse, die im Zusammenhang mit dem Erp-Projekt am Institut für geschichtliche Landeskunde in Bonn herausgearbeitet worden sind.[225] In beiden Untersuchungen zeigen sich deutlich meßbare Unterschiede in der Dialektalität von Äußerungen, die in unterschiedlichen Situationen aufgenommen worden sind. Wichtigste situationsdifferenzierende Merkmale waren in beiden Fällen die Öffentlichkeit und die Formalität der Äußerung.

Die Existenz von situationsspezifischem Sprachgebrauch ist also nicht zu bezweifeln. Es stellen sich in diesem Zusammenhang nun zwei Fragen:

1. Was ist das geeignete Beschreibungsmodell für situationsspezifischen Sprachgebrauch?
2. In welchem Verhältnis steht die situative Steuerung von sprachlichem Verhalten zu der ebenfalls feststellbaren gesellschaftlichen Steuerung?

3.2.2. Die Beschreibung von situationsspezifischem Sprachgebrauch

Auf die Beziehungen zwischen gesellschaftlicher und situativer Steuerung von sprachlichem Verhalten bin ich schon in der Einleitung im Rahmen der Skizze der zugrundeliegenden Theorie des Sozialhandelns eingegangen.

Dabei war ausgegangen worden von sozialen Gruppen, die durch Menschen gebildet werden, die unter vergleichbaren Lebensbedingungen in potentiellem kommunikativem Kontakt miteinander leben, diese Lebensbedingungen auch in ähnlicher Weise interpretieren und daher vergleichbare Sozialverhaltensweisen erwarten lassen. Von derartig definierten sozialen Gruppen kann man annehmen, daß auch die gesellschaftlichen Situationen, in die sie im Laufe ihres Lebens geraten, bis zu einem gewissen Grade vergleichbar sind, und daß die in diesen Situationen üblichen Verhaltensweisen auch sprachlicher Art schon in einem gruppenspezifischen Sozialisationsprozeß erworben werden. Soziale Gruppen und soziale Situationen stehen somit in einem komplementären Verhältnis zueinander. Diese enge Beziehung wird übrigens auch in den in der Sozialwissenschaft weiter verbreiteten Rollentheorien angenommen, wenn man von der schichtenmäßigen Bildung der Rollensozialisation ausgeht. Auf die Konsequenzen, die diese Annahmen für eine mögliche Einbeziehung des Situationskonzeptes in die Theorie des Sprachgebrauchs haben, wird später kurz einzugehen sein.

Die andere Frage, die sich im Zusammenhang mit der konstatierten situativen Steuerung der Verwendung verschiedener Sprachvarietäten stellt, ist die nach einem geeigneten Beschreibungsinstrument für Beziehungen dieser Art, durch das auch eine Erklärung möglich wird.

Solch ein theoretisch-methodisches Modell für die Erfassung situativen Sprachgebrauchs in Mehrvarietätengemeinschaften ist noch nicht entwickelt worden. Ein zentrales Problem ist dabei die Definition und die Abgrenzung von gesellschaftlichen Situationen, die – wie hier angenommen wird – zu Unterschieden im Sprachverhalten führen. Weiterhin muß festgelegt werden, von welcher Art Unterschieden im Sprachverhalten die Rede ist. Hier kann man sowohl an den Wechsel zwischen verschiedenen Sprachen denken, wie z.B. in bilingualen Gesellschaften, als auch an den Wechsel zwischen zwei Stilebenen innerhalb derselben Subvarietäten einer Sprache, etwa einer mehr offiziellen und einer mehr privaten Varietät der deutschen Standardsprache. Es ist wohl derzeit noch nicht möglich, ein einheitliches Modell für situativen Sprachwechsel in all diesen Zusammenhängen zu entwerfen. Dafür liegen die Probleme in bilingualen Gesellschaften und in den Gesellschaften, die nur durch Stilebenenvariation charakterisiert sind, zu weit auseinander. Hier interessiert in erster Linie der situativ gesteuerte Wechsel zwischen zwei dialektalen Varietäten bzw. Dialekt und Standardsprache. Das Beschreibungsinstrument muß in erster Linie in diesem Bereich leistungsfähig sein. Im Detail ist es jedoch schwierig, einen solchen Komplex nach oben gegen Zweisprachigkeit – wie etwa in Randgebieten der BRD im Westen und Norden – und nach unten gegen Stilvarietätenwechsel abzugrenzen.

Bei der Definition des Begriffes ›Situation‹ und dem Versuch der Operationalisierung ergeben sich noch größere Probleme. In früheren dialektologischen Befragungen, über die oben berichtet wurde, hat man hier einfach deutlich unterschiedene Lebenssituationen wie ›Familie‹ und ›Arbeit‹ oder auch bestimmte unterschiedliche Personenkonstellationen wie ›Gespräch Eltern-Kinder‹ und ›Gespräch Kinder untereinander‹ herangezogen.[226] Die deskriptive Bedeutung dieser Faktoren konnte in der Regel auch nachgewiesen werden. Aber schon Situationsdifferenzierungen wie ›Familie‹ und ›Freundeskreis‹ erwiesen sich in ihrer Relevanz und wohl auch in ihrer Abgrenzbarkeit als problematisch. Außerdem fehlte der erklärende Rahmen für diese Annahmen. Weiter greift das von Hard erwogene theoretisch-methodische Konzept. Hard schlägt als erster – wie erwähnt – vor, das in der Sozialforschung ausgearbeitete Modell der Rollentheorie für die deutsche Dialektsoziologie nutzbar zu machen.[227]

Beim Rollenkonzept handelt es sich um ein situations-, verhaltens- oder funktionsorientiertes Modell. In Soziologie und Sozialpsychologie ist hier ein kompliziertes und keineswegs widerspruchsfreies Theoriegebäude geschaffen worden.[228] Man unterscheidet dabei im Groben die konventionellen Rollenkonzepte, die mehr von externen Formen sozialer Kontrolle ausgehen,[229] von interaktionalistischen Rollenkonzepten, deren Schwerpunkt auf den internen Formen der Kontrolle liegt.[230] Beide Ansätze basieren jedoch auf der Annahme von institutionalisierten Komplexen von Verhaltenserwartungen, die mit einer bestimmten gesellschaftlichen Situation verbunden sind. Diese Verhaltenserwartungen, die z.B. auch Erwartungen in Bezug auf das Sprachverhalten einschließen, haben sich verfestigt und werden über die Sozialisation an die folgenden Generationen weitergegeben. Funktional eingeübtes Verhalten wird dadurch zu erwartetem Verhalten, das schließlich normativen Charakter annimmt und durch eine Reihe von Sanktionen gestützt und gesichert wird. Die sozialen Verhaltensweisen, die innerhalb einer Rolle gefordert werden, sind gebunden an die gesellschaftlichen Positionen und Funktionen, nicht jedoch an Personengruppen. Die einzelnen Individuen haben jeweils Anteil an mehreren Rollen, sie entwickeln ein Repertoire von für sie typischen Rollen.

Eine der Verhaltenserwartungen, die mit den Rollen verknüpft sind, betrifft die innerhalb der Rollen verwendeten sprachlichen Ausdrucksformen. Die einzelnen Individuen entwickeln Rollensprache-Repertoires, die als soziale Normen durch Sanktionen geschützt werden. Auf diese Art ist das Konzept der Rollensprache als einer situativ-funktional begründeten Sprachvarietät in die Rollentheorie eingebettet. Daraus kann nun abgeleitet werden, daß die zentralen, von der Sozialforschung herausgearbeiteten Rollenspektren Beschreibungseinheiten bilden können, die für situativ begründete Steuerung von Sprachgebrauch relevant sind. Wechsel in den sozialen Rollen führt somit zum Wechsel in der Varietät.

Auch entscheidende methodische Forderungen für eine empirische Sprachsoziologie und Dialektologie können aus diesem Konzept abgeleitet werden. So sind Sprachaufnahmen nur dann wirklich vergleichbar, wenn sie in einer vergleichbaren Rollenkonstellation aufgenommen worden sind. Die von Gerhard Hard angestellten Überlegungen zur Einbeziehung des Rollenkonzeptes in die Sprachdatenerhebung greifen diesen methodischen Aspekt besonders auf. Aber auch die zentralen Kategorien der Rollentheorie wie ›Rollendistanz‹, ›Rollenkonflikt‹, ›Rollenschottung‹ und ›Rollenerwartung‹ könnten auf ihre Relevanz für eine Theorie sprachlicher Rollen überprüft werden.

Systematisch ist dieses Konzept zumindest in der deutschen Dialektologie noch nicht aufgegriffen worden. Aber schon an dem Versuch Basil Bernsteins, gesellschaftlich bedingte Sprachbarrieren mit diesem Konzept zu erfassen, zeigte sich, daß die große Allgemeinheit des Ansatzes für eine Interpretation des Sprachverhaltens Probleme aufwirft. Wie können etwa Phänomene wie ›Öffentlichkeit‹ und ›Formalität‹, deren Relevanz als situationsdefinierende Elemente sich schon erwiesen hat, in diese Theorie eingebettet werden?

In modifizierter Weise greift auch der amerikanische Sprachsoziologe John J. Gumperz das Rollenkonzept in seinen Untersuchungen auf.[231]

Für Gumperz wirkt sich rollenbezogener Sprachverhaltenswechsel besonders innerhalb eines Interaktionstyps aus, den er ›transaktional‹ nennt und den er vom personalen Interaktionstyp innerhalb einer Sprachgemeinschaft unterscheidet. Während der transaktionale Interaktionstyp in erster Linie durch Veränderungen innerhalb des gesamten situativen Rahmens einer Kommunikation charakterisiert ist, wird Sprachvarietätenwechsel beim personalen Interaktionstyp nur durch Themenwechsel hervorgerufen. Bei einer Sprachverhaltensanalyse innerhalb einer Sprachgemeinschaft kommt es nun darauf an, die in verschiedenen gesellschaftlichen Gruppen vorherrschenden Typen von Sprachvariation zu beschreiben. Zur gesellschaftlichen Strukturierung der Sprachgemeinschaft verwendet Gumperz den Begriff des ›sozialen Netzwerkes‹, der sich besonders für die Erfassung von sozialen Beziehungen in undifferenzierten kleinen Gemeinschaften gut eignet. Gumperz unterscheidet geschlossene Netzwerke, in denen jede Person jede andere kennt, von offenen Netzwerken, in denen verschiedene auch einander unbekannte Personen miteinander soziale Beziehungen aufnehmen. Ein Freundeskreis stellt ein geschlossenes Netzwerk dar, während ein Einkauf im nächsten Ort ein offenes soziales Netzwerk ist. Hier wird deutlich, daß der Begriff des ›sozialen Netzwerks‹ rollenbezogen ist. Jede Person gehört verschiedenen sozialen Netzwerken an.

Gumperz stellt nun bei seiner Analyse eines kleinen norwegischen Dorfes fest, daß hier personaler, nicht klar situativ gesteuerter Sprachvarietätenwechsel in erster Linie nur in offenen sozialen Netzwerken auftritt. Geschlossene soziale Netzwerke sind von diesem Prozeß überhaupt noch nicht erfaßt. Für den untersuchten Ort sind die offenen sozialen Netzwerke jedoch nur peripher. Aus einer solchen Konstellation lassen sich Prognosen für die weitere Dialektentwicklung ableiten. Sprachveränderungen dauerhafter Art treten dann auf, wenn verschiedene nebeneinander auftretende Varietäten nicht durch deutlich erkennbare situative Konnotationen und Steuerungen voneinander getrennt sind. Das ist besonders beim personalen Sprachwechseltyp, nicht beim interaktionalen der Fall. Da sich, wie festgestellt, personaler Sprachwechsel nur in peripheren äußeren sozialen Netzwerken findet, wird man die sprachlichen Verhältnisse im untersuchten Dorf für stabil halten können.

Eine andere Konstellation finden wir etwa in einer kleinen Sprachgemeinschaft des mittleren Rheinlandes.[232] Dort treten personale Übergänge vom Ortsdialekt zur überdachenden Standardsprache nicht nur in offenen sozialen Netzwerken, also bei offiziellen und formellen Anlässen, sondern auch in geschlossenen Netzwerken auf. Außerdem sind offene soziale Netzwerke in dieser Gemeinschaft nicht als peripher einzustufen. Sie haben prägenden Einfluß auf weite Bereiche des alltäglichen Sozialverhaltens. Aus dieser Konstellation wird man ableiten können, daß sich die Sprachverhaltensstruktur hier im Wandel befindet.

Das von Gumperz erarbeitete Modell zur Beschreibung situationsgesteuerten Sprachgebrauchs erweist sich für solche Fragen als recht beschreibungs- und auch erklärungsstark. Es geht aber nicht detaillierter auf die innere Struktur des transaktionalen Sprachwechsels ein.

Ebenfalls aus der amerikanischen Soziolinguistik stammt das von Joshua Fishman erarbeitete Domänenkonzept zur Erfassung von nicht personalgesteuertem Sprachgebrauch.[233] Fishman geht dabei im Gegensatz zu Gumperz jedoch von der reinen Bilingualismus-Konstellation aus, also von zwei sich in einer Gemeinschaft gegenüberstehenden verschiedenen Sprachen, die situativ bzw. funktional unterschiedlich verwendet werden. Er griff die von Charles Ferguson 1959 publizierten Überlegungen zum Phänomen der Diglossie auf.[234] Als Diglossie bezeichnet Ferguson die Konstellation, wenn zwei in einer Sprachgemeinschaft stabil nebeneinander existierende Sprachvarietäten so auf zentrale soziale Institutionen verteilt sind, daß eine Varietät im Bereich Schule, Kirche, Beruf und Administration Verwendung findet und eine andere Varietät im Bereich Familie oder Nachbarschaft. Die erste Varietät nennt Ferguson ›high-variety‹ und die zweite ›low-variety‹. Dieses Konzept ist in der Folgezeit noch weiterentwickelt worden und in das später zu behandelnde Modell der koexistierenden Systeme eingegangen.[235] Fishman greift hier besonders einen Aspekt auf, die genannten sozialen Institutionen, die normalerweise immer mit einer bestimmten Varietät der Sprache assoziiert werden. Diese Situation nennt Fishman ›domains‹. Eine Domäne ist ein gesellschaftliches Konstrukt, durch das Fishman die makrosoziolinguistische Fragestellung nach der Steuerung des Sprachgebrauchs im gesamtgesellschaftlichen Rahmen mit der mikrosoziolinguistischen Fragestellung nach der Bedeutung der sozialen Situationen verbinden will. Insofern sind Domänen einerseits soziale Institutionen mit gesellschaftlichen Normforderungen. Andererseits sind sie gekennzeichnet durch eine einheitlich in ihnen verwendete Sprachvarietät. Zwar gelingt es Fishman in einer Reihe von Untersuchungen, die Bedeutung dieses Phänomens für die Sprachwahl festzustellen. Domänen erweisen sich in Faktorenanalysen zusammen mit den zentralen Faktoren sozialer Situationen Ort, Zeit und Rollenbeziehung durchaus als bedeutsam.[236] Auf die Entstehung von Domänen und ihre Wirkungsweise geht er jedoch theoretisch nicht ein. So ist wohl zu vermuten, daß nicht der Domänencharakter für die Wahl von h-variety in den Institutionen Schule, Administration verantwortlich ist, sondern bestimmte andere Faktoren wie ›Öffentlichkeit‹ oder ›Formalität‹, die diese Institutionen durchgehend prägen. Auch scheint das Konzept besonders auf die starre Bilingualismussituation zugeschnitten zu sein. Die Verhältnisse in Sprachgemeinschaften mit Dialekt-Standard-Kontinuum sind wesentlich komplizierter. Hier läßt sich z.B. beobachten,[237] daß sich die Domäne ›Familie‹ im Sinne Fishmans derzeit in vielen Regionen auflöst, indem die Gespräche mit den Kindern nicht mehr in der ›l-variety‹, sondern zumindest tendenziell in der ›h-variety‹ abgewickelt werden.[238]

Von einer der Bilingualismus-Situation genau entgegengesetzten Position her sucht die Freiburger Arbeitsgruppe für die Erforschung gesprochener Sprache den Auswirkungen situativer Steuerungen auf die Sprache nachzugehen.[239] Hier handelt es sich nicht um zwei sich in einer Sprachgemeinschaft gegenüberstehende verschiedene Sprachen, sondern um feine stilistische Unterschiede zwischen verschiedenen Textsorten ein und derselben Varietät, der deutschen Standardsprache. Ausgangspunkt ist dabei ein Sprachverhaltensmodell, auf das hier nicht weiter eingegangen werden kann.[240] Auf seiner Grundlage versucht die Freiburger Arbeitsgruppe den Einfluß von Merkmalen der sozialen Situation und in Abhängigkeit davon den Einfluß redekonstellativer Merkmale auf das Sprachverhalten zu ermitteln. Die Merkmale der Redekonstellation, also die situativen Merkmale,[241] werden aus der Sprachverhaltenstheorie abgeleitet. Zu diesen situationsdefinierenden Merkmalen gehören

die Zahl der Teilnehmer an der Situation

die Zeitreferenz (Bezug auf angesprochene Zeitdimension)

die Raumreferenz (Bezug auf äußere Situation)

die Ranghierarchie der Gesprächspartner nach sozialer Position

der Öffentlichkeitsgrad des Gesprächs

usw.

Indem diese Faktoren in einer Matrix zusammengestellt werden, ist es möglich, verschiedene Textsorten nach Unterschieden in bezug auf diese Merkmale zu differenzieren. Daran schließt sich nun die Feststellung sprachlicher Unterschiede zwischen diesen Textsorten an.

Hier werden die Unterschiede im Forschungsinteresse zwischen dem Modell der Freiburger Forschungsgruppe und unserer Fragestellung nach den Gründen für die situative Steuerung bei der Verwendung verschiedener Sprachvarietäten deutlich. Uns kommt es darauf an, sprachliche Unterschiede innerhalb des Dialekt-Standard-Kontinuums durch den Wechsel in der Redekonstellation zu erfassen und zu erklären. Im hier vorgestellten Ansatz handelt es sich nur um stilistische Varietäten innerhalb der Standardsprache. Uns kommt es auf die Feststellung der typischen Redekonstellation für das Auftreten sprachlich unterschiedlicher und klar unterscheidbarer Varietäten an. In dem vorgestellten Modell sollen sprachstilistische Unterschiede beschrieben werden, die sich durch vorgegebene Situationsunterschiede ergeben. Doch steht in unserem Fall im Hintergrund ebenfalls die Frage nach der minimalen oder maximalen Varietätendifferenz innerhalb des Kontinuums Dialekt-Standard, und beim Freiburger Modell muß man sich letztlich auch mit der Frage nach den Wirkungsmechanismen von situativen Merkmalen beschäftigen. Insofern kann auch dieser Forschungsansatz interessante Ergebnisse für eine Theorie der situativen Steuerung von Sprachvarietätengebrauch liefern.[242]

3.2.3. Situation und gesellschaftliche Gruppe

Trotz der großen Zahl hier kurz skizzierter Forschungsansätze im Bereich der situativen Steuerung von Sprachgebrauch gibt es bisher für den Bereich der Dialektologie noch so gut wie keine abgesicherten Ergebnisse. Das liegt wohl nicht zuletzt daran, daß alle hier vorgestellten Beschreibungsmodelle – vielleicht mit Ausnahme des Modells von Gumperz, der sich jedoch auf Sprachwandel konzentriert, – nicht von Dialekten und Dialekt-Standard-Konstellationen ausgehen. Die in diesem Bereich auftretenden speziellen Probleme der Steuerung des Sprachgebrauchs sind noch weitgehend unerforscht. Hier ist sicherlich aus dem Bereich der Pragmatik-Forschung in den nächsten Jahren viel Interessantes und Neues zu erwarten.[243] Trotzdem wird es nötig sein, theoretische Konzepte zu entwickeln und zu erproben, die speziell an dialektologischen Fragestellungen orientiert sind. Eine Verallgemeinerung dieser Überlegungen in Richtung auf eine Theorie des situativen Sprachhandelns wird dagegen noch lange auf sich warten lassen.

Im folgenden möchte ich einige Überlegungen anschließen, die im Zusammenhang mit dem schon öfter genannten Erp-Projekt angestellt worden sind[244] und die ansatzweise durch empirische Analysen überprüft werden konnten. Insgesamt haben sich diese Überlegungen dabei noch als zu weit und zu wenig gezielt erwiesen. Sie können jedoch vielleicht ein Weg sein, auf dem man ein Stück weiter in Richtung auf eine Theorie des situativen Sprachgebrauchs in Mehrvarietäten-Sprachgemeinschaften kommt. Die entscheidenden Fragen sind dabei, wie soziale Situationen als komplexe Phänomene sich auf die Verwendung von unterschiedlichen Sprachvarietäten auswirken, welche Komponenten innerhalb dieser Situationen aus welchen Gründen solche Wirkungen haben und welche Bereiche des sprachlichen Systems hier beeinflußt werden.

›Situation‹ erscheint in den folgenden Überlegungen als Beschreibungseinheit und Rahmen für Sozialhandlungen im allgemeinen und im speziellen für Sprachhandlungen. Die Fragestellung trifft also die Dialekt- oder Sprachsoziologie weniger als die linguistische Pragmatik, da nicht Unterschiede zwischen Sprechern betrachtet werden, sondern Varietäten- und Stilunterschiede zwischen verschiedenen Situationen, in denen gesprochen wird, bei ein und demselben Sprecher. Die Situation konstituiert sich, oder sie wird von den Beteiligten in einem ›Bedeutungsvorgang‹ aus einer Reihe von Faktoren konstituiert, die die Handlungsreaktionen bedingen und verursachen. Bei unseren Überlegungen, welche Komponenten ›Situation‹ enthält, haben wir davon auszugehen, daß es nicht möglich ist, alle Komponenten anzuführen, die eine Sprachhandlungssituation bedingen und das konkrete sprachliche Handeln determinieren können. Aber es ist auch nicht jedes mögliche Situationselement in jeder Sprachhandlungssituation wirksam.

Man wird von einem Grundmuster an Komponenten ausgehen können, ohne die eine Sprachhandlungssituation schlechterdings nicht vorstellbar ist. Nur diese Komponenten sind im engeren Sinne ›situativ‹. Daneben existieren noch eine Reihe von weiteren objektiv feststellbaren Komponenten einer Situation, die jedoch subjektiv für den Sprecher so gut wie nie wirksam werden.

Als situative Komponenten in kleinen regionalen Sprachgemeinschaften werden hier der Sprachhandlungspartner, der Sprachhandlungsgegenstand, also das Thema, die Sprachhandlungsform und das Sprachhandlungsmedium, die Intention der Sprachhandlung, die allgemeine physikalische und zeitliche Umgebung und schließlich die örtlich-soziale Umgebung und der Handlungszusammenhang angesehen. Diese Elemente betrachten wir als die Grundkomponenten einer jeden Sprachhandlungssituation. Innerhalb dieser Grundkomponenten haben wir eine Reihe von Aspekten mit jeweils unterschiedlichen Aspektausprägungen zu unterscheiden. Die Komponente Sprachhandlungspartner z. B. läßt sich, wie in der Abb. 3 veranschaulicht wird, einmal nach verschiedenen Aspekten differenzieren.

Situation

sit. Komponenten	Aspekte von sit. Komponenten	Aspektausprägungen von sit. Komponenten

1. Sprachhandlungs- ── Vertrauensverhältnis
   partner

   ╲ Verwandtschaftsgrad   (........)

   ╲ Bekanntschaftsver- ── fremd
     hältnis   bekannt
                        intim bekannt

   ╲ soziales Abhängig- ── vorgesetzt
     keitsverhältnis   untergeben
     (........)   gleichgeordnet

2. Sprachhandlungs-
   gegenstand

3. Sprachhandlungsform
   (........)

Abb. 3: Die Struktur der Situation

Solche Aspekte sind: Vertrauensverhältnis, Verwandtschaftsgrad, Bekanntschaftsgrad, soziales Abhängigkeitsverhältnis. Innerhalb der einzelnen Aspekte der situativen Komponenten ist dann eine weitere Differenzierung notwendig. So kann der Sprachhandlungspartner unter dem Aspekt der sozialen Abhängigkeit Vorgesetzter oder Untergebener sein, unter dem Aspekt des Bekanntschaftsgrades ein Fremder, ein flüchtiger oder ein guter Bekannter.

Für die Wahl der Sprachvarietäten werden jeweils bestimmte Kombinationen von Aspekten und Aspektausprägungen wirksam. Eine situationsorientierte, pragmatische Dialektologie, so wie sie hier verstanden wird, hat nun in diesem Rahmen in erster Linie die Aufgabe, die Faktoren zu isolieren, die Dialektgebrauch oder Standardgebrauch implizieren, und durch deren Wechsel eine Veränderung im Sprachvarietätengebrauch hervorgerufen wird.

Zwei solcher Faktoren sind die Phänomene ›Öffentlichkeit‹ und ›Formalität‹. Ob es sich um Forschungen in bilingualen Sprachgemeinschaften, in Sprachgemeinschaften mit Dialekt-Standard-Dichotomie oder in einsprachigen Gemeinschaften mit stilistischen Variationen handelt, die Bedeutung dieser beiden Faktoren für die Gliederung und Hierarchisierung der Komponenten, Aspekte und Aspektausprägungen der Sprachsituationen hat sich immer wieder erwiesen.

Dabei ist der Faktor ›Öffentlichkeit‹ historisch jung und hat wahrscheinlich erst im Zusammenhang mit dem allgemeinen Modernisierungsprozeß an Bedeutung gewonnen. Erst dadurch hat sich neben die übersichtliche, auf den unmittelbaren Lebensraum orientierte Kommunikationswelt der alten Gesellschaften ohne Bedürfnis nach weiträumig und überregional ausgreifenden Sozialkontakten eine ›öffentliche Lebenswelt‹ geschoben, die im Zuge der Urbanisierung derzeit auch auf dem Lande erheblich an Bedeutung gewinnt.[245)]

Der Faktor ›Formalität‹ ist als Sprachstil-variierendes Element wohl schon wesentlich älter, wenn nicht sogar universell. In formalen Sprachsituationen, in Kultur und Ritus usw. wird es immer auswählende und stilisierend formende Prozesse gegeben haben, die die Alltagssprache überformen. Doch erst nach Ausbildung der Dichotomie zwischen Dialekt und Standardsprache wird letztere automatisch wegen ihres höheren Sprachwertes auch zu der formellen Sprache. Daß diese Verbindung jedoch nicht zwingend ist, zeigt sich an Versuchen, auch den Dialekt für formellere Sprachsituationen wie literarisches Sprachhandeln oder Verwendung in der Kirche zu stilisieren. Auch fallen die Faktoren ›Formalität‹ und ›Öffentlichkeit‹ keinesfalls zusammen, wie das in manchen dialektsoziologischen Untersuchungen den Anschein hat.[246)] Zwar gibt es viele Sprachsituationen, in denen beide Faktoren zusammen auftreten. Dann sind ihre Wirkungen schwer zu trennen. Doch sind ohne Schwierigkeit auch informell öffentliche Situationen – etwa bei einem Empfang – oder formell private Situationen – z. B. bei einer Familienaussprache – denkbar. Gerade solche Situationen sind für die Bestimmung der Wirksamkeit der einzelnen Faktoren sehr aufschlußreich. Die Funktion, die die beiden genannten Faktoren für die Strukturierung der Sprachsituation haben, besteht wohl in erster Linie darin, daß sie jeder einzelnen Situationskomponente zugeordnet werden können. So gibt es öffentliche, formelle, informelle und private Sprachhandlungsgegenstände, und auch die verschiedenen Sprachhandlungsmedien können formelleren oder privateren Charakter haben. In gleicher Weise lassen sich auch die Aspekte der situativen Komponenten nach diesen Faktoren gliedern. Die verschiedenen Grade des Vertrauensverhältnisses etwa korrespondieren mit der Öffentlichkeit der Situation, ebenso wie das Bekanntschaftsverhältnis.

Hier zeichnen sich sehr komplexe Beziehungssysteme ab zwischen den verschiedenen für die situative Steuerung der Sprachvarietätenwahl verantwortlichen Komponenten. Für einzelne räumlich und zeitlich eng umgrenzte und festgelegte Sprachgemeinschaften wie etwa die Sprachgemeinschaft kleiner Dörfer wird sich dieses Beziehungssystem jedoch von Fall zu Fall erheblich einfacher und übersichtlicher gestalten.

Erst intensive empirische Untersuchungen solcher kleinen und größeren Sprachgemeinschaften werden es möglich machen, Grundlegendes über die Mechanismen der situativen Steuerung von Sprachgebrauch zu erarbeiten.

Die Funktion des Dialektes in der gesellschaftlichen Institution Schule

Im vergangenen Kapitel sind die gesellschaftlichen und die situativen Bedingungen behandelt worden, unter denen dialektale Sprachvarietäten im deutschen Sprachraum verwendet werden. In engem Zusammenhang mit den Existenzbedingungen von Dialekt, aber in der Perspektive deutlich von diesem Aspekt geschieden, sind die Funktionen zu sehen, die die Sprachvarietät Dialekt im Gegensatz zu anderen Sprachvarietäten in verschiedenen gesellschaftlichen Institutionen erfüllt. Dabei steht im folgenden der Bereich Schule, verbunden mit der Familie, im Vordergrund. An der Bedeutung, die dialektale Ausdrucksweisen in diesen gesellschaftlichen Institutionen haben, soll paradigmatisch die Einbettung des Dialektes in eine funktionale sprachsoziologische Struktur veranschaulicht werden. Andere Institutionen wie etwa die Medien, die Kirche, die Kultur, die Administration oder auch die Wirtschaft und das Berufsleben müssen hier teils wegen der unzureichenden Forschungslage, teils aber auch aus Raumgründen ausgespart bleiben.

1. Dialekt und Schule

Die soziale Institution ›Schule‹ ist hinsichtlich der Kommunikation und der dabei verwendeten Sprache aufzufassen als eine komplexe Rahmensituation, in der alle Sozialhandlungen mehr oder weniger direkt durch die Institutionsintention – Ausbildung der Kinder – überlagert werden. Insofern ist diese Institution im Rahmen der von Joshua Fishman vorgeschlagenen sprachsoziologischen Terminologie eine ›domain‹. In der einschlägigen sprachsoziologischen Literatur wird ›Schule‹ denn auch zusammen mit ›Kirche‹, ›Kultur‹ und ›Administration‹ als Domäne mit Öffentlichkeitscharakter behandelt, die in normalen hochindustrialisierten Gesellschaften des europäischen und anglo-amerikanischen Bereichs vollständig von der ›h-variety‹, der jeweiligen Standardsprache beherrscht ist.

Nun ist die soziale Institution ›Schule‹ so komplex, daß man mit einfachen sprachlichen Zuordnungen zur Standard-Varietät der Sprachrealität nicht besonders nahe kommt. Hier ist deshalb zu fragen, ob man mit einem so groben Kategorienraster, wie es das Domänen-Konzept ist, die differenzierten Kommunikationsstrukturen und die dabei verwendeten unterschiedlichen Sprachvarietäten überhaupt erfassen kann.

Der Gesamtkomplex der mit dem Thema ›Dialekt und Schule‹ angesprochenen Fragestellungen läßt sich durch fünf Leitfragen gliedern.

1. Wieweit ist der Dialekt in deutschsprachigen Regionen unter Kindern im Schulalter verbreitet? Gibt es überhaupt dialektsprechende Schulkinder?

2. Wie kommt es zu der heutigen Dialekt-Standardsprache-Situation im Schulbereich, und gibt es Unterschiede in den einzelnen deutschsprachigen Regionen?

3. Welche Rolle spielt die Sprachvarietät ›Dialekt‹ in der gesellschaftlichen Institution ›Schule‹?

4. Welche Auswirkungen hat der Dialekt als eine nicht-standardsprachliche Varietät auf die schulischen Zielsetzungen, besonders auch die Zielsetzung, Standardsprache zu lehren?

5. Welche Möglichkeiten bietet die angewandte Dialektologie zum Ausgleich evt. Nachteile durch den Dialekt in der Schule?

1.1. Statistisches zu ›Dialekt und Schule‹

Wenden wir uns zuerst der grundsätzlichen Frage nach der Relevanz der Problemstellung zu. Gibt es heute noch Kinder, die bei Schuleintritt als ›Dialektsprecher‹[247] bezeichnet werden können? Auf dem Hintergrund einer schon über 200 Jahre lang immer wieder erneuerten Prognose, daß der Dialekt in einer Verfallphase sei und daß in der jeweils nächsten Generation keine Dialektsprecher mehr in die Schule kämen, weil die Eltern als Kinder keinen Dialekt mehr gelernt hätten, ist diese Frage durchaus berechtigt.[248] Hinzu kommt noch, daß man bei Gesprächen selbst mit Lehrern und Mitgliedern der Schulbehörde immer wieder mit der Überzeugung konfrontiert wird, daß es Dialekt in den Schulklassen überhaupt nicht mehr gibt oder daß man schon in ganz abgelegene Winkel Deutschlands gehen müsse, wenn man überhaupt noch dialektsprechende Kinder in der Schule antreffen will.[249] Das Problem wird also schlicht geleugnet oder exotisiert. Diesen Meinungen stehen andererseits Berichte von Lehrern entgegen, die noch in den ersten Klassen des Gymnasiums beobachten, daß Schüler ihre Aufsätze in einzelnen Passagen zuerst in Dialekt schriftlich formulieren und dann in Standardsprache übersetzen. Solche Erfahrungen lassen eine große Bedeutung des Dialektes im schulischen Bereich sogar noch für die höheren Schulformen erwarten.

Derart widersprüchliche Anschauungen über die Bedeutung des Dialektes im Unterricht können sich nur halten, weil nur wenig empirische Daten über die Verbreitung des Dialektes im schulischen Bereich und unter Schulkindern vorhanden sind. Die spärlichen Angaben zur Dialektstatistik in der BRD sparen oft die Altersklassen bis 16 Jahren aus. Für die DDR gibt es überhaupt keine übergreifenden Angaben zur Dialektverbreitung. Alle vorliegenden Daten stammen aus einzelnen deutschsprachigen Regionen. In der Regel gehen sie auf Schüler-, Eltern- oder Lehrerbefragungen zurück. Bei dieser Methode der Datenerhebung muß man einerseits wegen ihres subjektiven und z. T. auch indirekten Charakters mit erheblichen Fehlerquellen rechnen. Zum anderen wirkt sich hier besonders der nicht eindeutig festgelegte Dialektbegriff wahrscheinlich negativ aus.

Daneben stammen die Ergebnisse nicht alle aus der jüngsten Vergangenheit, sondern verteilen sich über die letzten zwanzig Jahre. Man wird also mit Entwicklungen und Verschiebungen innerhalb dieser Zeit rechnen müssen.

Faßt man – alle diese modifizierenden Komponenten außer acht lassend – die vorliegenden statistischen Angaben zusammen, dann ergibt sich für die BRD ein durchschnittlicher Prozentanteil von 26.4 Prozent Dialektsprechern für die Klassen 1 bis 6. Die Verhältnisse unterscheiden sich nicht sehr von denen in der DDR, wo die vorliegenden Untersuchungen in Thüringen und in Mecklenburg in Altersklassen bis 14 Jahre einen Dialektsprecheranteil von 24,9 Prozent ergeben.

Man kann also davon ausgehen, daß rund ein Viertel aller Schulkinder in Deutschland als Dialektsprecher anzusehen sind.

Die beiden anderen deutschsprachigen Bereiche, Österreich und die deutsche Schweiz, sind – obgleich auch hier keine umfassenden statistischen Daten vorliegen – in jedem Fall im schulischen Bereich noch stärker mit dialektsprechenden Kindern konfrontiert. In der Schweiz ist die Primärsprache aller Kinder das Schweizerdeutsche. Das Standarddeutsche behält hier auch während der Schulzeit seinen Zweitsprachencharakter bei, besonders, weil es funktional einen wesentlich kleineren Bereich abdeckt als in der BRD.

In Österreich liegen die Verhältnisse komplizierter. Hier sind Übergänge zwischen dem tiefen Ortsdialekt und dem österreichisch geprägten Standarddeutschen insgesamt fließender, die mehr oder weniger starke Dialektbeeinflussung der Schulkinder jedoch auch wesentlich weiter verbreitet als in Deutschland. Aber auch der Prozentsatz der Dialektsprecher unter den Kindern wird insgesamt erheblich höher liegen als in Binnendeutschland.

Doch geben die pauschalen Angaben von ca. 25 Prozent Dialektsprechern unter den jüngeren Schulkindern keinen Eindruck von den enormen regionalen Unterschieden, die in den einzelnen Untersuchungen erkennbar werden. Diese Unterschiede sind auf die allgemeinen Differenzen im Dialektgebrauch in den verschiedenen Regionen zurückzuführen.

Tabelle 12: Anteil dialektsprechender Schulkinder in verschiedenen deutschsprachigen Regionen, in Prozent.

Kreis Bamberg	72.2
Hessen	23.6
südl. NRW	18.5
Thüringen	30.8
Mecklenburg	19.1
Kreis Northeim	7.6
Schleswig/Holstein	36.7 %

Quellen: Hasselberg (1976), Gernentz (1963), Spangenberg (1969), Kamp/
Lindow (1967), Steiner (1957).

Wichtig an dieser groben regionalen Zuordnung ist die Komponente des Urbanitätsgrades der jeweiligen Region. Bereiche, die stark städtisch geprägt sind, zeigen nur sehr geringe Dialektsprecher-Anteile unter den Schülern. ›Ländlichkeit‹ des Bereiches läßt die Dialektsprecherquote sogleich emporschnellen.

Hierzu einige Beispiele:[251)]

Tabelle 13: Anteil dialektsprechender Schulkinder in einzelnen Teilgebieten unterschiedlichen Verstädterungsgrades, in Prozent.

Mecklenburg	städtische Bezirke	16.9
	ländliche Bezirke	21.3
Thüringen	Zentralthüringen	7.8
	Eichsfelder Gebiet	14.3
	Hennebergisches Gebiet	69.7
südl. NRW.	Oberberg. Kreis	11.3
	Rhein-Sieg Kreis	22.4
	Kreis Euskirchen	59.8

Die hier zusammengefaßten Daten zeigen aber, daß es neben den Unterschieden in der Region und im Urbanitätsgrad der Landschaft noch eine weitere Komponente geben muß, die den Dialektalitätsgrad der Schulkinder in den einzelnen Regionen beeinflußt. Denn ohne eine solche zusätzliche Komponente sind z. B. die krassen Unterschiede zwischen dem Hennebergischen und dem Eichsfeldischen oder zwischen dem Oberbergischen Kreis und dem Kreis Euskirchen nicht zu erklären.

Genau zu fassen ist diese zusätzliche Komponente allerdings noch nicht. Es ist zu vermuten, daß sich hier die Unterschiede in den sozialgeschichtlichen Prozessen auswirken, die das Dialekt-Standard-Verhältnis in den einzelnen Regionen charakterisieren. Aber auch die damit eng verknüpften Unterschiede in den Sprachwertstrukturen und die sich daraus ergebenden Differenzen in der Spracherziehungshaltung der Eltern werden in diesem Bereich erhebliche Wirkungen zeigen. Eine fundierte Statistik zur Verbreitung des Dialektes bei Kindern wird auf alle diese Komponenten zu achten haben. Bis jetzt kann anhand des sehr lückenhaften statistischen Materials nur festgestellt werden, daß der Dialekt unter deutschen Schülern zu durchschnittlich 25 Prozent verbreitet ist. Hinzu kommt noch, daß Schüler, die in den Untersuchungen nicht als Dialektsprecher eingestuft worden sind, darum in keinem Fall schon Standardsprachsprecher sein müssen. In Hessen umfaßt die sog. Übergangsgruppe, also Schüler, die regionale Umgangssprache sprechen, zusätzlich ca. 56 Prozent. Als reine Standardsprachensprecher werden hier nur ca. 20 Prozent der Schüler eingestuft.[252] In Thüringen verwenden alle Nicht-Dialektsprecher nicht Hochdeutsch, sondern regionale Umgangssprache. Hochsprachesprecher gibt es dort so gut wie überhaupt nicht.[253] Wir müssen also neben der direkten Dialektprägung bei ca. Prozent der Schulkinder noch mit einem erheblich höher regional-umgangssprachlich beeinflußten Schüleranteil rechnen.

Die Frage, die sich hier anschließt, betrifft die Entstehung dieser Dialekt-Standard-Konstellation und die primären und sekundären Bedingungen, unter denen sie sich herausgebildet hat.

Das deutsche Schulwesen entwickelt sich nach seiner Emanzipation vom Lateinischen in engem Zusammenhang mit der Entstehung, Ausbildung und Durchsetzung der gemeindeutschen Standardsprache.[254] Für ihre Durchsetzung zuerst im schriftlichen Bereich ist die Schule wohl das wichtigste Instrument gewesen. Von Anfang an sind daher Schule und Standardsprache eng miteinander verknüpft. Doch deuten viele Informationen, die wir aus der Zeit vor dem Beginn des 19. Jahrhunderts haben, darauf hin, daß es der Schule bis dahin nur in sehr begrenztem Maße gelungen war, die standardsprachliche Kompetenz auf die Dauer zu festigen. Allenfalls in den größeren Städten besonders des ostmitteldeutschen Raumes und in den höheren Klassen der Gymnasien kann man für diese Zeit mit passiver und aktiver hochsprachlicher Kompetenz rechnen. So schreibt Martin Schulze in seinem 1874 erschienenen Nord-Thüringischen Idioticon:

»In früheren zeiten war dieser dialect in Nordhausen die allgemeine umgangssprache, und zwar derart, dass es nicht nur im gewöhnlichen verkehr von vornehmen und geringen geredet wurde, sondern dass selbst bis in dies jahrhundert hinein die lehrer der unteren classen am gymnasium sich oft derselben bedienten. Nur auf der kanzel, in der gerichtsstube und in den höheren gymnasialclassen gebrauchte man die schriftsprache.«[255]

Ob sich die Verhältnisse dann im 19. Jahrhundert grundlegend änderten und ob wir es mit einer ca. 1800 einsetzenden kontinuierlichen Zurückdrängung des Dialektes aus dem schulischen Bereich zu tun haben, ist noch nicht erforscht. In der Regel geht man davon aus, indem man annimmt, daß die Intensivierung des Schulwesens, die fortschreitende Industrialisierung und die Verstädterung einen solchen Prozeß kontinuierlich weitergetrieben haben, bis die heutige Konstellation erreicht wurde, die unter diesem Blickwinkel auch nur ein Übergangsstadium hin zu einer völligen Verdrängung des Dialektes aus dem gesamten Bildungsbereich darstellt.

Man könnte dem jedoch entgegenhalten, daß die eigentliche Durchsetzung der Standardsprache in der Schule ein viel jüngerer Prozeß ist, der in den meisten deutschen Regionen erst nach dem Zweiten Weltkrieg eingesetzt hat. Denn es hat den Anschein, daß der standardsprachliche Unterricht besonders in den Volksschulen mit Ausnahme einiger großstädtischer Regionen bis in die 30er Jahre recht wenig Wirkungen auf die hochsprachliche Sprachkompetenz der Schüler hatte. In der Regel gingen die Schüler nach dem Schulaustritt, wenn sie nicht gerade einen schreiborientierten Beruf wählten, wieder zum Dialekt als Normalsprache über. Resultate zeigte die Standardsprache-Erziehung bis zu dieser Zeit wohl nur im Bereich der passiven Kompetenz und in beschränktem Maße auch in der Schriftlichkeit.

Sollte sich diese Annahme als richtig erweisen, so treten andere Faktoren als die oben genannten allgemeinen Komponenten des gesamtgesellschaftlichen Wandels in ihrer Bedeutung für den Bereich ›Dialekt und Schule‹ in den Vordergrund. Die nach dem Krieg einsetzenden Bevölkerungsverschiebungen und der mit einer zunehmenden Aufstiegsorientiertheit der unteren gesellschaftlichen Gruppen verbundene Abbau von lokalem Bewußtsein und Ortsloyalität führen zu einem wesentlich stärkeren Zurückdrängen des Dialektes seit 1950, als es früher jemals der Fall gewesen ist. Dabei wirkt sich besonders das jetzt viel stärker an der Hochsprache orientierte Erziehungsverhalten der Eltern aus.

Der Gesamtbereich der sozialen Institution ›Schule‹ läßt sich in zwei zentrale Unterbereiche aufgliedern: ›Schule als Vermittlungsinstanz von gesellschaftlichem Wissen‹ und ›Schule als gesellschaftliche bzw.

administrative Institution im engeren Sinne‹. Während der erste Bereich eng mit den eigentlichen Intentionen der Schule in Verbindung steht und von diesen Intentionen her seine Binnenstrukturierung gewinnt, tritt im Zusammenhang mit der Schule als gesellschaftlicher Institution allgemein das System von sozialen und kommunikativen Kontakten in den Vordergrund, das durch die am Unterrichtsprozeß Beteiligten, den Lehrer, den Schüler, aber auch die Eltern und die Schulbehörde, gebildet wird.

1.2. Dialekt und Schulunterricht

Die Unterrichtsfunktion der Schule ist auf allen Ebenen und in jedem ihrer unterschiedlichen Fachbereiche eng mit der Sprache verknüpft, da fast alle Lehr- und Lernprozesse nur über das Medium Sprache möglich sind. Sprache tritt hier sowohl in schriftlicher Form, als Lehrbuch und als Übungsarbeit als auch im Mündlichen als Medium der Unterrichtsgespräche auf. Die einzelnen Fächergruppen unterscheiden sich hinsichtlich der Bedeutung der Sprache nur graduell. Die sprachorientierten Fächer Deutsch, Fremdsprachen, Religion und Gemeinschaftskunde/Geschichte/Politik nehmen dabei die führende Position ein. Weniger sprachlich orientiert sind dann die naturwissenschaftlichen Fächer und die Mathematik sowie die musischen Fächer ›Kunst‹ und ›Musik‹. Doch selbst in diesen Bereichen spielt die Sprache noch eine zentrale Rolle, da besonders die Leistungsüberprüfungen immer über schriftliche und mündliche Tests laufen.

Unterrichtssprache ist in allen diesen Bereichen nach den Richtlinien ausschließlich das Hochdeutsche. Allenfalls in den ersten Klassen läßt man in manchen Regionen gegenüber dem Dialekt noch eine gewisse Großzügigkeit walten. Zu welchen Schwierigkeiten die geforderte Hochsprache als Unterrichtssprache etwa im Naturkundeunterricht führt, zeigt sich an Beobachtungen, daß Schüler die Flora und Fauna ihrer unmittelbaren Umwelt in ihrer heimatlichen Mundart sehr genau beschreiben und bezeichnen können, daß sie jedoch die entsprechenden standardsprachlichen Namen nicht kennen. Zum Teil geht das sogar soweit, daß die standardsprachliche botanische oder zoologische Terminologie zur Bezeichnung der Lebenswelt oder Umgebung gar nicht ausreichend differenziert ist, so daß Unterschiede zwischen Pflanzen durch einheitliche Begriffe in der Standardsprache überdeckt werden, für die die Mundart unterschiedliche Bezeichnungen hat.[256)]

Trotzdem muß man Unterschiede machen zwischen der Bedeutung des Dialektsprechens für das Fach Deutsch und anderen, nicht sprachorientierten Fächern. Hasselberg hat in seinen Untersuchungen über die Auswirkungen des Dialektes auf den Schulerfolg sowohl 1972 als auch 1976 deutliche Unterschiede zwischen seiner Bedeutung für die Mathematikleistung und für die Deutschleistung feststellen können.[257]

Für den Deutschunterricht als den Unterrichtsbereich, in dem die standardsprachliche Varietät selbst Lehr- und Lernziel ist, gewinnt die Sprache ganz besondere Bedeutung. Der Deutschunterricht begleitet die Schüler während ihrer gesamten Schulzeit und umfaßt in der Regel einen erheblichen Teil der gesamten Unterrichtszeit. Außerdem ist die Leistung im Deutschen sowohl im innerschulischen Bereich als auch nach der Schule von zentraler Bedeutung für die Leistungsbeurteilung der Person und wird oft mit allgemeinen Bewertungen der Intelligenz des Schülers verbunden.

Der Deutschunterricht besteht aus einer Anzahl von Teilgebieten, die in den verschiedenen Schuljahren unterschiedliche Bedeutung gewinnen. Steht im Anfang die Erlernung der Kulturtechniken ›Schreiben‹ und ›Lesen‹ im Vordergrund, so gewinnen in den folgenden Jahren Rechtschreibe- und Grammatikunterricht sowie der Unterricht im schriftlichen und mündlichen Gestalten an Bedeutung. In den höheren Schulstufen tritt neben diese Bereiche noch die Sprachbetrachtung und die Sprachgeschichte. In all diesen Teilbereichen des Faches Deutsch spielt die Sprache sowohl als Unterrichtsgegenstand als auch als Unterrichtssprache eine recht unterschiedliche Rolle. Und auch eine dialektale Ausgangssprache wirkt sich in diesen Bereichen unterschiedlich auf die Leistungen der Schüler aus. Gewinnt der Dialekt in verschiedenen Bereichen der Sprachbetrachtung und der Sprachgeschichte positive Bedeutung, da Dialektsprecher hier aufgrund ihrer Kenntnis einer zweiten Varietät gegenüber Nur-Standardsprachesprechern erheblich im Vorteil sind, so ist im Rechtschreibeunterricht gerade das Gegenteil der Fall.

Über die direkten Auswirkungen einer dialektalen Primärsprache auf verschiedene Unterrichtsgegenstände des Deutschunterrichts sind erst wenige Untersuchungen angestellt worden. Systematisch hat in einer umfangreicheren Studie erstmals Ulrich Ammon die Auswirkungen in den verschiedenen Bereichen untersucht.[258] Zwar beschränkt sich diese Studie räumlich auf den Kreis Reutlingen, und man wird bei der Wertung der Ergebnisse den Regionalitätsfaktor berücksichtigen müssen. Andere wichtige Faktoren wurden jedoch im Untersuchungsaufbau berücksichtigt. Ammon untersucht in 14 Schulklassen des 4. Schuljahres der Grundschule insgesamt 457 Schüler. Nachdem er den schichtspezifischen Gebrauch der stark dialektal geprägten Alltagssprache für diese Kinder eindeutig und statistisch relevant nachgewiesen hat, wendet er sich den Auswirkungen dieser Dialektalität für die einzelnen Teilbereiche des Deutschunterrichtes zu. Für den Bereich der Orthographie stellt er anhand einer differenzierten Fehleranalyse von Diktaten fest, daß die Fehlerquote allgemein und besonders die Quote an dialektbedingten Fehlern in der Gruppe der Dialektsprecher signifikant höher ist. Im Bereich der freien schriftlichen Gestaltung, den er anhand eines Aufsatzes testet, stellt er eine Zunahme der Fehlerhäufigkeit im grammatisch-wortkundlichen Bereich fest, wobei auch hier der dialektbedingte Fehleranteil besonders stark zunimmt. Ebenfalls bestätigt findet Ammon die Annahme, daß Dialektsprecher insgesamt kürzere Aufsätze schreiben und innerhalb der Aufsätze weniger verschiedene Wörter verwenden. Beim Lesen zeigen die Ergebnisse eines differenzierten Lesetests, daß sich Dialektsprecher häufiger verlesen und daß sie insgesamt langsamer und mit mehr Stockungspausen vor unbekannten Wörtern lesen. Als letzten Bereich testet Ammon die mündliche Unterrichtsarbeit durch eine Analyse der Unterrichtsbeteiligung der Kinder. Auch dabei zeigt sich signifikant, daß Dialektsprecher sich seltener melden und, wenn sie dann aufgerufen werden, auch kürzer sprechen.

Obgleich diese Forschungsergebnisse in erster Linie für Schwaben und für die südwestlichen Bereiche der BRD Gültigkeit beanspruchen können, sind doch auch für alle anderen Dialektgebiete keine grundsätzlich entgegengesetzten Verhältnisse zu erwarten. Das zeigen unter anderem auch Lehrerbefragungen im südlichen NRW, in denen die Lehrer, nach den Bereichen gefragt, in denen sich die Mundart im Unterricht negativ auswirkt, alle die Bereiche nannten, deren Dialektrelevanz von Ammon empirisch nachgewiesen worden ist.[259)]

Die Art und Weise, wie man sich die Auswirkungen der Primärsprache ›Dialekt‹ in diesen unterschiedlichen Unterrichtsbereichen vorzustellen hat, ist sehr verschiedenartig. Im orthographischen Bereich wirkt sich erstens das vom Standarddeutschen unterschiedene Lautsystem der Mundart aus. Der Schüler muß das in einem Diktat auf Hochdeutsch Gehörte in Hochdeutsch niederschreiben, obgleich er sich beim inneren Nachsprechen seines dialektalen Systems bedient. Hinzu tritt dann noch die Umsetzung von der gesprochenen standardsprachlichen Form in die schriftsprachliche Form, wobei die orthographischen Regeln zu beachten sind.[260)]

Ähnliche Probleme im Bereich der Umsetzung dialektaler Sprachformen in standardsprachliche ergeben sich beim freien schriftlichen Gestalten im Aufsatz auch in der Grammatik und in der Wortverwendung. In der Grammatik wirken sich etwa die Unterschiede in der Substantivflexion und die Rektionsdifferenzen der Präpositionen aus. Für Regionen, in denen die Differenzierung der Vergangenheitsformen in Präteritum und Perfekt im Dialekt fehlt, ist auch hier ein besonders fehlerträchtiges Gebiet.

Die Auswirkungen dialektaler Primärsozialisation auf den Wortgebrauch in Aufsätzen ist grundsätzlich komplizierter nachzuweisen. Hier zeigen sich einerseits Fälle falschen Wortgebrauchs, wenn die Wortinhalte der gleichen Wortform im Dialekt und im Standard auseinanderfallen bzw. sich überlappen oder auch Fälle von Verwendung dialektalen Wortgutes. Andererseits wirkt sich die allgemeine Unsicherheit bei der Verwendung von Wortgut in der fremden Varietät dahingehend aus, daß weniger Wörter verwendet werden. Die Aufsätze werden dadurch kürzer und eintöniger.

Die Schwierigkeiten im Mündlichen unterscheiden sich grundsätzlich von denen im Schriftlichen. Hier existieren unter den einzelnen Bundesländern und sogar innerhalb einzelner Länder große Unterschiede im Grad der vom Lehrer geforderten Lautreinheit der im Unterricht von den Schülern verwendeten Sprache. Auf der einen Seite steht die besonders von vielen Sprecherziehern unterstützte Forderung nach ›lautreinem Sprechen‹ auf der Grundlage der hochdeutschen Aussprachenorm.[261] Diese Forderung wird besonders dadurch untermauert, daß man in der lautreinen Aussprache die beste Grundlage für die richtige Anwendung der orthographischen Regeln sieht. Dagegen hat sich andererseits z.B. in Bayern als gesprochene Unterrichtssprache eine Form der großregionalen Umgangssprache verfestigt, die heute sowohl von den Schülern als auch von der Mehrzahl der Lehrer im gesamten Unterricht verwendet und akzeptiert wird.[262] Auf diesem Hintergrund erweisen sich allgemeine Aussagen über die Auswirkungsweisen des Dialektes in der mündlichen Sprachgestaltung als sehr kompliziert. Die Testergebnisse von Ammon deuten in diesem Bereich auf eine mehr indirekte Auswirkung des Dialektes hin. Durch den negativen Sprachwert, den das dialektale Sprechen normalerweise innerhalb des Unterrichts hat, fürchtet das dialektsprechende Kind Sanktionen vom Lehrer und auch von den Standardsprache sprechenden Klassenkameraden und hält sich deshalb in seiner Beteiligung am mündlichen Unterricht zurück.

Ebenso wie die Art und Weise, in der sich der Dialekt in den verschiedenen Bereichen des Deutschunterrichts auswirkt, unterscheidet sich auch der Fehler- bzw. Fehlleistungsanteil, der direkt auf den Dialekt zurückzuführen ist, in den einzelnen Gebieten. Genaue Untersuchungen für größere Teile Deutschlands fehlen hier noch. Doch im Schriftlichen wird man durchschnittlich mit einem dialektbedingten Fehleranteil von 20 bis 35 Prozent der Fehler zu rechnen haben. Dabei unterscheiden sich die einzelnen Regionen nicht unerheblich.[263)] Genauere Untersuchungen zu verschiedenen Fehlerbereichen liegen bisher nur aus Bayern vor. Hier hat Valentin Reitmajer auf der Grundlage einer Sprachuntersuchung in vierten Grundschulklassen folgende Fehlerhäufigkeiten festgestellt:[264)]

Tabelle 14: Fehlerhäufigkeit dialektbedingter Fehler in vierten Grundschulklassen Bayerns (Fehler in Prozent).

	mündlich	schriftlich
phonetisch-phonologischer Bereich	61.9	41.3
morphologischer Bereich	15.8	39.1.
lexikalischer Bereich	14.0	13.4

Das zentrale Problem bei der Festlegung des Umfanges dialektbedingter Fehler ist die eindeutige Identifizierung solcher Fehler und ihre Abgrenzung von den übrigen nicht dialektbedingten Fehlern. Bisher wird hier im allgemeinen so verfahren, daß man die im Rahmen einer Fehleranalyse festgestellten Fehler daraufhin befragt, ob sie sich aus den erwähnten Systemunterschieden von Dialekt und Standardsprache heraus erklären lassen. Gelingt eine solche Erklärung, dann wird der Fehler als dialektbedingt angesehen.

Durch diese Diagnosemethode kann es jedenfalls nur gelingen, eine mögliche Dialektbedingtheit der Fehler nachzuweisen. Sicherheit kann wohl allein durch regional vergleichende Fehleranalysen gewonnen werden. Erst wenn bestimmte Fehlertypen nur in den Regionen auftreten, in denen die als verursachend angenommenen Dialektverhältnisse herrschen, ist die Dialektbedingtheit eindeutig nachgewiesen.

1.3. Die Schule als soziale Institution in Dialektregionen

Die Analyse der Auswirkungen des Dialekts im schulischen Bereich leitet zum zweiten Problemkomplex des Themas ›Dialekt und Schule‹ über, der Schule als soziale und administrative Institution. Hier wirken sich die verwendeten Sprachvarietäten nicht als Unterrichtsgegenstände, sondern als Kommunikationsmittel aus. Die soziale Institution ›Schule‹ ist ein sehr kompliziert aufgebautes kommunikatives Netzwerk, in dem eine große Anzahl von unterschiedlichen Sprachverwendungsregeln mehr oder weniger fest institutionalisiert ist. Ähnlich wie in der Domäne ›Kirche‹ kann man auch im Bereich ›Schule‹ die einzelnen dort institutionell immer wieder auftretenden Kommunikationssituationen nach der Bedeutung der Faktoren ›Öffentlichkeit‹ und ›Formalität‹

ordnen, obgleich die Funktion dieser Kategorien in der Institution ›Schule‹ nicht so klar erkennbar ist wie im kirchlichen Bereich. Auch muß man hier zwischen zwei unterschiedlichen Funktionen der verwendeten Sprachvarietäten unterscheiden, der kommunikativen Funktion und der sozialen Funktion.

Wird in einer schulischen Kommunikationssituation, in der die Verwendung von Standardsprache vorgeschrieben ist, Dialekt verwendet, so muß der Sprecher damit rechnen, nicht verstanden zu werden. Die kommunikative Funktion ist also nicht erreicht worden. Unabhängig davon wirkt sich aber die unangemessene Dialektverwendung auch im sozialen Bereich aus, indem die für die falsche Verwendung von Sprachvarietäten minderen gesellschaftlichen Wertes vorgesehenen sozialen Sanktionen eintreten, wie etwa gesellschaftliche oder intellektuelle Abwertung.

Der zentrale Kommunikationsbereich innerhalb der Schule ist der Unterricht. In diesem Bereich ist durchweg die Standardsprache als Varietät für die Kommunikation zwischen Lehrer und Schülern und auch zwischen den Schülern vorgeschrieben. Die Verwendung von nicht standardsprachlichen Varietäten, von Dialekt oder regionaler Umgangssprache bleibt hier bestimmten Ausnahmesituationen vorbehalten, wie etwa der Beschäftigung mit Dialektliteratur im Literaturunterricht oder sehr informellen Formen des Unterrichts etwa bei naturkundlichen Wanderungen. Auf die unterschiedliche Bedeutung der regional geprägten Umgangssprache z. B. in Bayern für den mündlichen Unterricht ist schon hingewiesen worden.

Die Sprachregel ›Hochdeutsch im Unterricht‹ kann von einer großen Anzahl von Schülern nicht befolgt werden, weil sie die altersspezifische gesprochene Standardsprache bis zum Schuleintritt nicht gelernt haben. Es kommt jedoch auch vor, daß Lehrer ebenfalls den geforderten Sprachnormen nicht gerecht werden. Das hat besonders in Diktaten erhebliche Auswirkungen, weil der Lehrer seine eigenen Abweichungen beim Diktieren nicht erkennt, die Schüler aber mit der Anwendung der orthographischen Regeln nicht weiterkommen.

Neben der Kommunikationssituation ›Unterricht‹ besteht innerhalb der Schule noch die Kommunikationssituation ›Pause‹. Hier sind ebenfalls die Schüler und die Lehrer beteiligt. Über die Pausensprache der Schüler gibt es nur wenige sporadische Informationen. In der Regel wird man annehmen können, daß durch den informellen Charakter der Situation die Mundart als geeignete Sprachvarietät erscheinen wird. In weitgehend mundartgeprägten Regionen ohne größere Anteile von Standardsprache sprechenden Kindern wird das auch der Fall sein. Nimmt der Anteil der Standardsprachesprecher unter den Schülern jedoch zu, dann kommt es zum Umschlag, und die normale Pausensprache wird die altersbedingte überregionale Umgangssprache. Es wäre sicherlich sehr interessant, solche Umschlag-Prozesse innerhalb der Pausensprache näher zu untersuchen, um festzustellen, in welchen Alters- und Geschlechtsgruppen sie beginnen und wie sie sich innerhalb der Sprachgemeinschaft ›Schulhof‹ durchsetzen.

Nicht deutlich ist, inwieweit die Lehrer für die Schulhofsprache der Kinder besondere Anweisungen geben und in welchem Maße sie diese Anweisungen – etwa ›sprich kein Platt auf dem Schulhof‹ – durchsetzen können. Auch hier sind Untersuchungen dringend notwendig.

Noch weniger bekannt ist die übliche Sprachverwendung im Bereich der Sprachkontakte zwischen Lehrer und Schüler außerhalb des Unterrichtes.[265] Aus der Schweiz wird berichtet, daß der Grundschullehrer, der den Unterricht in Schriftdeutsch durchgeführt hat, sogleich nach dem Schellen in Schweizerdeutsch fällt. In der BRD wird ein solches Verhalten jedoch wohl eine Ausnahme sein. Dabei spielt besonders die soziale Funktion des Dialektes und das teils damit verknüpfte fest institutionalisierte Rangverhältnis zwischen Lehrer und Schüler eine Rolle. Ein Lehrer, der mit den Kindern Dialekt redet, wertet den Dialekt in den Augen der Kinder erheblich auf. Das steht jedoch in direkten Widerspruch zum Lehrerverhalten im Unterricht, in dem er den Dialekt als unbrauchbar ablehnen muß. Abgesehen davon gibt ein dialektsprechender Lehrer in Regionen, in denen Dialekt als Unterschichtsprache sozial indiziert ist, auch einen Teil seiner sozialen Position auf.

Außerdem ist der ›Lehrer als Repräsentant der Standardsprache‹ in ländlichen Regionen in der Regel ein sozialer Topos, auf dem die Erwartungshaltung der Schüler basiert. Aus all diesen Gründen wird man für die meisten deutschsprachigen Regionen wohl annehmen können, daß die angemessene Sprache zwischen Lehrer und Schüler außerhalb des Unterrichtes die Standardsprache ist, wobei, wie erwähnt, bei abnehmender Formalität und Öffentlichkeit der Situation das Dialektale innerhalb der verwendeten Varietät zunehmen kann. Für den Schüler gilt in der genannten Kommunikationsform dasselbe. Aufgrund des sozialen und institutionellen Rangverhältnisses zwischen Lehrer und Schüler und teilweise auch aus kommunikativen Gründen der Verständigung wird der Schüler Gespräche mit dem Lehrer in der Regel in Hochdeutsch führen.

Werden diese fest institutionalisierten Sprachregelungen einmal aus bestimmten Gründen durchbrochen, dann zeigen sich oftmals überraschende Wirkungen. So berichtet ein Lehrer aus der Umgebung von

Köln, er habe eine Schülerin, die im Unterricht sehr still und zurück-
gezogen war und auch keine guten schulischen Leistungen aufwies, auf
einem Schulausflug in den Wald einmal direkt auf Plattdeutsch ange-
redet. Das Kind sei anfangs sehr überrascht und verwirrt gewesen, habe
sich dann aber sehr schnell auf die Sprachvarietät eingelassen, und es
zeigte sich, daß sie in ihrer heimischen Ausdrucksform von erstaunlicher
Beredsamkeit und Ausdrucksfähigkeit war. Wir werden noch zu prüfen
haben, ob ein bewußtes Durchbrechen der Sprachregeln durch den
Lehrer, wie es hier stattgefunden hat, nicht zur Erzielung bestimmter
didaktischer Zielsetzungen – etwa des Abbaus des negativen Images
von Dialekt – eingesetzt werden kann. Die im Zusammenhang des kommunikativen Netzwerkes von Lehrer und Schüler bisher noch nicht
beachtete Situation ist das Gespräch zwischen Lehrern. Diese Kommunikationssituation kann innerhalb der Schule nur insofern Auswirkungen haben, als hier die Schüler in den Lehrern Vorbilder für ihre
eigene Sprachgestaltung sehen.[266] Sprechen Lehrer innerhalb der Schule untereinander nur Hochdeutsch, so entsprechen sie damit dem von
ihnen selbst in der Schulklasse repräsentierten Sprachwertsystem, in
dem die Standardsprache die erwünschte und notwendige Sprachform
darstellt. Sprechen sie jedoch Dialekt, so führen sie die Schüler dadurch in einen Sprachwert-Konflikt, indem sie die Fragwürdigkeit der
besonderen Leistungsfähigkeit der Standardsprache und ihres heraus-
gehobenen Wertes selbst dokumentieren. Andererseits bietet sich hierbei wieder ein Ansatzpunkt zum Abbau allzu rigoroser Sprachvorstel-
lungen und zur Erziehung zur funktionalen Verwendung von Dialekt.

Der dritte Faktor im Beziehungsfeld der schulischen Erziehung sind
die Eltern, das Elternhaus und die Familie des Schülers. Dieser Bereich
wirkt sowohl direkt als auch indirekt in vielfacher Weise in den Bereich
der Schule und der in der Schule verwendeten Sprachvarietäten hinein.
In erster Linie ist es die aktive Sprachprägung durch die Eltern in den
ersten Lebensjahren, das Sprechenlernen, was die Sprache der in die
Grundschule eintretenden Schüler prägt. Hier hat sich in den letzten
Jahrzehnten wohl ein entscheidender Umschwung vollzogen. Es wurde
schon darauf hingewiesen, daß wahrscheinlich nicht die prägende Wirkung des schulischen Standardsprache-Unterrichtes in erster Linie den
in den letzten Jahren zu beobachtenden rapiden Rückgang des Dialektgebrauchs in schulischen Situationen verursacht hat, sondern die sehr
viel jüngeren Wirkungen der zunehmenden sozialen Aufstiegsorientiertheit immer weiterer Schichten der Gesellschaft. Damit im direkten Zusammenhang steht die Bemühung vieler Eltern, den Kindern als Primärsprache das Hochdeutsche zu vermitteln. Diese noch im vorigen Jahr-

hundert und in den ersten Jahrzehnten dieses Jahrhunderts durchaus mittelschichtlich-städtische Verhaltensweise greift seit dem Zweiten Weltkrieg vermehrt auf die ländlichen Regionen und die unteren städtischen Schichten über.

Heute ist es in fast allen Gesellschaftsschichten und unabhängig von städtischen oder ländlichen Lebensformen weitgehend unbestritten, daß die Standardsprache die erste Sprache der Kinder sein soll.[267] Diese Meinung wird von den Eltern durchweg mit dem Hinweis darauf begründet, daß man selbst durch den Dialekt in der Schule größere Schwierigkeiten gehabt hat als standardsprachlich sozialisierte Klassenkameraden. Das soll den Kindern erspart bleiben. Diese Aussagen deuten auf ein Phänomen hin, das bei der Diskussion der zunehmenden Verbreitung von Standardsprache bisher noch nicht berücksichtigt worden ist. Die Elterngeneration, die seit dem Anfang der 70er Jahre mit der Primärsprachzerziehung ihrer Kinder beschäftigt ist, hat als erste wahrscheinlich im größeren Maße selbst Erfahrungen in gemischten Klassen von Standardsprachesprechern und Dialektsprechern sammeln können. Vorher war der Normalfall eine Volksschulklasse, in der die Standardsprachesprecher entweder überhaupt nicht vorhanden waren oder so in der Minderheit, daß sich der Unterricht weitgehend auf die Dialektsprecher konzentrieren mußte, die sprachliche Benachteiligung also nicht deutlich hervortrat.

Neben dieser primären Komponente in der Bedeutung des Elternhauses für den Bereich ›Dialekt und Schule‹, dem ersten Sprechenlernen der Schüler, spielen zwei weitere Faktoren eine wichtige Rolle: das sprachliche Milieu des Elternhauses und das Sprachwertsystem, das den Kindern durch die Eltern direkt oder indirekt vermittelt wird. Das sprachliche Milieu, in dem die Kinder bis zum Schuleintritt und auch darüber hinaus aufwachsen, ist für den Sprachgebrauch von Bedeutung als Richtgröße für den ungesteuerten Spracherwerb und als Erprobungsraum für die von den Eltern erlernte Sprache. Wird in der Umgebung eines standardsprachlich erzogenen Kindes nur Dialekt gesprochen, so wird sich dieses Kind den Dialekt als Zweitsprache in einem Prozeß ungelenkten Spracherwerbs aneignen. Eine solche Sprachkompetenz kann längere Zeit über weitgehend latent bleiben und etwa nur beim Spiel mit bestimmten Spielkameraden oder auch nur passiv beim Zuhören zutage treten, etwa wenn die Großmutter Märchen im Dialekt erzählt. In vielen Fällen wird diese Zweitsprachenkompetenz dann erst in größerem Ausmaß aktiviert, wenn der Sprecher nach der Schule in einen dialektgeprägten beruflichen Lebenskreis eintritt. Obgleich es so scheint, als ob die Dialektalität der Sprache in dieser Phase nach dem

Schulaustritt zunimmt, nimmt meist nur die aktive Dialektverwendung zu.

Dialektverwendung in der familiären Umgebung eines standardsprachlich sozialisierten Kindes führt jedoch ebenfalls zu Problemen in der sozialen Integration des Kindes in die Familie. Das Kind erfährt sich als aus der normalen Alltagsfamilie herausgehoben, indem mit ihm in einer Form gesprochen wird, die sonst nur bei besonderen Gelegenheiten und mit fremden Leuten verwendet wird. Die Auswirkungen dieser Störung der Normalentwicklung der familiären Beziehungsstrukturen sind noch nicht untersucht worden. Man muß jedoch annehmen, daß sich ernste Rückwirkungen auf die Sozialentwicklung des Kindes zeigen können.

Die von den Eltern an das Kind durch ihre Spracherziehungsbemühungen und durch das eigene Vorbild, aber auch durch negative oder positive Äußerungen über die Mundart weitergegebenen Spachwertstrukturen üben ebenfalls einen derzeit noch nicht absehbaren Einfluß auf das Sprachverhalten des Kindes in der Schule aus. Durch dieses Sprachwertsystem werden in ersten Ansätzen die Grundstrukturen dafür gelegt, wie sich die Einstellung des Kindes zu der Sprache seiner Umgebung und zu seiner eigenen Sprache ausbildet. Dabei wird man jedoch die aktiven Auswirkungen solcher Meinungs- und Wertstrukturen für die ersten Schuljahre bis etwa zum Eintritt in die Sekundarstufe I nicht überschätzen dürfen, da Forschungen zu den entwicklungspsychologisch bedingten Phasen einer Ausbildung von sozialen Wertstrukturen gezeigt haben, daß differenzierte Wertungssysteme erst von diesem Alter an Bedeutung gewinnen.[268]

Spracherlernung, sprachliches Milieu im Elternhaus und durch die Eltern vermitteltes Sprachwertsystem, das sind die zentralen Faktoren, über die das Elternhaus Einfluß auf den Bereich Dialekt und Schule nimmt.

Tabelle 15: Typologie des Elternverhaltens bei der primären und sekundären Spracherziehung von Kindern in Dialektgebieten.

Typ	primäre Sprachvarietät	Sprachmilieu	Dialektbewertung
A	Dialekt	Dialekt	positiv
B	Dialekt	Dialekt	negativ
C	Standard	Dialekt	negativ
D	Standard	Dialekt	positiv
E	Standard	Standard	negativ
F	Standard	Standard	positiv

Diese drei Kategorien sind auch die entscheidenden Merkmale für eine Typologie des Elternverhaltens bei der Spracherziehung der Kinder.

Der Typ A ist heute in Deutschland nur noch selten anzutreffen, allefalls in von moderneren Entwicklungen weitgehend unbeeinflußten ländlichen Regionen. Kinder aus Elternhäusern dieses Typs kommen nur mit aktiver Dialektkompetenz in die Schulen und benutzen daher den Dialekt in den schulischen Sprachbereichen, die weniger formell und öffentlich sind und die der häuslichen Atmosphäre ähnlich sind. Ein Defizitbewußtsein des Dialektes entwickelt sich bei diesen Kindern erst durch eine diesem Sprachverhalten entgegen gerichtete schulische Spracherziehung zum Hochdeutschen.

Die Verhältnisse in der deutschen Schweiz, wo dieser Typ von Elternverhalten wohl das Normale ist, zeigen jedoch, daß geeignete Spracherziehungsmaßnahmen von einer solchen Grundlage aus die Hochsprache fest in der Sprachkompetenz der Kinder verankern können.

In der BRD und in der DDR sind solche didaktischen Konzepte in erster Linie deswegen nicht anzuwenden, weil hier nie ganze Klassen mit einheitlicher Dialektkompetenz zusammenkommen.

In diesen Ländern haben wir es in ländlichen Gebieten sehr häufig besonders bei Eltern höheren Alters und in unteren gesellschaftlichen Milieus mit dem Typ B zu tun.[269] Eltern dieses Typs sind zwar von der Nachteiligkeit des Dialektes für ihre Kinder überzeugt. Aber ihre Versuche, mit den Kindern in den ersten Jahren Hochdeutsch zu sprechen, scheitern, weil sie selbst das Hochdeutsche nicht oder nur sehr unzureichend beherrschen. Selbst wenn solche Eltern das Hochdeutsche verwenden können und es auch aktiv in formellen und öffentlichen Situationen benutzen, fällt es ihnen schwer, diese Sprachform auch in der privaten und alltäglichen Atmosphäre der Familie konstant durchzuhalten oder etwa mit den Kindern anders zu sprechen als mit den übrigen Familienmitgliedern.

Der Typ C kann in dialektsprechenden Gebieten Deutschlands als der Normaltyp des Spracherziehungsverhaltens jüngerer Eltern angesehen werden, und es ist zu erwarten, daß er sich in einigen Jahren zu dem allgemeinen Normtyp überhaupt entwickeln wird. Hier wird in der Familie zwar Dialekt verwendet. Sogar mit älteren Geschwistern der Kinder reden die Eltern Dialekt. Nur mit den Kindern sprechen sie Standardsprache beziehungsweise eine möglichst weit an die Standardsprache angenäherte regionale Umgangssprache.

So kann es vorkommen, daß beim Mittagessen alle untereinander Dialekt sprechen. Nur dann, wenn die schulpflichtigen Kinder sich am

Gespräch beteiligen, läuft es in Hochdeutsch ab. Dabei ergeben sich Überschneidungen, wenn die ältere Generation der Großeltern mit im Hause lebt, die selbst den Kindern gegenüber eher ein Verhalten vom Typ B oder gar A zeigt. Welche Auswirkungen dieses Sprachverhalten wahrscheinlich auf die soziale Entwicklung des Kindes hat, ist schon angedeutet worden.[270]

Der Typ D, bei dem sich eine standardsprachliche Spracherziehung, ein dialektales Milieu und eine positive Einstellung zum Dialekt miteinander verbinden, findet sich nur selten, besonders in großbäuerlichen Familien, bei denen der Dialekt noch einen festen Platz im gesamten Alltagsleben einnimmt, den Kindern durch das diglossische Verhalten ihrer Eltern, die in der Öffentlichkeit durchweg Standardsprache verwenden, die besondere Funktion dieser Sprache auch deutlich gemacht werden kann.

Durch diese bewußte Erziehung zur funktional-situativ gesteuerten Diglossie werden die oben angedeuteten negativen Auswirkungen eines Auseinanderklaffens von Spracherziehung und Sprachverhalten der Eltern bis zu einem gewissen Grade abgemindert. Vorausgesetzt ist dabei aber, daß die Eltern beide Varietäten in gleicher Weise gut beherrschen. Das ist besonders in unteren Gesellschaftsschichten in Dialektregionen in der Regel nicht der Fall. Eine in der Schule angestrebte Erziehung zur Diglossie in allen Gesellschaftskreisen könnte eine Möglichkeit darstellen, aus dem Teufelskreis von Spracherlernung und elterlicher Spracherziehung des Typs C auszubrechen.

Der Typ E charakterisiert besonders die in der letzten Zeit stark zunehmende Gruppe von Zuwanderern aus nicht dialektgeprägten Regionen oder von Städtern, die ihren Wohnsitz aufs Land verlegen. Kinder aus solchen Familien und mit den entsprechenden Sprachwertstrukturen prägen heute schon mehr und mehr den Grundschulunterricht. Durch sie wird die Benachteiligung von Kindern aus Familien vom Typ B und z. T. auch C noch verstärkt, da sich in diesen beiden Typen auch Unterschiede in der sozialen Milieuzugehörigkeit manifestieren, die die Vorurteilsstrukturen sowohl der Kinder als auch der Eltern noch verstärken.

Hier bietet eine Spracherziehung eines Typs, der in der Realität nur recht selten anzutreffen ist, einen Ausweg. Werden Standardsprache sprechende Kinder, die in hochsprachlichem Milieu aufgewachsen sind, zu einer positiven Haltung der Mundart anderer Kinder gegenüber erzogen, so kann eine große Anzahl von Zwängen abgebaut werden, denen sich ein dialektal sozialisiertes Kind in der Schule heute ausgesetzt sieht.

Mit diesen sechs typischen elterlichen Verhaltensweisen bei der ersten Spracherziehung der Kinder ist nur ein grobes Raster über die vielfältig unterschiedlichen Verhaltensweisen der Eltern gelegt. Das Beispiel der deutschen Schweiz zeigt auch, daß solche Typologien in Regionen mit anderen sprachsoziologischen Grundstrukturen völlig anders strukturiert sein können.

Neben dem Beziehungssystem zwischen Eltern und Kindern – wobei hier die Unterschiede im Verhalten von Vater und Mutter unberücksichtigt geblieben sind – ist der Situationskomplex ›Schule‹ auch geprägt durch das Verhältnis zwischen Eltern und Lehrern. Dieser Aspekt fällt bei einer Behandlung des Themas ›Dialekt und Schule‹ weniger ins Auge. Man wird ihn jedoch zumindest in zwei Bereichen beachten müssen.

Erstens können Eltern, die selbst Dialekt sprechen und sich der Standardsprache nicht fehlerfrei bedienen können, ihren Kontakt mit der Lehrerschaft nicht in gleicher Weise aufbauen wie Standardsprache sprechende Eltern. Sowohl in der Elternvertretung als auch in den Sprechstunden halten sich dialektsprechende Eltern mehr zurück als andere, und zwar, weil ihnen die notwendigen Ausdrucksmöglichkeiten für eine öffentliche Situation wie eine Elternversammlung oder für eine formelle Situation, wie ein Gespräch mit dem Lehrer des Kindes fehlen.

Hinzu kommt noch ein zweiter Aspekt. Wie sich in vielen Lehrerinterviews in Dialektregionen zeigte, beurteilen nicht wenige Lehrer das gesellschaftliche Milieu, aus dem ihre Schüler stammen, u. a. nach dem sprachlichen Eindruck, den die Eltern ihnen bieten.[271] Von einem Kind, dessen Eltern kein ›vernünftiges Deutsch‹ sprechen, kann dann auch keine gute Sprachleistung erwartet werden. Auch dieser Vorurteilskomplex führt dazu, daß dialektsprechende Eltern weniger enge Beziehungen zur Lehrerschaft ihres Kindes anknüpfen als andere.

1.4. Überlegungen zur Dialektdidaktik

Die Trias ›Kinder‹ – ›Lehrer‹ – ›Eltern‹ und das jeweilige gesellschaftliche und kommunikative Milieu sind die prägenden Komponenten der sozialen Institution ›Schule‹ und auch des Verhältnisses zwischen dieser Institution und der verwendeten Sprachvarietät. Bei der Diskussion dieses Beziehungsgefüges zeigte sich ebenso wie bei der vorhergehenden Behandlung der Schule als Ausbildungsinstitution der Kinder, daß Dialektsprecher in dieser weitgehend auf Standardsprache hin orientierten Domäne benachteiligt sind.

Wegen der erheblichen Bedeutung, die der Schule für die weitere gesellschaftliche Entwicklung und Positionierung der Personen in unserer Gesellschaft zukommt, wird man – wenn man Chancengleichheit als ein allgemein anerkanntes Ziel gesellschaftlicher Reformen anerkennt – einen Abbau gesellschaftlicher Benachteiligung besonders in diesem Bereich anstreben müssen.

Die enge Verschränkung der einzelnen am Spracherziehungs- und Bildungsprozeß beteiligten Komponenten zeigt jedoch auch deutlich, daß ein reformerisches Konzept hier nicht nur an einer Seite, etwa bei den Eltern oder bei den Schülern anzusetzen hat. Notwendig ist ein Gesamtkonzept, das, aufbauend auf einer detaillierten Kenntnis der sprachlichen und gesellschaftlichen Ausgangssituation in den verschiedenen Dialektregionen Deutschlands durch gezielte und systematische Einwirkung auf alle an diesem Erziehungsvorgang beteiligten Bereiche Veränderungen in der gewünschten Richtung herbeiführt.

Für ein solches Vorgehen fehlen heute jedoch noch weitgehend alle Voraussetzungen, und es fehlt wohl auch das gesellschaftliche Bewußtsein von der Relevanz dieser Fragestellungen. Vorhandene Reformansätze beziehen sich bis jetzt in keiner Weise auf die Eltern. Selbst die Lehrer werden nur zögernd mit in den Veränderungsprozeß einbezogen, indem sie z. B. in den Ausbildungsstätten systematisch auf diese Probleme vorbereitet werden und indem sie dazu angehalten werden, ihre eigenen Vorurteilsstrukturen rational zu hinterfragen.

Reformansätze konzentrieren sich weitgehend auf die Schüler, indem man versucht, den dialektsprechenden Schülern durch mehr oder weniger gezielte Maßnahmen aus ihrer ›Defizit-Situation‹ herauszuhelfen.

Alle diese Maßnahmen kann man unter dem Begriff ›Dialektdidaktik‹ zusammenfassen. Unter einer Dialektdidaktik, wie sie im folgenden in groben Umrissen skizziert werden soll, wird hier die systematische spracherzieherische Bemühung um die Überwindung der schulischen Benachteiligung von Dialektsprechern verstanden. In der Hauptsache konzentriert sich die Dialektdidaktik auf den Bereich der direkten Spracherziehung, der auch im folgenden ausschließlich behandelt werden soll. Grundsätzlich umfaßt die Dialektdidaktik jedoch ebenfalls die Benachteiligungen von Dialektsprechern in anderen Bereichen des Unterrichts.

Folgt man den terminologischen Vorstellungen der Berliner Schule der Didaktiktheorie,[272)] dann läßt sich die Didaktik im weiteren Sinne in sechs Teilbereiche aufgliedern, die im folgenden jeweils auf ihre Problematik im Bereich der Spracherziehung von Dialektsprechern hinterfragt werden sollen:

1. Erziehungszielsetzung
2. Erziehungsinhalte
3. Erziehungsmethoden
4. Lehrmittel und Erziehungsmedien
5. der anthropologische Rahmen (Intelligenz usw.)
6. der soziokulturelle Rahmen (gesellschaftliche Struktur)

1.4.1. Erziehungsziele einer Dialektdidaktik

Im Bereich der pädagogischen Intentionen und des Erziehungsziels, der für die Gestaltung der Lehrmaßnahmen von entscheidender Bedeutung ist, da sich nach dieser Zielvorgabe alle weiteren Maßnahmen ausrichten müssen, gibt es in Bezug auf die Dialektsprecher vier erheblich voneinander unterschiedene Konzepte.

Am weitesten ist in Deutschland wie auch in anderen hochindustrialisierten Regionen das Konzept einer möglichst schnellen und durchschlagenden Verdrängung des Dialektes durch die Standardsprache in allen Lebensbereichen verbreitet. Aufbauend auf der Überzeugung daß mangelhafte standardsprachliche Kompetenz die gesellschaftliche Beweglichkeit erheblich einschränkt und in vielen Fällen auch gesellschaftliche Unterschiede stabilisiert, wird von Vertretern eines solchen Erziehungszieles ein leistungsfähiges didaktisches Instrumentarium zur Zurückdrängung des Dialektes durch die Schule und in der Schule gefordert.[273] In diesen Rahmen gehören Forderungen der Lehrer, daß die Schüler auf dem Schulhof und zuhause möglichst kein Wort Dialekt mehr sprechen, selbst wenn sie sich dadurch von ihrer familiären Umgebung entfremden. Aber auch die scheinbar weniger rigorose weitgehende Nichtbeachtung der dialektal geprägten Kindersprache durch viele Lehrer basiert in der Regel auf demselben Erziehungsziel. Sicherlich wird man allein auf diesem Wege die Kinder zu guten Standardsprachsprechern erziehen können. Nur wenn der Dialekt völlig aus dem aktiven Sprachgebrauch der Kinder schwindet, wird sich mit der Zeit ein Sprachverhalten herausbilden, das frei ist von allen dialektalen Interferenzen. Der entwicklungspsychologische und erzieherische Preis, der dafür gefordert wird, ist jedoch erheblich. Einmal wird der Lehrer einen erheblichen Teil der ihm zur Verfügung stehenden Unterrichtszeit im Deutschunterricht diesem Unterrichtsziel widmen müssen und andere, nicht weniger wichtige Unterrichtsziele dabei vernachlässigen. Dem dialektsprechenden Schüler werden dabei – besonders in gemischten Klassen – erheblich höhere intellektuelle Leistungen abverlangt als einem Standardsprache sprechenden Kind.

Zum anderen riskiert man bei einem solchen Verhalten, daß das Kind durch die großen Differenzen in den sprachlichen Anforderungen, die die Umwelt stellt, und die widersprüchlichen Wertstrukturen in eine Identitätskrise geführt wird.

Das zweite hier zu nennende Erziehungsziel findet sich zwar in einer Reihe von theoretischen Überlegungen zum Problem. In der Praxis hat es jedoch keinerlei Bedeutung. Hierbei handelt es sich um eine aktive diglossische Spracherziehung zum Dialekt und zur Standardsprache.[274] Beide Varietäten werden nebeneinander als funktionell-situativ gebundene Varietäten in der Schule aktiv gelehrt, der richtige Dialektgebrauch für private und informelle Situationen auch im Schulunterricht und die Standardsprache für alle öffentlichen Situationen. Abgesehen davon, daß in fast keinem Dialekt die linguistischen Voraussetzungen dafür, Lehrgegenstand zu werden, erfüllt sind, impliziert dieses Erziehungsziel eine weitgehende Umgestaltung der zentralen sprachlichen und allgemein gesellschaftlichen Wertstrukturen, nach denen die privaten Lebensumfelder in der Regel als zweitklassig eingeschätzt werden.

Das dritte Erziehungsziel findet sich in der Praxis implizit in den Forderungen, die Rigorosität der Normanforderungen beim Erlernen der Standardsprache abzubauen.[275] Erziehungsziel ist dabei nicht mehr eine voll normierte und lautreine Einheitssprache, sondern entweder eine volkstümliche Hochsprache mit lockeren Normanforderungen oder eine Pluralität von verschiedenen unterschiedlich stark normierten standardsprachlichen Varietäten für verschiedene Situationen. Hier orientiert man sich hauptsächlich an den unterschiedlichen kommunikativen Funktionen, auf deren Grundlage nur ein Bruchteil der heute geforderten sprachlichen Normen ausreichend begründbar ist. Die hochnormierte Einheitsprache ist in diesem Zusammenhang nur noch eine Fachsprache, die von wenigen für ihre speziellen Zwecke verwendet werden muß, aber nicht mehr Zielnorm für die gesamte schulische Spracherziehung sein muß. Dieses Ziel findet sich in modifizierter Form etwa in Bayern, wo Erziehungsziel des mündlichen Unterrichts nicht das lautreine orthoepische Sprechen ist, sondern eine oberdeutsche Schulsprache.[276] Weitet man dieses Konzept jedoch speziell für Dialektsprecher auch auf den schriftlichen Bereich aus, dann besteht die Gefahr, daß sich hier eine neue Art von Klassensprache-Erziehung herausbildet, indem die führenden gesellschaftlichen Schichten, die heute schon guten Zugang zur normierten Hochsprache haben, sich sprachlich noch weiter von den Dialektsprechern und ihrer ›volkstümlichen Hochsprache‹ absondern. Dabei basieren die Auswirkungen dieser Differenz nicht mehr auf der kommunikativen Funktion der Sprache. Die volkstümliche Hochsprache kann für jedermann verständlich sein, sie bildet keine Kommunikationsbarriere. Die Wirkungen beruhen ausschließlich auf der sekundären Funktion des Dialektes als sozialem Indikator.[277]

Das vierte Erziehungsziel schließlich, das in der Dialektdidaktik bisher formuliert wurde, ist die Erziehung zur funktional-situativ gesteuerten Diglossie, jedoch nicht indem auch der Dialekt aktiv gelehrt wird, sondern indem auf der Grundlage des Dialektes als kindlicher Haussprache in der Schule das sprachliche Varietätenspektrum für neu hinzutretende soziale Situationen – Schreiben, Lesen, mit Fremden reden – systematisch erweitert wird.[278] Der Dialekt wird dabei nicht ersetzt, wie beim ersten und beim dritten Erziehungsziel, sondern in allen Situationen beibehalten, in denen er auch bis zum Schuleintritt seine Funktion hatte, im gesamten privaten und informellen Bereich. In diesen Situationen wird er zwar nicht gelehrt, jedoch vom Lehrer bestärkt, indem dieser wenn möglich auch Dialekt verwendet, wenn er zusammen mit dem Kind in einer alltäglichen informellen Situation agiert.

Die Standardsprache ist eine zusätzliche Varietät, die speziell für bestimmte Funktionen gelehrt wird. Dabei kann man hier Vorstellungen aus dem Bereich des dritten Erziehungsziels aufgreifen und die Standardsprache in einzelne Varietäten mit unterschiedlich rigoros durchgeführter Normierung auflösen. Schriftsprache erfordert dann die weitgehendsten Annäherungen an die einheitssprachliche Norm. In den verschiedenen sozialen Situationen öffentlichen und formellen mündlichen Sprachgebrauchs könnte die sprachliche Normanforderung elastischer gehandhabt werden. Auch ein solches Erziehungsziel ist mit einer Reihe von schwer lösbaren Problemen verbunden. Eines der bedeutendsten ist, daß aus entwicklungspsychologischen Gründen im Grundschulalter die Fähigkeit zur in sich stabilen und konsequenten Anwendung von zwei oder mehr verschiedenen Varietäten noch wenig entwickelt ist, so daß – wenn diese Varietäten so nahe beieinanderliegen wie in manchen Fällen Dialekt und Standardsprache – die Zahl der Interferenzen sehr groß ist. Das führt nun auf der Seite der Standardsprache zu ›Fehlern‹ mit ihren bekannten Folgen für die schulische Entwicklung der Kinder. Weiterhin ist auch bei diesem Erziehungsziel eine grundsätzliche Veränderung des normalen Einstellungssystems dem Dialekt gegenüber besonders in der Lehrerschaft Voraussetzung.

Trotzdem scheint auf lange Sicht gesehen das letzte der hier kurz skizzierten Erziehungsziele für dialektsprechende Kinder den gesellschaftlichen Forderungen nach Chancengleichheit und der sozialen Umwelt der Dialektsprecher am ehesten zu entsprechen. Die weiteren

Überlegungen zu einer Dialektdidaktik werden daher auf diesem Erziehungsziel aufbauen.

1.4.2. Inhalte und Methoden einer Dialektdidaktik

Hat man das allgemeine Erziehungsziel festgelegt, ist man sich also darüber im klaren, in welcher Weise Dialekt und Standardsprache nach den Erziehungsmaßnahmen für den Sprecher Bedeutung gewinnen, dann schließen sich die beiden zentralen Problemkreise einer Didaktik an, der Komplex der Lerninhalte und der der Lehrmethode. Diese beiden Komplexe sind in der Realität eng miteinander verbunden und bilden das Kernstück jeder Didaktik. Sie sollen auch in ihrer Bedeutung für die Spracherziehung dialektsprechender Kinder gemeinsam untersucht werden.

Bis zu den theoretischen Entwürfen zu einer Dialektdidaktik, die Heinrich Löffler[279] am Anfang der 70er Jahre vorgelegt hat, stand dieser Problemkreis in der Didaktik des Faches Deutsch nie im Vordergrund. Nachdem im 18. und 19. Jahrhundert das Verhältnis der Schule zum Dialekt geprägt ist durch den Zwang, erste standardsprachliche Wege in eine intakte schulische Dialektlandschaft vorzutreiben,[280] bietet die Forderung Rudolf Hildebrands[281] eine erste Gegenkonzeption an. Hildebrand fordert von der Spracherziehung den Ausgang von der Haussprache der Kinder, also in fast allen Fällen um 1880 noch vom Dialekt. Praktische Wirkungen scheint diese Forderung bis auf die rein verbale Übernahme in viele Lehrpläne nicht gehabt zu haben.[282] Auch die im Anschluß an Hildebrand entstehenden Sprachbücher auf der Basis der Heimatsprache scheinen keine größere Bedeutung gewonnen zu haben. Daß das Problem der dialektsprechenden Schüler nicht schon vorher gesellschaftliche Brisanz gewonnen hat, ist – wie erwähnt – zum großen Teil wohl auch darauf zurückzuführen, daß es bis zur Jahrhundertmitte des 20. Jahrhunderts nur selten zu stark gemischten Klassen in der Volksschule kam. Die real vorhandene Benachteiligung dialektsprechender Kinder, die sich schon an dem erheblichen Zeitaufwand für die Erlernung der Standardsprache zeigt, wurde noch nicht in der Schule, sondern erst in der anschließenden beruflichen Ausbildung erkennbar, wenn dialektsprechende Kinder in direkter Konkurrenzsituation mit anderen einen geringeren Kenntnisstand aufwiesen.

Auch konnten die Lehrer sich durch eine Reihe von individuellen oder ortsspezifischen didaktischen Maßnahmen weitgehend auf die sprachlichen Probleme der Kinder einstellen, konnten Fehlerlisten zusammenstellen und jeweils Spezialübungen für besondere Problembereiche

entwerfen. Daß der Lehrer häufig aus dem Ort oder aus dem Dialekt-
gebiet stammte, kam ihm dabei sehr zugute.[283] Erst die zunehmende
Durchmischung der Bevölkerung nach dem Zweiten Weltkrieg und die
Einsicht, daß der Dialekt sich nicht so schnell abbaute, wie nach 1950
vielfach prophezeit worden war, verstärkte das Bewußtsein für die besonderen Probleme dialektsprechender Kinder und für die Anforderungen an eine spezielle Dialektdidaktik. Auslöser für die mit den Arbeiten
von Hasselberg, Jäger und Ammon einsetzende Auseinandersetzung mit
diesen Problemen war die soziolinguistische Sprachbarrieren-Diskussion
der 60er Jahre.[284] Heinrich Löffler entwarf dann in zwei Aufsätzen
1972 und 1974 das erste theoretische Konzept einer Dialektdidaktik.[285]
Er setzt sich dabei besonders mit den Problemen der Lerninhalte, weniger mit denen der Lehrmethode auseinander. Das Konzept von Löffler, das unter dem Stichwort ›Fremdsprachen-Ansatz‹ zu erfassen ist,
läßt sich in sechs programmatischen Kernsätzen zusammenfassen:

1. Standardsprache und Dialekt entsprechen in ihrem linguistischen
   Verhältnis, soweit es didaktisch relevant ist, zwei Fremdsprachen.
2. Das Dialekt sprechende Kind lernt Standardsprache, indem es beide
   Systeme in seiner Kompetenz miteinander kontrastiert und die L_1
   (Dialekt) im strukturellen Zusammenhang durch die L_2 (Standardsprache) ersetzt.
3. Die sich bei diesen Umsetzungen ergebenden Interferenzen und
   Hyperkorrekturen erscheinen im schulischen Bereich als Fehllei-
   stungen.
4. Diese Verhältnisse ermöglichen es, durch eine kontrastive Analyse
   der beiden Varietäten Fehlerprognosen aufzustellen, indem die Bereiche mit Systemdifferenzen herausgehoben werden.
5. Eine auf dem Hintergrund der kontrastiven Analyse durchgeführte
   Fehleranalyse ermöglicht die Diagnose einer Reihe von Fehlern als
   ›dialektbedingt‹.
6. Auf der Diagnose und Prognose von Dialektfehlern bauen gezielte
   Lernprogramme auf, die den sprachlichen Risikobereich für Dialektsprecher entschärfen.

Auf der Grundlage der weiteren Beschäftigung mit den Dialekt/Stan-
dard-Problemen in der Schule[286] und auch der schon seit dem Beginn
der 70er Jahre einsetzenden Kritik an der Leistungsfähigkeit der kontrastiven Linguistik für die Erfassung von Sprachlernprozessen[287] lassen
sich heute einige Einwände gegen diese dialektdidaktische Konzeption
vorbringen.

Zum einen bringt die Annahme eines Fremdsprachen-Verhältnisses
von Dialekt und Standard selbst in der von Löffler modifizierten Form

erhebliche sprachtheoretische Probleme mit sich. Durch die durchgehende passive Kompetenz so gut wie jedes Dialekt sprechenden Kindes in der Hochsprache und auch durch die etymologische Durchsichtigkeit der Wortbeziehungen zwischen Dialekt und Standardsprache unterscheiden sich Dialekt und Standardsprache grundsätzlich von zwei Fremdsprachen. Auch handelt es sich bei den im Spracherlernungsprozeß wirksam werdenden Varietäten ›Dialekt‹ und ›Standardsprache‹ nicht um zwei homogene Sprachsysteme, wie sie die am Strukturalismus orientierte kontrastive Grammatik annimmt. Wir haben es hier mit historischen, in sich variablen Varietäten zu tun. Die Ausgangssprache der Kinder ist nicht der alte Ortsdialekt, sondern eine dem kindlichen Alter entsprechende, mehr oder weniger der regionalen Umgangssprache angenäherte Sprachform. Auch die Zielsprache ist nicht, wie man das in der kontrastiven Fremdsprachen-Linguistik häufig – jedoch auch dort nicht berechtigt – annimmt, ein homogenes standardsprachliches Sprachsystem, sondern ein Komplex aus verschiedenen Varietäten mit unterschiedlicher Norm, wie etwa der geschriebenen und der gesprochenen Standardsprache.

Weiterhin sind – und das betrifft den zweiten Leitsatz – die Entwicklungsprozesse beim Erlernen einer Fremdsprache noch sehr wenig bekannt. Neuere Forschungen weisen jedoch nach, daß man sich einen solchen Prozeß in keinem Falle als eine lineare Umsetzung im Anschluß an eine Kontrastierung der Ausgangs- und der Zielsprache vorstellen darf. Wahrscheinlich handelt es sich eher um einen kontinuierlichen Annäherungsprozeß, wobei die Lernprozesse nicht immer an der Ausgangssprache L_1 ansetzen, sondern an dem jeweils im Lernprozeß schon erreichten Niveau der Annäherung. Besonders bei zwei so nahe in Beziehung stehenden Varietäten wie Dialekt und Standardsprache bietet sich eine derartige Konzeption vom Erwerb der zweiten Varietät an. Die Erfahrungen, die mit der Fehlerprognose und der Fehlerdiagnose in der kontrastiven Linguistik, besonders aber im Dialekt/Standard-Bereich gemacht worden sind, zeigen, daß diese Methoden wenig aussagestark sind. Denn die Fehleranalyse zeigt eine Reihe dialektbedingter oder durch regionale Umgangssprache bedingter Fehler, die von der kontrastiven Analyse nicht prognostiziert werden. Andererseits finden sich in der Fehleranalyse viele Fehlerprognosen der Kontrastanalyse nicht bestätigt. Daraus muß der Schluß gezogen werden, daß die Verhältnisse und die Beeinflussungsformen von Dialekt und Standardsprache in der Kompetenz des Sprechers offensichtlich anders organisiert sind als von Löffler angenommen.

Schließlich bauen die von Löffler entworfenen Lernprogramme nicht auf den Annahmen des Fremdsprachencharakters auf, da sie sich nicht an den in der Fremdsprachendidaktik entwickelten Lehr- und Übungsmethoden orientieren, sondern weitgehend Lehrmethoden der Muttersprachendidaktik verwenden. Die Auswahl der Lehrmethoden orientiert sich also nicht an den Annahmen über die Ersetzung von Dialekt durch Standardsprache. Darüber hinaus wird die Erarbeitung der geeigneten Lehrmethode für die durch die kontrastive Analyse und die Fehleranalyse festgestellten Lerninhalte einer Dialektdidaktik weitgehend unausgeführt gelassen bzw. explizit ›den Didaktikern überlassen‹.[288]

Berücksichtigt man die gegen den Fremdsprachen-Ansatz Löfflers gemachten Einwände, so zeichnen sich Umrisse einer Dialektdidaktik ab, die den realen Verhältnissen in den Klassen eher gerecht wird. Es zeigt sich aber zugleich, daß die praktische Durchführung der in diesem Zusammenhang zu stellenden umfangreichen Forderungen schwieriger sein wird als die durch Löffler angestrebten primären Ziele: eine erste Sensibilisierung der Betroffenen und Bereitstellung erster Hilfsmittel für den Unterricht.[289]

Ausgangspunkt der didaktischen Überlegungen ist, daß alle Schüler, die Dialekt sprechenden und auch die Standardsprache sprechenden, im muttersprachlichen Unterricht neue situative und stilistische Varietäten des Deutschen hinzulernen. Der muttersprachliche Unterricht besteht in einer systematischen Erweiterung der Sprachkompetenz des Schülers. Ebensowenig wie das schreibsprachliche System bei Standardsprache sprechenden Kindern das gesprochensprachliche im vorschulischen Alltag übliche System ersetzt, ersetzt das standardsprachliche System beim Lesen, Schreiben und mündlichen Gestalten in der Schule das dialektale System des Schülers. Es handelt sich in beiden Fällen nur um eine Kompetenzerweiterung. Das dialektsprechende Kind lernt den Gebrauch von standardsprachlichen Sprachelementen zur vorhandenen Kompetenz hinzu. Und die Adaptierung dieser hochsprachlichen Sprachelemente erfolgt immer auf der Grundlage der zuerst erworbenen dialektalen oder regional- umgangssprachlichen Sprachkompetenz, die den Rahmen für die Übernahme jedes einzelnen Sprachelementes bildet.[290] Selbst die von den dialektsprechenden Kindern verwendete Standardsprache unterliegt den gleichen Strukturgesetzmäßigkeiten wie ihre Alltagssprache.

Die im Rahmen der schulischen muttersprachlichen Erziehung ablaufenden Erweiterungen der Sprachkompetenz durch das Erlernen des aktiven Gebrauchs neuer Varietäten verläuft bei Dialekt sprechenden Kindern anders als bei Standardsprache sprechenden Kindern, da sich die sprachlichen und auch die sprachsoziologischen Ausgangssituationen unterscheiden. Dialektkinder haben sowohl eine andere Sprachvarietät als auch andere Sprachwertstrukturen als andere Kinder. Außerdem haben Dialektkinder, nimmt man die aktive und die passive Kompetenz zusammen, in der Regel bei Schuleintritt schon zwei Varietäten erlernt.

Die schulischen Probleme entstehen jedoch nicht so sehr aufgrund dieser Tatsache, sondern weil die sprachdidaktische Konzeption sich von den Lerninhalten her nur an der Ausgangssprache der Standardsprache sprechenden Kinder und an deren sprachsoziologischer Situation orientiert. Die in der gleichen Klasse vorhandenen dialektsprechenden Kinder werden von dieser didaktischen Konzeption ignoriert. Wendet ein solches Kind z.B. die erlernten hochsprachlichen orthographischen Regeln auf seine eigene Sprache an, dann kommt es zu dialektbedingten Interferenzfehlern im mündlich-schriftlichen Bereich, die sich von den normalen Fehlern, die bei allen Kindern auftreten, grundsätzlich unterscheiden.

Angemessener wäre hier der Ausgang von der Haussprache des Kindes, obgleich dadurch z.B. alle orthographischen Regeln in veränderter, jeweils regionalspezifischer Form erscheinen müßten. Diese Forderung ist jedoch wegen des Mischcharakters der Klassen normalerweise in Deutschland nicht so wie etwa in der Schweiz durchführbar. Diese Annahmen über die Beziehungen zwischen Dialekt und Standardsprache leiten zu den folgenden Forderungen an eine Didaktik über.

Die Lerninhalte einer Dialektdidaktik sind die sprachlichen und sprachsoziologischen Bereiche, in denen Unterschiede zur Standardsprache existieren, die in der Schule ausgeglichen werden müssen. Diese Lerninhalte kann man durch eine Beschreibung der Sprachvarietät dialektgeprägter Kinder im Vorschulalter und einem auf kontrastiver Grundlage durchgeführten Vergleich mit verschiedenen standardsprachlichen Varietäten festlegen. Sie müssen nach ihrer Wichtigkeit für die standardsprachliche Kompetenz, ihrer Fehlerträchtigkeit und der lernpsychologischen Entwicklungsphase gewichtet und geordnet und danach durch geeignete Lehrmethoden vermittelt werden.

Geeignete Lehrmethoden sollten sich orientieren an der Dynamik des natürlichen ungelenkten Erwerbs von Standardsprache durch Dialektsprecher und diese prozeßeigene Dynamik durch gezielte Methoden unterstützen. Zu diesem Zweck sind umfangreiche Untersuchungen über die Prozessualität der Standardsprachenadaptation auf allen Sprachebenen und auch im sprachsoziologischen Bereich nötig, bevor effektive Lehrmethoden entworfen werden können.

1.4.3. Lehrmittel und Erziehungsmedien in einer Dialektdidaktik

Mit diesen Überlegungen zu den Lehrinhalten und den Lehrmethoden ist auch schon das vierte Problemgebiet der Dialektdidaktik angesprochen, die Frage nach den Medien des Unterrichts, nach den Lehrmitteln.

Auf die frühen Versuche zu Sprachbüchern auf heimatsprachlicher Grundlage und die isolierten Bemühungen einzelner Lehrer um geeignete Lehrmittel für den Deutschunterricht auf der Basis ihrer Ortssprache ist schon hingewiesen worden.[291] Der erste großräumig angelegte Versuch, Lehrmittel für den Unterricht dialektsprechender Kinder bereitzustellen, ist das von Besch, Löffler und Reich getragene Projekt der Heftreihe ›Hochsprache/Mundart-kontrastiv‹, die seit 1976 im Schwann-Verlag in Düsseldorf erscheint.[292] Diese Lehrmittel gründen auf den eben skizzierten didaktischen Überlegungen von Löffler. Sie sind nicht für die Hand des Schülers, sondern als Handreichung für den Lehrer und seine Unterrichtsgestaltung gedacht.

Die Hefte, die bisher den niederdeutschen, den westfälischen, den rheinischen, den hessischen, den pfälzischen, den alemannischen, den schwäbischen und den bayerischen Sprachraum umfassen,[293] beschäftigen sich mit allen zentralen Sprachebenen, haben ihren Schwerpunkt jedoch in der Rechtschreibung und in der Sprachlehre (Grammatik). Dabei steht der Bereich des schriftlichen Gestaltens und des Diktates im Vordergrund. Jedes Heft besteht aus einer linguistischen Analyse des Lerninhaltes auf der Grundlage der kontrastiven Linguistik. Durch die Kontrastierung des jeweiligen Großraumdialektes mit der Standardsprache werden die Divergenzbereiche als die Lerninhalte didaktischer Maßnahmen erkennbar. Nicht divergierende Sprachbereiche gehören nicht zum Lerninhalt einer Dialektdidaktik. Im Anschluß an die Analyse des Lerninhaltes bietet das kontrastive Heft eine Stoffsammlung für die Gestaltung von Sprachübungen und in unterschiedlichem Ausmaß auch Vorschläge für solche Übungen bzw. Skizzen für Unterrichtseinheiten.[294] Die dabei verwendeten Lehrmethoden orientieren sich nicht – wie theoretisch zu fordern wäre – an den ablaufenden sprachlernpsychologischen Prozessen, sondern nur an allgemeinen lernpsychologischen Theoremen wie etwa der Stufenleiter von Heinrich Roth.[295]

Es ist vorgesehen, diese Lehrmittel durch Schüler-Arbeitshefte zu erweitern. Die Lehrmittel sind jedoch nicht für die Verwendung im Rahmen äußerer Differenzierung etwa als Stützkurs nur für Dialektsprecher gedacht, sondern zur Verwendung im Rahmen innerlich differenzierten Unterrichtes.[296]

Ein Blick auf die Kritik an den sprachdidaktischen Vorstellungen von Löffler und die im Anschluß daran gemachten Überlegungen zur Dialektdidaktik zeigt, daß derzeit noch kein besseres dialektdidaktisches Lehrmittelkonzept vorgelegt werden kann. Dafür fehlen noch zu viele Vorarbeiten.

Wünschenswert wäre jedoch ein integriertes Lehrmittelkonzept, das sich in gleicher Weise mit allen Bereichen der schulischen Benachteiligung von dialektsprechenden Kindern beschäftigt und das sich an ein entwickeltes Konzept von Inhalt und Methode der Dialektdidaktik anschließt. Hierbei sollten folgende sieben Leitsätze beachtet werden:

a) Das Lehrmittelkonzept muß möglichst im Rahmen eines innerlich differenzierten Unterrichts angewendet werden und Sonderunterricht der Dialektkinder vermeiden.

b) Das Lehrmittelkonzept muß alle Defizitbereiche ihrer spezifischen Bedeutung gemäß berücksichtigen. Es muß also auch den mündlichen Unterricht und das Lesen umfassen.

c) Das Lehrmittelkonzept muß den Prozeß der situativ-funktionellen Kompetenzerweitung durch Sprachunterricht zugrundelegen.

d) Das Lehrmittelkonzept muß sowohl Schüler als auch Lehrer umfassen, indem auch die Informationsdefizite der Lehrer durch geeignete Unterrichtung in den pädagogischen Ausbildungsstätten abgebaut werden.

e) Das Lehrmittelkonzept muß auch den Bereich des sprachsoziologischen Umfeldes der ›Dialekt und Schule‹-Situation und besonders die Sprachwertstrukturen mit umfassen.

f) Das Lehrmittelkonzept muß bei den Lehrinhalten die innere Variabilität der beiden Varietäten berücksichtigen und ebenfalls den prägenden Charakter der Primärsprache.

g) Das Lehrmittelkonzept muß schließlich im Bereich der verwendeten Lehrmethoden die Prozessualität des ungelenkten Standardsprachenerwerbs zur Orientierungslinie wählen.

1.4.4. Anthropologische und soziokulturelle Voraussetzungen

Die beiden letzten, im Rahmen einer Dialektdidaktik anzusprechenden Fragekomplexe betreffen die anthropologischen und die soziokulturellen Voraussetzungen für den Unterricht von dialektsprechenden Kindern.

Hier sind es besonders zwei Thesen, die im Rahmen der wissenschaftlichen Beschäftigung mit Dialektdidaktik geprüft werden müssen:

1. Hat der Dialekt bei Schulanfängern Einfluß auf ihre intellektuelle Entwicklung? Gibt es daneben Wirkungen auf andere persönlichkeitskonstituierende Merkmale wie Kreativität und Ich-Stärke?
2. Gibt es einen Zusammenhang zwischen dem Dialektgebrauch von Schulkindern und dem sozialen Milieu, aus dem sie kommen?

Zu diesen Fragekomplexen gehört drittens auch die empirische Festlegung der Verbreitung des Dialektes in der einzelnen Klasse und in der Schule. Dafür ist es nötig,

● den Grad der Dialektalität der Schulkinder festzustellen
● die linguistische Differenz zwischen dem Ortsdialekt, dem in der Schule verwendeten Dialekt und der regional üblichen Standardsprache zu kennen
● die Verbreitung des Dialektes in der Klasse selbst festzustellen.

Wenden wir uns zuerst der Frage zu, ob es eine Korrelation zwischen Dialektgebrauch und Intelligenzentwicklung gibt. Sind Dialektkinder von Natur aus dümmer als Standardsprache sprechende Kinder? Solche Vermutungen werden immer wieder nahegelegt, wenn man die weit verbreiteten Vorurteile über die für Dialekte typische Sprachstruktur berücksichtigt.[297] Dialekte sollen nicht zur Bildung komplexer abstrakter Begrifflichkeiten geeignet sein. Dialekte sind weniger rational als emotional charakterisiert, und Dialekte können wegen des parataktischen Satzstils schlechter komplexe logische Sachverhalte ausdrücken. Alle diese vermeintlichen linguistischen Defizite der Dialekte deuten darauf hin, daß ein Kind, das nur Dialekt spricht, nicht die Fähigkeiten zur Formulierung logisch komplexer und abstrakter Vorstellungen hat. Zu diesen ›Verdächtigungen‹ des Dialektes ist festzuhalten:

Jede sprachliche Varietät ist linguistisch prinzipiell zur Bewältigung jeder Art von gedanklicher Komplexität geeignet. Es gibt jedoch historische Umstände, in denen bestimmte Varietäten – etwa Dialekte – in der Regel über lange Zeitabschnitte nicht zur kommunikativen Bewältigung solcher Phänomene verwendet worden sind. Dann bilden sich die sprachlichen Mittel hierzu zurück oder sie erfahren keine Ausformung. So hat sich etwa u.a. im Mittelfränkischen seit dem späten Mittelalter die Fähigkeit, Abstrakta zu bilden, wahrscheinlich zurückgebildet. Die hierfür im Mittelalter oft verwendete Suffixsilbe *[ida][-(e)de]* wird heute nur noch sehr selten verwendet, etwa in dem Abstraktum *jewö:nde* (Gewohnheit).

Konfrontiert man nun Dialektsprecher mit Lebensumwelten, die logisch komplexere und abstraktere Ausdrucksmöglichkeiten erfordern, dann kann es zu Ausdrucksproblemen kommen, wenn sich der Dialektsprecher in diesen Umwelten zurechtfinden will. In der Regel werden diese Defizite jedoch durch Entlehnungen aus der überdachenden Hochsprache vom Sprecher selbst ausgeglichen. In jedem Fall ist es jedoch widersinnig, diese Art von Ausdrucksproblemen als ›Intelligenzmangel‹ zu deklarieren. Intelligenz wäre dann kein anthropologisches Phänomen mehr, sondern eingebettet in die sozio-historische Entwicklung der jeweiligen Gesellschaft und mit ihr auch veränderbar.

Außerdem ist festzuhalten, daß jeder Dialekt, wenn er lange genug für neuartige Ausdrucksbereiche verwendet wird, auch kommunikative Mittel entwickelt, um diesen Anforderungen zu genügen. Daß der Dialekt im deutschsprachigen Bereich hier keine Entwicklung zeigt, liegt einzig und allein darin begründet, daß für alle komplexeren Lebensbereiche sogleich auf die Standardsprache übergewechselt werden kann. Alle empirischen Untersuchungen, die bisher zu den Fragen der Korrelation zwischen Dialektgebrauch und Intelligenzentwicklung angestellt worden sind, kommen übereinstimmend zu dem Ergebnis, daß die Intelligenz in keiner Weise mit dem Dialektgebrauch korreliert.[298] Die neuesten Forschungen von Hasselberg zu diesen Fragen zeigen noch einen anderen wichtigen Aspekt. Eine Überprüfung der als ›objektivierte Leistungsmessung‹ für hessische Gesamtschulen entwickelten Sprachtests zeigte, daß es erhebliche Unterschiede im Abschneiden dialekt- und Standardsprache sprechender Schüler gab. Diese Tests bestanden hauptsächlich aus Fragen zum Wortschatz und zur sprachlichen Analogie. Eine detaillierte Analyse dieser Testanforderungen zeigte, daß die Testautoren völlig unreflektiert von der Standardsprache ausgehen. So soll etwa dem Wort ›simulieren‹ eines aus vier vorgegebenen Bedeutungsitems zugeordnet werden. Die entsprechende Dialektbedeutung für das Wort – ›nachdenken‹ – ist jedoch nicht angegeben. Hier zeigt sich deutlich, daß die scheinbar geringere intellektuelle Leistung des dialektsprechenden Schülers auf einen Fehler im Testinstrument zurückzuführen ist. Diese Deutung wird noch dadurch bestätigt, daß ebenfalls geforderte Zahlenkombinatorik, also ein sprachfreier Test, kein schlechteres Abschneiden der Dialektsprecher zeigte.[299]

Auch dem Bereich der soziokulturellen Rahmenbedingungen einer Dialektdidaktik hat sich die angewandte Dialektologie in den letzten Jahren vermehrt zugewandt. Für diesen Problemkreis kann hier allgemein auf die Diskussion der Thesen von Ulrich Ammon hingewiesen werden, daß der Dialekt die Sprache der Unterschicht sein.[300]

Auch für den schulischen Bereich hat Ammon eindeutig nachweisen können, daß der Anteil der dialektsprechenden Schulkinder, die aus den unteren gesellschaftlichen Milieus stammen, zumindest in der von ihm untersuchten Region, dem mittleren Schwaben, überdurchschnittlich hoch ist.[301)] Es besteht kein Grund, die Gültigkeit dieser Feststellung für andere deutsche Dialektgebiete anzuzweifeln. Trotzdem wird man hier in jedem Fall den Faktor der Regionalspezifität zu prüfen haben.

Tabelle 16: Dialektniveaumessungen in der Alltagssprache von Schulkindern des Kreises Reutlingen

	Dialektniveau (nach Ammon)
Unterschicht	192.0
Mittelschicht	220.5
Oberschicht	250.0

Wichtiger ist jedoch, ob es auch Unterschiede zwischen den unteren und den oberen gesellschaftlichen Schichten in der Verwendungsfähigkeit und in der Kenntnis höherer standardnäherer Sprachvarietäten gibt. Ammon vermutet hier, daß in vielen Regionen Deutschlands zwar alle Kinder wie auch alle Erwachsenen alltagssprachlich die Mundart verwenden, daß jedoch die Fähigkeit zur parallelen situativen Verwendung standardsprachlicher Varietäten schichtspezifisch verteilt ist. Die unteren Schichten sind in allen Lebenssituationen auf ihren Dialekt angewiesen, während die mittleren und oberen Schichten ohne Schwierigkeiten in Situationen, die Hochsprache erfordern, auf diese Varietät umschalten können. Die soziale Benachteiligung von dialektsprechenden Schülern bestünde dann also neben dem objektiv höheren Dialektalitätsanteil in der Alltagssprache in einer geringeren sprachlichen Variationsbreite und Anpassungsfähigkeit.

Diese These konnte Ammon anhand seiner Schulsprachuntersuchungen nicht einwandfrei bestätigen.[302)] Der Dialektalitätsgrad der öffentlichen Varietät unterschied sich in den einzelnen sozialen Schichten nicht wesentlich, wenn man von den Schülern möglichst weitgehendes Hochdeutsch verlangte. Obgleich Ammon hier Bedenken gegen die Erhebungsmethode anführt, ist doch zu fragen, ob sich in diesen Ergebnissen nicht z.T. doch sprachsoziologische Wirklichkeit verbirgt. Hier werden weitere Forschungen nötig sein, die detaillierte Aussagen über die soziale Indiziertheit von Dialektsprechern in der Schule erlauben.

Dialekt und zentrale Veränderungsprozesse der Gesellschaft

Dialekt ist in dieser Untersuchung bestimmt als eine in der heutigen Gesellschaft verbreitete sprachliche Varietät, die in erster Linie definiert ist durch das Substandardverhältnis zu der sie gesellschaftlich überdeckenden Hochsprache, dem Hochdeutschen. Durch die Bindung dieser Definition an die heutige Zeit ist eine historische Dimension zugleich mit gegeben, insofern als Dialekt in früheren Zeiten eine andere Position im Sprachvarietätensystem gehabt hat. Der im Mittelalter wegen des Fehlens einer ausgebauten Standardsprache vorherrschende Regionalitätscharakter des Dialektes wurde im Laufe der letzten Jahrhunderte abgelöst durch den oben festgestellten Substandardcharakter.

Um diesen in der dialektologisch-sprachwissenschaftlichen Forschung allgemein nicht umstrittenen Tatbestand erklären zu können, sind in der Vergangenheit verschiedene Konzepte entworfen worden. Dabei hat man sich jedoch in der germanistischen Sprachwissenschaft in erster Linie mit dem parallel laufenden Problem der Entstehung der neuhochdeutschen Schrift- und Standardsprache beschäftigt.[303] Für die parallele Entwicklung der Mundarten gibt es bisher nur die als Materialsammlung immer noch unersetzbare Arbeit von Socin[304] und die Untersuchung von Walter Henzen.[305] In beiden Arbeiten wird in sehr materialreichen sprachhistorisch-sprachsoziologischen Untersuchungen die Entwicklung der Mundarten als ein Verfallsprozeß und ein Zurückdrängungsprozeß dargestellt, der auf ein völliges Verschwinden der Mundarten und eine totale Durchsetzung der Standardsprache hinzielt.

Eine Geschichte der gesamten deutschen Sprachgemeinschaft wird auf dieser Grundlage aufbauen können, sie wird jedoch beide Prozesse, die Entstehung und Durchsetzung der geschriebenen und gesprochenen Standardsprache und auch die Entwicklungen, denen die Dialekte während dieses Prozesses ausgesetzt sind, in einem geschlossenen sprachsoziologischen Zusammenhang betrachten müssen.

Auch kann ein solcher Forschungsansatz sich nicht auf ausschließlich sprachliche Entwicklungen beschränken oder unsystematisch und je nach Bedarf einzelne gesellschaftliche Veränderungen und Prozesse von Fall zu Fall zur Erklärung sprachlicher Veränderungen heranziehen. Der Veränderungsprozeß, der sich in den letzten sieben Jahrhunderten im Gesamtgefüge der deutschen Sprachgemeinschaft abgespielt hat, ist aufs engste verwoben mit den allgemeinen gesellschaftlichen und historischen

Veränderungen, die in dieser Zeit das Gesicht des mittleren Europa weitgehend verändert haben. Die Entstehung und Durchsetzung einer neuen Sprachvarietät und ihre Einbettungsprozesse in das Gefüge der alten Ausdruckssysteme sowie die grundlegenden Verschiebungen und Funktionsveränderungen, die diese Ausdruckssysteme parallel dazu durchlaufen haben, alles das ist nicht adäquat zu erfassen ohne Berücksichtigung der historischen Entwicklung in dieser Zeit und der allgemeinen gesellschaftlichen Veränderungsprozesse, die seit dem 15. Jahrhundert eingetreten sind.

Ausgangspunkt der folgenden Überlegungen, die sich mit diesen Entwicklungen beschäftigen, ist daher die These, daß sich der Dialektgebrauch und das Verhältnis zwischen Dialekt und Standardsprache im Rahmen allgemeiner Prozesse des sozialen Wandels ändern und in der Vergangenheit geändert haben.

Auf das Problem des sozialen Wandels kann hier nicht eingegangen werden. Theorien des sozialen Wandels stehen im Zentrum der allgemeinen soziologischen Forschung. In dem hier anstehenden Zusammenhang kann es nur darauf ankommen, einen soziologisch-sozialhistorischen Erklärungszusammenhang auszuwählen, durch den die historisch und gesellschaftlich faßbaren Fakten der Veränderung des Verhältnisses zwischen Dialekt und Standardsprache in den letzten Jahrhunderten und in der Gegenwart erklärt werden können.

Dabei stellt sich ein Problem, das hier nur angedeutet, jedoch nicht gelöst werden kann. Innerhalb von beobachtbaren Veränderungsprozessen in einer Gesellschaft lassen sich zwei verschiedene Arten unterscheiden. Einmal handelt es sich um langsam ablaufende Veränderungen im Verhältnis von gesellschaftlichen Gruppen und gesellschaftlichen Institutionen zueinander. So verändert sich z.B. in den letzten 700 Jahren das Verhältnis der zentralen gesellschaftlichen Gruppen zueinander, es entsteht ein Bürgertum, das sich neu in das vorher weitgehend durch Bauerntum und Adel geprägte Gesellschaftssystem einbettet und die beiden überkommenen gesellschaftlichen Gruppen verändert. Ein solcher Typ von Veränderung ist etwa auch die Entstehung und Durchsetzung der Standardsprache, die vor 600 bis 700 Jahren begann und heute noch nicht abgeschlossen ist.

Vordergründig von anderer Art sind Veränderungen, die mit einmaligen und fest raum-zeitlich eingebundenen historischen Ereignissen verbunden sind, wie etwa die Entdeckung Amerikas oder auch die Erfindung der Buchdruckkunst, die von entscheidender Bedeutung für die Durchsetzung der deutschen Standardsprache geworden ist.

Obgleich von einem anderen Typ, lassen sich diese historischen Ereignisse in der Regel in allgemeine gesellschaftliche Wandlungsprozesse einbetten, und sie gewinnen in diesen Wandlungsprozessen Funktionen, ja sie konstituieren sie bis zu einem gewissen Grad bzw. greifen steuernd in ihren Ablauf ein. In einer historischen Sprachsoziologie sind solche historischen Ereignisse etwa die schon erwähnte Erfindung der Buchdruckkunst, die Erfindung der verbalen Medien ›Rundfunk‹ und ›Fernsehen‹, aber auch längerfristige historische Prozesse wie die ›mittelalterliche Ostsiedlung‹, die zu einer Ausweitung des deutschen Sprachgebiets führte, und das Wirken Luthers für die Durchsetzung eines bestimmten Sprachtyps. Bei einem für die Entwicklung des Verhältnisses zwischen Dialekt und Standard wahrscheinlich zentralen Prozeß, dem im 19. Jahrhundert einsetzenden Industrialisierungsprozeß, der zur Ost-Westwanderung mit riesigen Bevölkerungsverschiebungen geführt hat, ist es schwer zu entscheiden, ob es sich hier um ein historisches Ereignis oder um einen langdauernden gesellschaftlichen Wandlungsprozeß handelt. Wir werden zu zeigen versuchen, daß sich dieser Prozeß einbettet in einen übergreifenden allgemeinen Modernisierungsprozeß der Gesellschaft, der den eigentlichen Rahmen für die Erfassung der sprachsoziologischen Veränderungen abgibt.

1. Allgemeiner gesellschaftlicher Modernisierungsprozeß und Dialekt

In der bisherigen Beschäftigung mit dem Veränderungsprozeß im Verhältnis zwischen Dialekt und Standardsprache und seinen gesellschaftlichen Begründungen sind verschiedene, teils lineare, teils zirkuläre Entwicklungsmodelle vorgeschlagen worden. Ein Beispiel für die Annahme einer zirkulären Entwicklung des Dialekt-Standard-Verhältnisses ist etwa die Einordnung des gegenwärtig zu beobachtenden Dialektverfalls in ein Modell des Wechsels zwischen zentralistischen und dezentralistischen Entwicklungsphasen der Gesellschaften.[306)] So wird etwa die Entstehung des standardisierten klassischen Latein mit dem Aufbau des römischen Staates in Zusammenhang gebracht, und der Zerfall des Staates in der Spätantike korreliert dann mit dem Zerfall dieser Einheit und der Dialektisierung, die in die Entstehung der romanischen Nationalsprachen mündet.

In ähnlicher Weise sucht man die seit einigen Jahren zu beobachtende Zunahme des Interesses an Dialekt als eine Auswirkung einer Tendenz zur Regionalisierung zu deuten, die die lange Zeit vorherrschende Zentralisierung ablöst.

Gegenüber diesem zirkulären, bzw. spiralförmigen Modell vom Wechsel zwischen mehr dialektbetonten und mehr standardsprachebetonten Zeitepochen hat das Dialektverfall-Modell linearen Charakter. In diesem Modell wird angenommen, daß der Dialekt als die ureigenste Ausdrucksform einer dezentralisierten Gesellschaftsordnung unter dem Einfluß der Zentralisierung langsam und in den einzelnen Regionen und Bereichen mit z. T. sehr unterschiedlicher Intensität durch die Standardsprache und ihre verschiedenen stilistischen Varietäten verdrängt wird.

Dieser Prozeß ist früh in der dialektologischen Forschung beobachtet worden. Das konnte bei der Diskussion um die Wechselbeziehungen zwischen Dialekt und sozialen Schichten schon gezeigt werden.

Frühe lineare Modelle sind die sprachgeographischen Verbreitungsmodelle für Neuerungen, die im Zusammenhang mit der Kulturraumforschung von der Bonner und der Marburger Schule der Dialektgeographie entworfen worden sind.[307] Hier werden zentrale sozialgeographische Kategorien wie Verkehrslinien und Handelswege, Siedlungsräume und kirchlich-administrative Einheiten als Erklärungselemente für die Wanderung von sprachlichen Neuerungen und die Verschiebung von Dialektisoglossen herangezogen. Das Modell der Verkehrskontakte als Erklärungsparadigma für Sprachraum-Bildung wird dann von Walter Mitzka insofern ausgeweitet, als er den Begriff ›Verkehr‹ von seiner eigentlichen Bedeutung als Transport von Personen und Sachen löst und darunter kommunikative Kontakte versteht.[308] Verkehrsräume sind dann Räume mit erhöhtem Kommunikationskontakt unter den dort lebenden Individuen. Im Rahmen der allgemeinen Zunahme der kommunikativen Kontakte in modernen Industriegesellschaften konnte dadurch eine Veränderung im Dialekt oder eine Aufgabe dialektaler Ausdrucksformen als Auswirkung solcher Prozesse gedeutet werden.

Auch andere Teilprozesse gesellschaftlichen Wandels wie die zunehmende Verstädterung und die intensiven Kontakte der Städte mit ihrem unmittelbaren Umland wurden für die Erklärung des Dialektverfalls herangezogen. Auf diese Ansätze, die als Stadtsprachenforschung und als Stadt-Umland-Forschung bezeichnet werden, wird später noch einzugehen sein.

Die Industrialisierung im engeren Sinne ist bisher dagegen erst selten in den Kreis der für Dialektverfall relevanten Faktoren einbezogen worden. Hier ist neben den mehr skizzenhaften Überlegungen zu Dialekt und Industrialisierung von Dieter Möhn[309] besonders auf die schon häufiger herangezogene Arbeit von Else Hofmann[310] hinzuweisen, die zeigen könnte, daß unterschiedliche industrielle Tätigkeit zu Differenzen im Sprachverhalten führt.

Allen diesen Versuchen zur Erklärung des überall konstatierten Dialektverfalls liegt implizit die Annahme zugrunde, daß die Veränderung im Dialekt-Standard-Verhältnis letztlich eingebettet ist in einen umfassenden Prozeß des gesellschaftlichen Wandels. Konkretisiert wird diese Annahme jedoch immer nur an einzelnen Phänomenen des sozialen Wandels. Man muß aber bezweifeln, daß sich ein so komplexes Phänomen, wie ein dialektal und standardsprachlich geprägtes Sprachvarietätensystem, das in alle Bereiche gesellschaftlichen Seins hineinwirkt, durch einzelne und aus dem Gesamtprozeß herausgelöste Wirkfaktoren wie Verstädterung, Verkehrszunahme, Industrialisierung und ähnliche erfaßt werden kann.

Der erste, der versucht hat, den zu beobachtenden Wandel in ein übergreifendes Konzept sozialer Veränderung einzubetten, ist Ulrich Ammon gewesen.[311] Ammon geht davon aus, daß frühe Sprachgemeinschaften politische und ökonomische Einheiten bilden, die von anderen derartigen Einheiten dadurch unterschieden sind, daß es nur wenige oder gar keine wirtschaftlichen Kontakte zwischen ihnen gibt. Innerhalb solcher Einheiten entwickeln sich sprachliche Ausdrucksformen mit geringer regionaler Reichweite, die den kommunikativen Bedürfnissen der Bewohner angemessen sind, also Dialekte. Seit dem Beginn der Staaten- und Herrschaftsbildung im mitteleuropäischen Raum bilden sich neben diesen Dialekten andere Sprachvarietäten, die sich von diesen durch größere regionale Reichweite unterscheiden.

Grundlage für die Entstehung solcher ›Einheitssprachen‹ ist die vom kapitalistischen Verwertungsbedürfnis vorangetriebene, ständig sich verdichtende ökonomische Verflechtung zwischen den Dialektgebieten.[312]

Mit dieser ökonomisch-technischen Entwicklung, die auf der Arbeitsteilung beruht, steht in engem Zusammenhang die politische Entwicklung zu immer größeren und zentralistischeren administrativen Räumen und schließlich zum deutschen Nationalstaat. Ammon nimmt also einen letztlich politisch-ökonomisch begründeten ›lockeren und diffizilen Zusammenhang zwischen ökonomischen, politischen, kulturellen und sprachlichen Entwicklungen an‹.[313] Die heute vorherrschende Dichotomie zwischen Dialektgebrauch und Standardgebrauch ist dabei darauf zurückzuführen, daß verschiedene Bevölkerungsschichten in unterschiedlicher Weise, Intensität und Dauer an diesem Prozeß teilnehmen, einige Gruppen also in ihrer Entwicklung zurückhängen und andere Protagonisten der Entwicklung sind. Die Protagonisten sind in allen Epochen diejenigen, die nicht manuell arbeiten, die geistig arbeitenden Berufskreise, die in unserer Gesellschaft tendenziell den höheren

Schichten entsprechen. Die Arbeiter, Handwerker und Bauern sind dagegen primär durch die Dialektvarietät geprägt.

In der Gegenwart stellt sich das Verhältnis zwischen diesen beiden Schichten nicht so dar, daß die eine in der Entwicklung nachhinkt und die andere voranschreitet. Insofern als es sich hier um gesellschaftliche Schichten mit Machtinteressen und Positionssicherungsverhalten handelt, besteht ein objektiver Interessengegensatz zwischen ihnen, der unter anderem auch im Bereich der Dialekt-Standard-Differenz ausgetragen wird, indem Dialekt und Standardsprache über ihre kommunikative Funktion hinaus auch Sozialsymbolfunktionen übernehmen.[314] Dialekt wird zur sozial abgewerteten und Standardsprache zur hoch bewerteten Varietät.

In diesen Rahmen bettet Ammon die Entwicklungen ein, die sich seit dem Mittelalter im Verhältnis zwischen Dialekt und Standardsprache beobachten lassen. Zentrale Elemente sind dabei die beiden sozialen Schichten der manuell und nicht-manuell arbeitenden Menschen, der allgemeine technisch-ökonomische Entwicklungsprozeß und der gesellschaftliche Gegensatz zwischen den beiden Schichten, der sich u.a. auch in der Sprachverwendung manifestiert. Diese drei Faktoren sind sicherlich in vielen Teilprozessen der Entwicklung, die es hier zu erfassen gilt, von erheblicher Bedeutung gewesen. So hat die technisch-ökonomische Entwicklung durch das Entstehen der Kapitalwirtschaft im Spätmittelalter und der Industrialisierung seit dem Ende des 18. Jahrhunderts sicherlich erheblichen Einfluß auf die Anforderungen ausgeübt, die an ein kommunikatives Ausdruckssystem gestellt werden. Auch der Gegensatz zwischen manuell und nicht-manuell arbeitenden Menschen wirkt sich z.B. in der Gegenwart in verschiedenen Regionen Deutschlands stark auf die Sprachverwendung aus, und man wird nicht bestreiten wollen, daß heute und auch schon in früheren Zeiten der Dialekt als ein Mittel zur gesellschaftlichen Klassifizierung und auch zur Deklassierung verwendet worden ist. Nur sind alle diese Faktoren zu verschiedenen Zeiten mit unterschiedlicher Intensität an dem Entwicklungsprozeß beteiligt, so daß das Modell von Ammon insgesamt ein zu grobes Netz für die Erfassung der wirklichen Entwicklungen abgibt. Dabei ist einer der Haupteinwände, daß Ammon, wie schon oben ausgeführt, die Dichotomie zwischen Stadt und Land in den früheren Phasen der Gesamtentwicklung nicht in ausreichendem Maße berücksichtigt. Abgesehen davon – und das sei nicht bestritten – hat Ammon jedoch einen richtungsweisenden Versuch unternommen, einen der wichtigsten Prozesse der deutschen Sprachgeschichte in einen allgemeinen gesellschaftlichen Zusammenhang einzuordnen.[315]

Hier soll nun ebenfalls versucht werden, auf der Grundlage der bisherigen Forschung diesen Prozeß der Zurückdrängung der Mundarten in großen Umrissen zu skizzieren und in einen allgemeinen gesellschaftlichen Wandelprozeß einzubetten. Dabei werde ich nicht so weit ausgreifen, wie Ammon es getan hat. Auch werde ich auf die allgemeinen gesellschaftlichen Grundlagen des Prozesses weniger ausführlich eingehen. Ich glaube jedoch, daß man eine Reihe von Problemen aus diesem Bereich einer Erklärung näher bringen kann, ohne dabei in jedem Fall auf grundlegende gesellschaftliche Konstellationen und Prozesse zurückgreifen zu müssen.

Als Ausgangspunkt für diese Überlegungen habe ich theoretische Konzepte gewählt, die derzeit im Zwischenbereich von Soziologie und Sozialgeschichtsforschung diskutiert werden und die vermehrt modernen sozialhistorischen Arbeiten zugrundegelegt werden. Es handelt sich um einen Forschungsansatz, der als Modernisierungsforschung bezeichnet wird.[316)]

Die Modernisierungsforschung geht aus von der Annahme eines großen historischen Transformationsprozesses, der sowohl in seiner historischen Einmaligkeit als auch in seinem systematisch-generellen Charakter erfaßt werden muß. Hier ist zu betonen, »(...) daß die Modernisierungstheorie keine simplen Erklärungen bereitstellt, sondern von einem Idealtypus oder Modell ausgeht, dessen Einbeziehung aber gerade auch in einer Detailuntersuchung (...) den Fragekatalog und den kritischen Blick erheblich zu erweitern vermag.«[317)] Dabei sucht die Modernisierungsforschung den Übergang zwischen zwei verschiedenen Gesellschaftsordnungen zu erfassen, der eben in der ›Modernisierung‹ besteht und der zu einer grundlegenden Veränderung in der gesamten ökonomischen, sozialen und kulturellen Ordnung einer Gesellschaft führt.

Entwickelt worden ist diese Theorie bisher fast ausschließlich an dem Prozeß der Entstehung der modernen Industriegesellschaften in Europa, und es hat den Anschein, daß sie nur schwer auf andere vergleichbare Prozesse übertragbar ist.[318)]

Hier in Europa umfaßt der Modernisierungsprozeß ein Bündel von historischen Entwicklungen, die schon über längere Zeitabschnitte gleichsinnig und in engem Zusammenhang miteinander ablaufen.

Die wichtigsten Teilprozesse der allgemeinen Modernisierung, wie sie der Sozialhistoriker H.-U. Wehler zusammengestellt hat, sind:

1. durchgängiges wirtschaftliches Wachstum aufgrund einer dauerhaften industriell-technischen Expansion.
2. zunehmende soziostrukturelle Differenzierung in einem Prozeß der Arbeits-, Aufgaben- und Funktionenteilung.

3. zunehmende räumliche und gesellschaftliche Mobilität
4. Ausgestaltung des allgemeinen Kommunikations- und auch des Bildungssystems, breiteres Grundwissen für mehr Menschen.
5. wachsende Partizipation an ökonomischen und politischen Entscheidungsprozessen.
6. Ausbildung von großräumig akzeptierten gesellschaftlichen Wert- und Normensystemen.[319]

Diese Prozesse sind durchgehend charakterisiert durch ein Phänomen, daß als ›Ungleichzeitigkeit des Gleichzeitigen‹ bezeichnet worden ist.[320] Sie sind innerhalb der Gesamtgesellschaft nicht in allen Teilbereichen gleichweit durchgeführt, und das führt immer wieder zu Spannungen und krisenhaften Erscheinungen. Drei Bereiche der Ungleichheit der Entwicklungen lassen sich im mitteleuropäischen Raum unterscheiden.

Erstens setzen Modernisierungsprozesse hier grundsätzlich zuerst in städtischen Regionen ein. Die ländlichen Bereiche sind hier überall Reliktzonen und durch traditionelle Sozialordnungen mehr geprägt als die Städte.

Zweitens setzen die Modernisierungsprozesse in den verschiedenen Regionen Mitteleuropas zu unterschiedlichen Zeiten ein und entwickeln sich dann auch mit unterschiedlicher Intensität, so daß es hier Aktivräume und Passivräume der Modernisierung gibt.

Drittens schließlich werden auch die gesellschaftlichen Gruppierungen in unterschiedlichem Maße von diesen Entwicklungen ergriffen, die schriftorientierten Gesellschaftsschichten in der Regel sehr viel eher als die manuell arbeitenden. Um die Spannungen, die sich innerhalb der Gesellschaft aus dieser Ungleichzeitigkeit des Gleichzeitigen ergeben, zu neutralisieren und einen Auseinanderfall gesellschaftlicher Systeme zu verhindern, entwickeln sich besondere Strategien, Rituale und Machtausübungsregeln.[321]

Die prägenden Faktoren der Modernisierung in Mittel- und Westeuropa sind ›Alphabetisierung‹, ›Verstädterung‹, und ›Industrialisierung‹. Während die Industrialisierung als durchgängig prägender Prozeß in Deutschland nicht vor dem Beginn des 19. Jahrhunderts erkennbar ist, geht die Verstädterung als Prozeß auf eine längere Tradition zurück, in der sich in einer im Mittelalter einsetzenden Entwicklung des Städtewachstums die Stadt als zentraler und mit sozialen, wirtschaftlichen, rechtlichen und kulturellen Besonderheiten ausgestatteter Bereich vom Lande abhebt und in das Umland wirkt. Der eigentliche Verstädterungsprozeß ist dagegen eng mit der Industrialisierung verbunden, indem die Stadt in erster Linie als Konzentrationspunkt der industriellen Entwicklung erscheint.[322]

Auch die dritte Komponente des Modernisierungsprozesses, die Alphabetisierung, reicht weiter zurück als in das Ende des 18. Jahrhunderts. Untersuchungen von Flora haben gezeigt, daß die Alphabetisierungsprozesse zu Beginn der eigentlichen Industrialisierung z. B. in Preußen schon weit fortgeschritten waren und die 80 Prozent-Marke erreicht hatten.[323] Suchen wir nach dem Einsetzen dieser Prozesse, dann sind wir ebenfalls in das ausgehende Mittelalter verwiesen. In dieser Epoche der ›Großen Wende‹ zur Neuzeit setzt mit dem Städtewachstum und der Alphabetisierung eine allgemeine Intensivierung des Bildungsprozesses ein, die sicherlich mit der Entstehung neuartiger Wirtschafts- und Lebensformen in der mittelalterlichen Stadt in Zusammenhang stehen.

1.1. Dialekt und historische Stadtsprache

In den hier kurz skizzierten Prozeß der Modernisierung ist das Dialekt-Standard-Verhältnis eingebettet. Der Dialekt ist dabei durchweg die traditionelle Ausdrucksform, und die Standardsprache oder die überdialektalen Sprachvarietäten der früheren Zeit (Nationalitäten-Sprachen) stellen die protagonistische Ausdrucksform dar, deren Entstehung in engem Zusammenhang mit den beiden zentralen Modernisierungsfaktoren ›Städtewachstum‹ und ›Alphabetisierung‹ steht. Der damit verbundene Ausbau des allgemeinen Bildungsstrebens führt schon in früher Zeit zu dem Klischee von dem klugen Städter und dem dummen Bauern. Städtisch wird in dieser Zeit quasi synonym für ›gebildet‹, ›schriftkundig‹.

Der Prozeß der Alphabetisierung setzt aber innerhalb der Städte auch nicht gleichmäßig ein, sondern bei den politisch-ökonomisch führenden Schichten, die in erster Linie mit der Forderung nach Schriftlichkeit und nach überörtlichen Kommunikationskontakten konfrontiert sind. Hier bestätigen sich die Überlegungen Hugo Mosers, der auf die besondere Bedeutung dieser Kreise innerhalb der Stadt für die Entwicklung von schriftlichen und auch mündlichen Stadtsprachen hingewiesen hat.[324] Auch die sich im 15. Jahrhundert ausbildenden regionalen Schreibsprachen basieren jeweils auf solchen Stadtsprachen und gewinnen auf schriftsprachlicher Ebene einen erheblichen Einfluß auf die umliegenden Regionen. Doch wird dadurch die gesprochene Sprache des städtischen Umlandes in dieser Phase der Entwicklung in der Regel noch in keiner Weise beeinflußt.

Dieser Vorgang ist die erste Phase des Entwicklungsprozesses der Dialekt-Standard-Dichotomie unter dem Einfluß der allgemeinen Modernisierung. Er ist in der sprachhistorischen und dialektologischen Forschung bisher meist als historische Stadtsprachenforschung behandelt worden, wobei der Schwerpunkt meist auf der Bedeutung der Entwicklungen für die Entstehung der neuhochdeutschen Standardsprache lag.[325] Doch haben sich Stadtsprachen seit dem späten Mittelalter in erster Linie nach eigenen Entwicklungsprinzipien gebildet, die bestimmt waren durch die besonderen Komponentenkonstellationen, die der Modernisierungsprozeß der Gesellschaft in der jeweiligen Stadt einnahm. Dazu gehört sowohl die wirtschaftliche Bedeutung der Stadt und ihr ökonomischer Kontaktraum als auch ihre administrative Funktion, ihre soziale und politische Struktur und die konfessionelle Entwicklung, die die Stadt mitmacht.

Die verschiedenen Stadtsprachen, die sich im späten Mittelalter und in der frühen Neuzeit im Deutschen Reich ausbilden, geraten schon seit dem Beginn des 16. Jahrhunderts in unterschiedlichem Ausmaß unter den Einfluß von noch weiter vereinheitlichten Varietäten, den Vorläufern einer einheitlichen hochdeutschen Schriftsprache.[326] Dabei ergibt sich aus der Entstehung dieser Schriftsprache im oberdeutsch-ostmitteldeutschen Raum die Konstellation, daß einige Stadtsprachen dieser Varietät näher stehen als andere und daß die neue Schriftsprache in Städten wie Leipzig, Dresden, Meissen und Nürnberg als die eigene Sprache und in Köln, Basel und Lübeck als eine fremde Sprache erscheint. Daraus entstehen recht unterschiedliche Konstellationen zwischen den Stadtsprachen und der Schriftsprache in diesen Städten. Die Stadtsprachen entwickeln sich in der Regel in den folgenden Jahrhunderten nur noch auf sprechsprachlicher Ebene weiter und bilden die Stadtdialekte, die uns heute noch in einigen Regionen entgegentreten, wie etwa beim Honoratiorenschwäbisch usw. Auch setzen sich die Stadtdialekte in den folgenden Jahrhunderten innerhalb der gesamten städtischen Gesellschaft durch und erfassen als erste die aus der Umgebung zuwandernden Neubürger.

Daneben entwickeln sich wahrscheinlich schon recht früh gesprochene Varietäten der deutschen Schriftsprache, die die Grundlage bilden für die erheblich später entstandene einheitliche deutsche Sprechsprache.[327] Diese Varietäten haben sich jedoch in vielen Städten besonders des deutschen Südens bis heute noch nicht in allen städtischen Gesellschaftsschichten durchgesetzt, so daß etwa in München zwar das gesprochene Hochdeutsch in einigen gesellschaftlichen Gruppen verbreitet ist, der Münchener Stadtdialekt jedoch noch unbestritten überall vorherrscht. Auch muß man annehmen, daß beide Ausbreitungsprozesse, der der Stadtsprache und der der gesprochenen Standardsprache, situativ gesteuert ablaufen, wie das hier im Zusammenhang mit der Durchsetzung von Neuerungen in ländlichen Gemeinschaften beschrieben wurde.[328] Dabei hat die gesprochene Standardsprache in München z. B. erst in wenigen Gesellschaftsgruppen mehr als ausgesprochen formelle und öffentliche Situationen erfaßt.

Daß der Prozeß der Stadtsprachenentwicklung von dem Prozeß der Standardisierung einer Stadt grundsätzlich zu unterscheiden ist, obgleich die Entwicklungen häufig gleichsinnig verlaufen, zeigt sich z. B. an der Tatsache, daß Stadtsprachen in einigen Fällen Formen aufweisen, die keine Kompromißformen zwischen dem Lokaldialekt und der Standardsprache darstellen, sondern auf eigenständige Entwicklungen hindeuten.[329]

Insgesamt ist eine historische Stadtsprachenforschung noch in ihren Anfängen. Der Rahmen, den die allgemeine Modernisierungstheorie darstellt, könnte jedoch von Bedeutung für eine Intensivierung dieses Forschungsansatzes sein, und zwar nicht nur wegen der Ergebnisse, die für den Entstehungsprozeß der neuhochdeutschen Schriftsprache auf diese Weise zu erreichen sind, sondern etwa auch zur Klärung solcher Phänomene wie der unterschiedlichen Verbreitung von Stadtsprachen und ihrer unterschiedlichen Bewertung in der heutigen Zeit.

Es sei an dieser Stelle noch einmal darauf hingewiesen, daß dieser erste Entwicklungsstrang einer Modernisierung im Bereich der kommunikativen Systeme ausschließlich auf die Stadt orientiert ist und mit den hier einsetzenden Alphabetisierungsprozessen und dem Städtewachstum zusammenhängt. Völlig davon zu trennen ist der zweite Entwicklungsstrang, die Auswirkungen, die diese in den Städten einsetzenden Entwicklungen auf das Umland haben. Dieser Untersuchungsgegenstand ist bisher häufig in der Stadt-Umland-Forschung untersucht worden und schon länger als die historische Stadtsprachen-Forschung ein Arbeitsgebiet der Dialektologie.[330] Aber noch in einem 1978 erschienenen Beitrag wird zwischen diesen beiden Forschungsbereichen nicht unterschieden.[331]

1.2. Dialekt und städtisches Umland

Die Wechselbeziehungen zwischen Städten und ihren ländlichen Umgebungen sind in vieler Hinsicht wichtige Komponenten des allgemeinen Modernisierungsprozesses. Die sich zwischen diesen beiden Komplexen abspielenden Kontaktentwicklungen bilden quasi die erste Form der Durchsetzung von Modernisierung, der Aufhebung des inneren Gegensatzes zwischen modernen und traditionellen Bereichen in der Gesellschaft. Sie stehen zeitlich und ursächlich in engem Zusammenhang mit dem Übergang von der alten ummauerten Stadt der frühen Neuzeit zur offenen Stadt seit dem Beginn der allgemeinen Verstädterungs- und Industrialisierungsprozesse am Anfang des 19. Jahrhunderts.[332] Vor dieser Zeit gibt es nur wenige Modernisierungsauswirkungen, die sich auch auf dem Lande erkennen lassen. Die Veränderung des sprachlichen Varietätensystems gehört dazu nicht. Auf dem Lande mit seiner weitgehend mündlich orientierten Gesellschaftsstruktur bleibt der Dialekt bis zu dieser Zeit unangefochten erhalten. Allenfalls in den Sprachwertsystemen beginnen sich Stadtsprache und Standardsprache auszuwirken, insofern als städtische Sprache wie städtische Lebensweise allgemein attraktiver und vorbildlicher wird. Auch die Konfrontation mit der Standardsprache im Schulunterricht führte, wie hier gezeigt wurde, nicht zu einer grundlegenden Veränderung der dialektal geprägten Sprachgebrauchsstrukturen.[333]

Die Verstädterung als durchgehender Konzentrierungsprozeß der Industrie in städtischer Umgebung und das Entstehen eines großen Arbeitsplatzangebotes in städtischen Ballungsräumen setzt erst in der zweiten Hälfte des 19. Jahrhunderts ein. Das Wachstum der Städte resultiert in erster Linie aus drei verschiedenen Prozessen, die alle in dieser Zeit einsetzen.[334]

Erstens und in erster Linie wirken sich hier die Wanderungsgewinne der Städte sowohl aus dem ländlichen Umland als auch aus dem Osten im Zusammenhang mit der großen Ost-West-Wanderung aus. Dabei haben wir es bis in die 70er Jahre des 19. Jahrhunderts hauptsächlich mit Umlandwanderung zu tun, während in den folgenden Jahren bis nach dem Ersten Weltkrieg die Ost-West-Wanderung besonders in den industriellen Zentren Mittel- und Westdeutschlands dominiert.[335]

Zweitens und zu einem sehr viel geringeren Teil entstammt der Bevölkerungsgewinn der Städte den Eingemeindungen, die seit dem Ende des Jahrhunderts die Landschaft um die städtischen Agglomerationen verändern. Und drittens ist schließlich wohl auch noch ein Geburtenüberschuß für die Städte gegenüber dem Lande anzunehmen, nicht zuletzt deswegen, weil die Geburtlichkeit der Zugewanderten im allgemeinen von der Altersstruktur her höher lag als die der ansässigen Landbevölkerung.[336]

Diese Veränderungen im Zuge des Verstädterungsprozesses haben auf die Struktur der Sprachverwendungssysteme zweierlei Auswirkungen. Einmal gewinnt durch das zahlenmäßige Anwachsen des städtischen Elements in der Gesamtbevölkerung die städtische Bildungsideologie an Boden, die auf die Standardsprache hin orientiert ist. Zum anderen ergibt sich durch diesen Prozeß eine enorme Ausweitung des tertiären Sektors der Volkswirtschaft, der öffentlichen und industriellen Verwaltung und des Dienstleistungsbereiches, die durchweg stark schriftorientierte Berufe umfassen. Diese Entwicklung führt im Bereich der Stadtsprachen zu einer erheblichen Ausweitung des standardsprachlichen Elements innerhalb der Stadt selbst und zur Zurückdrängung der historischen Stadtsprachen, besonders in den schon im 19. Jahrhundert industrialisierten Regionen. Im Bereich der sprachlichen Stadt-Umland-Beziehungen wirkt sich die Verstädterung besonders durch den zunehmenden beruflichen und allgemeinen gesellschaftlichen Kontakt zwischen der Stadt und dem Umland aus. In der dialektologischen Forschungsgeschichte wird dieses Phänomen in der dialektgeographischen Stadt-Umland-Forschung schon seit dem Beginn des Jahrhunderts beobachtet. Dabei wird jedoch, wie erwähnt, nicht immer klar unterschieden zwischen den von der Stadt ausgehenden Auswirkungen der regional geprägten Stadtsprache auf das Umland und den Auswirkungen der Standardsprache in diesem Bereich, die ebenfalls durch die Stadt vermittelt werden.[337] In einer Reihe von Untersuchungen hat man festgestellt, daß sich beide Varianten des städtischen Ausdruckssystems im Umland auswirken können.

Als Ergebnis der Ausstrahlung von dialektalen Stadtsprachen in ihre Umgebung bilden sich die in der Dialektgeographie häufig beschriebenen Sprachinseln stadtsprachlicher Ausstrahlungsgebiete.[338] Diese Strahlungen betreffen häufig jedoch Formen, die stadtsprachig und auch standardsprachig sind. Es ist dann schwer zu unterscheiden, ob hier die historische Stadtsprache oder die ebenfalls in der Stadt und von der Stadt her verbreitete Standardsprache ins Umland gestrahlt hat.[339] Es gibt jedoch auch Beispiele, wo sich im städtischen Umland Sonderformen der Stadtsprachen verbreitet haben, die in einigen Fällen in der Stadt selbst durch den nachfolgenden Standardisierungsprozeß schon geschwunden ist. Auch zeigen empirische Untersuchungen wie etwa die von Else Hofmann,[340] daß diejenigen gesellschaftlichen Gruppen des ländlichen Umfeldes, die in ständigem Kontakt mit der Stadt stehen, da sie dort zur Arbeit gehen, keineswegs die Standardsprache von der Stadt übernehmen, sondern die Sprache ihrer städtischen Kontaktgruppen, also in dem von Hofmann beschriebenen Fall die Sprache der Arbeiter und Angestellten in Wetzlar, eine Variante der historischen Stadtsprache dieser Kommune. Eine genaue Analyse der Stadt-Umland-Beziehungen in ihren Auswirkungen auf die Veränderungen der Sprachverhaltenssysteme auf dem flachen Lande wird genau hier anzusetzen haben. Sie wird klären müssen, welche Personenkreise überhaupt den

Kontakt tragen und in welchen gesellschaftlichen Situationen der Kontakt zwischen Stadt und Land sich abspielt. Kontakte, die die Stadt als regionales Verwaltungs- und Schulzentrum betreffen, laufen normalerweise im Bereich der Standardsprache ab. Kontakte durch Berufspendler können sowohl auf die Standardsprache – etwa bei kaufmännischen Angestellten – als auch auf die Stadtsprache gerichtet sein. So ergeben sich je nachdem, ob die Stadt für das Umland Bildungszentrum, Arbeitsplatz, Kulturzentrum oder Freizeitregion ist bzw. war, recht unterschiedliche Möglichkeiten der Auswirkungen der Stadt-Umland-Beziehungen auf die Entwicklung des Verhältnisses zwischen Dialekt und Standardsprache im Rahmen des Verstädterungs- und Industrialisierungsprozesses seit dem Beginn des 19. Jahrhunderts.

1.3. Urbanisierung und Dialektgebrauch

Die mit dieser Zeit einsetzende Zurückdrängung der Mundart ist noch in vollem Gange. Sie wird jedoch schon seit längerer Zeit überlagert durch eine weitere Entwicklung, die aus dem Verstädterungsprozeß und der allgemeinen Modernisierung entstanden ist, den Prozeß der Urbanisierung. Urbanisierung wird hier ausdrücklich von ›Verstädterung‹ abgehoben und bezeichnet die Durchsetzung städtisch und kosmopolitisch orientierter Lebensformen und die damit verbundene Veränderung im gesellschaftlichen Wert- und Normensystem.[341] Dieser Prozeß ist zwar ursprünglich an die Verstädterung gebunden. In den späten Stadien einer industriegesellschaftlichen Zivilisation, in denen wir uns zumindest seit der Jahrhundertmitte befinden, verselbständigt sich jedoch der Urbanisierungsprozeß. Städtische Lebensformen und Verhaltensweisen sind dann nicht mehr an die Stadt gebunden, sondern können überall in ›urbanisierten‹ Regionen auftreten. Diese Urbanisierung ist heute der eigentliche Träger der allgemeinen Modernisierung.

Bis zum Zweiten Weltkrieg hatte zwar der Anteil der Standardsprachesprecher innerhalb Deutschlands wahrscheinlich erheblich zugenommen. Es ist jedoch fraglich, ob in der gleichen Weise der Anteil der Dialektsprecher abgenommen hat. Die statistischen Zahlen lassen zumindest erkennen, daß der bäuerliche Anteil an der Gesamtgesellschaft, in dem der Dialekt verankert ist, bis dahin konstant geblieben ist.[342] Die Zunahme der Verbreitung der Standardsprache beschränkte sich wahrscheinlich auf die schnell wachsende städtische Bevölkerung. Auf den Dörfern hatte sich, wie immer wieder in allen vorliegenden Berichten festgestellt wurde, bis in die dreißiger Jahre recht wenig geändert.[343] Die Standardsprache war nur passiv vorhanden und nur für die

Schriftlichkeit schwach ausgebildet. Die Schriftsprachigkeit hat sogar bis heute die deutsche Bevölkerung in sehr unterschiedlichem Grade erfaßt, was sich sicherlich zeigen ließe, wenn Untersuchungen über aktive Verwendung von Schriftsprache in verschiedenen Gesellschaftsschichten angestellt würden.

Diese Verhältnisse haben sich wahrscheinlich erst nach 1945/50 unter dem Einfluß der seit dieser Zeit massiv einsetzenden Urbanisierung der ländlichen Regionen Deutschlands geändert. Auslösende Faktoren sind dabei einerseits die Verstädterung und die Industrialisierung, die ein zahlenmäßiges Übergewicht von Repräsentanten städtischer Lebensformen erzeugten. Hinzu treten der Ausbau der Verkehrswege und die allgemeine Motorisierung sowie in einem noch weitgehend unerforschten Maße die Hör- und Seh-Medien. Der wichtigste Bereich für die Urbanisierung ist jedoch der Bereich der zunehmenden Berufs- und Freizeitkontakte zwischen städtischen und ländlichen Regionen. Dieser Kontakt verläuft seit einiger Zeit in beiden Richtungen, einmal durch die auf dem Lande wohnenden Berufs- und Freizeitpendler und zum anderen durch die zunehmende Zahl von Städtern, die ihren privaten Lebensraum in das Umland der Städte verlegen. Dabei wirken alle diese Faktoren nicht mehr in Richtung auf die Übernahme des jeweiligen Stadtdialektes, sondern einzig in Richtung auf die Verstärkung des standardsprachlichen Einflusses, der noch zusätzlich durch die zunehmende Schriftlichkeit, die Medien und die Schule als Prestigevarietät favorisiert wird.

Die heute schon zu beobachtenden wichtigsten Auswirkungen dieses Prozesses auf das ländliche Sprachgebrauchssystem sind einmal die Ausweitung der Funktionen des Standardsprachegebrauchs für die pendelnden Ortsbewohner, wenn die Sprache der Arbeitswelt eine andere ist als die Sprache der den Sprecher alltäglich umgebenden Ortsgemeinschaft. Alltagssprache ist nicht mehr Sprache am Arbeitsplatz, sondern nur noch Freizeitsprache. Zweitens verliert die Mundart durch die Integration der städtischen Neubürger in die dörfliche Alltagswelt weiter an Boden, da man nun auch im privaten Bereich, bei Gesprächen mit dem Nachbarn oder in der Gastwirtschaft, im Verein oder auf dem Fußballplatz, immer wieder auch die Standardsprache verwenden muß. Drittens schließlich, und wahrscheinlich hauptsächlich, verändern Urbanisierungsprozesse die ländlichen Sprachverwendungssysteme, indem sich die Erziehungshaltung der Eltern ihren Kindern gegenüber ändert. Kinder werden aufgrund der Auswirkungen dieser Prozesse primär nicht mehr in Dialekt, sondern in Standardsprache oder doch in einer standardsprache-nahen Varietät sozialisiert.[344]

Die moderne Dialektsoziologie wird sich in erster Linie diesen Prozessen zuzuwenden haben, will sie die gegenwärtig im deutschen Sprachraum ablaufenden Veränderungen im Sprachverhaltenssystem erfassen. Im Rahmen einer allgemeinen Modernisierungstheorie, in der zu verschiedenen Zeiten unterschiedliche Entwicklungen dominieren, sich gegenseitig ablösen, aber auch überlappen und beeinflussen, läßt sich der gegenwärtig und schon seit langer Zeit zu beobachtende Verfallsprozeß der Dialekte als ein Übergangsphänomen bei der Durchsetzung moderner Verhaltensweisen und Lebensformen gegen traditionelle deuten. Dieser Prozeß ist innerhalb des deutschen Sprachraumes in den verschiedenen Regionen unterschiedlich weit fortgeschritten. Er hat jedoch überall dieselbe Tendenz. In ihm wirken sich seit dem Beginn der Neuzeit in erster Linie Prozesse wie Alphabetisierung, Städtewachstum, Verstädterung und schließlich Urbanisierung aus.

1.4. Dialekt und Veränderungen in der Arbeitswelt

Inwieweit auch die Industrialisierung im engeren Sinne sich auf diesen Prozeß auswirkt, ist noch wenig erforscht. Es wurde schon darauf hingewiesen, daß die Industrialisierung insofern ein Faktor in diesem Prozeß ist, als sie ein wichtiges Element des Verstädterungsprozesses darstellt. Frühe Industrialisierungsgebiete, die noch nicht auch Verstädterungsregionen waren, wie etwa das Aachener Revier, das Niederrheinische Textilindustrie-Gebiet und auch das Saarrevier, haben normalerweise andere sprachliche Entwicklungen genommen als städtisch-industrielle Ballungsräume wie etwa das Ruhrgebiet. Auch wird sich wahrscheinlich die Art der Industrie, die in einer Region vorherrscht, auf die sprachsoziologischen Entwicklungen auswirken. So hat die Siegerländer oder die Märkisch-Bergische Kleineisen-Industrie wohl keinerlei Auswirkungen auf die Sprache gehabt oder sogar über die Ausbildung einer regionalen Fachsprache die Dialektkomponente noch verstärkt. Industrielle Ballungsräume wie das mitteldeutsche Gebiet um Halle/Magdeburg und das Ruhrgebiet, in denen eine differenzierte Montan-Industrie Massen von ungelernten und angelernten Arbeitern ohne berufliche Traditionen brauchte, wurde dagegen leicht zu einem sprachlichen ›melting pot‹, in dem auch die sprachlichen Traditionen des Dialektes schnell zugunsten der brauchbareren und prestigereicheren Standardsprache aufgegeben wurden.

In ein neues Stadium sind die Beziehungen zwischen Industrialisierung und Dialektverwendung erst seit den 60er Jahren dieses Jahrhunderts getreten, seitdem in verstärktem Maße auch rein ländliche Regionen zur Ansiedlung von Industrie übergehen. Die Auswirkungen sind noch unbekannt, dürften jedoch die überall feststellbaren Tendenzen zur Zurückdrängung des Dialektes in seiner jetzigen Form unterstützen. Man wird annehmen können, daß mit dieser Industrialisierung ohne Verstädterung die oben festgestellten Urbanisierungsprozesse erheblich verstärkt werden. Das geschieht wohl in erster Linie dadurch, daß die gesellschaftliche Umwelt eines früher ländlich geprägten und jetzt in einen Industriebetrieb eintretenden Menschen sich in vielfältiger Weise verändert. Die Organisation der Arbeit unterscheidet sich weitgehend von landwirtschaftlicher Tätigkeit. Arbeitszeitfestlegungen, Schichtarbeit, wöchentliches oder monatliches Entlohnungssystem, Arbeitsform als Einzelner oder in der Arbeitsgruppe, das Prinzip der direkten Leistungskontrolle und der harten Konkurrenz bilden dabei nur die eine Seite. Für das Sprachverhaltenssystem wichtiger sind die dadurch bedingten Veränderungen in den kommunikativen Anforderungen, die in der Regel zu grundlegenden Veränderungen in dem System der Verwendungsregeln für die verschiedenen Sprachvarietäten führen. So führt die ständige Überscheidung zwischen einem hierarchisch gegliederten Kommunikationssystem ›Sprecher – Vorgesetzter – Untergebener‹ und einem horizontal gegliederten System ›Sprecher – Arbeitskollegen‹ ebenso wie die vielfache Unklarheit der Sprechsituationen hinsichtlich ihres Öffentlichkeits- und Formalitätsgrades meist zu einer längeren Phase der sprachlichen Desorientiertheit. Hinzu treten dann noch die Auswirkungen der sozialen Wertstrukturen von Dialekt und Standardsprache und das Gefühl, den Anforderungen der neuen Umwelt in dieser Hinsicht nicht nachkommen zu können. So berichtet Hofmann von jungen Arbeiterinnen, die »(…) zu Beginn ihrer Tätigkeit im Betrieb nicht gewagt (hätten) ein Wort zu sagen, aus Angst, ausgelacht zu werden, da sie nicht so ›fein‹ sprechen konnten.«[345]

Diese Prozesse, die letztlich alle in Richtung auf eine Verstärkung des Hochdeutschen hinwirken, haben in zweierlei Hinsicht Auswirkungen über den engeren Bereich des Arbeitsplatzes hinaus. Erstens wird durch den Sprachgebrauch am Arbeitsplatz auch der sonstige Sprachgebrauch des Sprechers in der Familie und im heimischen alltäglichen Freundeskreis mit beeinflußt.[346] Zweitens wirken sich die Sprachgebrauchsstrukturen auch innerhalb der Familie des Sprechers aus, indem die anderen Familienmitglieder auch im privaten Bereich zur Standardsprache übergehen. Eine erste Auswirkung dieser Art, die jedoch durch allgemeine Urbanisierungsprozesse und durch die Übernahme von urbanen Wertsystemen beim Bildungsverhalten unterstützt wird, ist die schon öfter beobachtete Veränderung im Sprachverhalten den kleinen Kindern gegenüber, mit dem Versuch, diese nicht mehr in Dialekt, sondern in Hochdeutsch zu sozialisieren, ›damit sie in der Schule und im Leben weniger Probleme haben als die Eltern‹.[347)] Nun ist jedoch zu beobachten, daß solche Veränderungen im familiären und im privat-alltäglichen sozialen Umfeld eines Sprechers keineswegs überall auftreten. Die Übernahme von durch die Arbeit geprägten sprachlichen Ausdrucksmitteln in die Familie ist häufiger in mittelschichtlich und nicht-manuell tätigen Gruppen zu beobachten, während die Arbeiter nur zögernd die überkommenen sprachlichen Verhaltensweisen in der Familie aufgeben bzw. aufgeben können. Die Übernahme von berufs- und arbeitsorientierten Ausdrucksformen im privaten alltäglichen Lebensbereich beim Gespräch mit Freunden wird hier gehemmt durch die schon erwähnten Faktoren ›Ortsloyalität‹ und ›Ortsbewußtsein‹, durch die eine Gruppennorm konstituiert wird, die die Verwendung von Standardsprache verhindert. Nur in dem Maße, in dem durch Zuzug von Neubürgern aus der Stadt und durch die Übernahme urbaner Wertstrukturen diese Komponenten abgebaut werden, in dem Ortsbewußtsein verloren geht, wird Dialekt auch aus diesem Bereich verdrängt werden. Aus diesen Gründen wird man auch Zweifel an den Thesen Ulrich Ammons zur primären Bedeutung der Arbeitsweise und der dabei verwendeten Kommunikationsmittel für den gesamten Lebensbereich und das Lebensumfeld eines Sprechers formulieren müssen. Ammon (1978) behauptet, daß »(…) die Sprachverwendung auch in der Reproduktionssphäre maßgeblich geprägt wird von den Sprachanforderungen am Arbeitsplatz, daß eine kausale Erklärung der sozial unterschiedlichen Sprachverwendung in der Reproduktionssphäre überhaupt nur unter Rückgriff auf die Sprachanforderungen am Arbeitsplatz möglich ist.«[348)] Er schränkt diese These jedoch zugleich ein, indem er darauf hinweist, daß eine Ableitung des Sprachverhaltens des privaten Lebensbereichs aus dem der Arbeitswelt nicht direkt möglich ist und daß »(…) die Beziehungen zwischen beiden Ebenen ziemlich kompliziert (…)« sind.[349)] Kompliziert werden sie in erster Linie dadurch, daß neben den von Ammon aus der marxistischen Gesellschaftstheorie abgeleiteten sozialen Kategorien und der sich daraus ergebenden Bedeutung des Arbeitsprozesses für das gesamte Leben noch andere von ihm in diesem Zusammenhang nicht abgeleitete Komponenten wirksam werden wie etwa die Ortsgebundenheit und die Ortsloyalität. Diese Komponenten lassen sich jedoch ohne Schwierigkeiten aus den ebenfalls von Ammon gemachten Annahmen über den Charakter des Sprachtyps Dialekt ableiten, besonders aus Erscheinungen wie ›Regionalität des Dialektes‹ und ›Substandardcharakter‹. Es soll nicht bestritten werden, daß in einer industrialisierten und urbanisierten Gesellschaft die Bedeutung der beruflichen Tätigkeit für die Gestaltung des Sprachverwendungssystems steigen wird. Ob man jedoch schon heute ohne Rücksicht auf die untersuchte Region mit solchen Annahmen arbeiten sollte, ist zweifelhaft.

2. Zur Struktur von Veränderungsprozessen im Dialektgebrauch

Nach den vorstehenden Überlegungen erscheinen die Beziehungen zwischen den zentralen Faktoren gesellschaftlichen Wandels und den Veränderungen im Sprachgebrauch in Dialektgebieten eingebettet in einen allgemeinen Modernisierungsprozeß, der die mittelalterliche Gesellschaft seit der ›Großen Wende‹ am Anfang des 16. Jahrhunderts und schließlich seit der industriellen Revolution weitgehend verändert hat.

Bisher ist dabei in erster Linie auf die Bedingungsstrukturen für Veränderungen im Bereich der Sprache und der Sprachverwendung eingegangen worden. Es stellt sich in diesem Zusammenhang jedoch auch die Frage, wie die konkreten Prozesse und ihre Steuerung durch die verschiedensten gesellschaftlichen und situativen Faktoren abgelaufen sind.

Sprachsoziologische Modelle solcher Veränderungsprozesse sind schon früh und besonders in Zusammenhang mit der Dialektologie entwickelt worden. Von den frühen Modellen ist hier besonders die Stammbaumtheorie und die Wellentheorie zu nennen. Durch diese Theorien suchte man die Verbreitung von sprachlichen Neuerungen im Raum zu erfassen.[350] Während in der Stammbaumtheorie Sprachveränderung immer mit Ortsveränderung der Sprecher verbunden war, indem die Sprachen von auseinandergewanderten Völkerschaften sich nach eigenen Strukturgesetzen voneinander weg entwickelten, umschloß die Wellentheorie Josef Schmids auch die Möglichkeit, daß sprachliche Neuerungen weitergegeben wurden und sich ausbreiteten, ohne daß ihre Sprecher wanderten. Besonders diese Wellentheorie ist dann durch Konzepte wie ›sprachliche Strahlung‹ und ›Kulturströmung‹ erweitert und verfeinert worden,[351] und sie hat lange Zeit unbestritten die dialektgeographische Forschung bestimmt. Aus der Dialektgeographie heraus entwickelten sich jedoch auch die Ansätze zu einer Kritik dieses Konzeptes. Unter Rückgriff auf Beobachtungen, die Eberhard Kranzmayer an Durchsetzungsprozessen in alpenländischen Mundarten gemacht hat, entwickelt Otto Höfler schon 1955 Grundzüge zu einer sprachsoziologischen Sprachveränderungstheorie.[352] Er weist darauf hin, daß die wichtigen und sozial einflußreichen Mundartträger in der Regel immer zweisprachig sind, daß sie neben der Mundart noch die Verkehrssprache sprechen, und zwar je nach der Situation. »Der ›Einfluß‹ der gebenden Mundarten auf die nehmenden vollzieht sich also, genau besehen, nicht von Nachbargemeinde zu Nachbargemeinde, sondern innerhalb der Gemeinde bei den Zweisprachigen, also bei denjenigen Personen, die die Verkehrssprache *und* die Ortsmundart zu reden gewohnt sind, und die deshalb, begreiflich genug, auch dann, wenn sie Ortsmundart sprechen, dies mit Elementen und Eigentümlichkeiten ihrer zweiten Sprache, der Verkehrssprache, durchsetzen, die ihnen als überlegener, besser, feiner, weltläufiger erscheint.«[353]

Durch diese Protagonisten in der Dorfgemeinschaft werden dann auch die anderen ›angesteckt‹ und übernehmen die sprachlichen Neuerungen. In diesem groben Entwurf sind praktisch alle Elemente einer modernen sprachsoziologischen Sprachveränderungstheorie enthalten, wie sie dann in den 60er Jahren von William Labov[354] und anderen erarbeitet worden ist,[355] und die sich seit kurzem auch im Bereich der Dialektologie auszuwirken beginnt.[356]

Diese sprachsoziologische Sprachveränderungstheorie kann hier nur in groben Umrissen erläutert werden.[357] Sie geht aus von einer Trennung der Sprachveränderungen und der Veränderungen in den Sprachgebrauchssystemen. Die Übernahme eines standardsprachlichen Lautes in das dialektale Lautsystem ist eine Sprachveränderung, die Aufgabe der Varietät ›Dialekt‹ für das familiäre Gespräch mit den Kindern ist eine Veränderung im Sprachgebrauchssystem.

Zur Erfassung der Veränderungen in den Sprachgebrauchsstrukturen und ihren sozialen und situativen Steuerungen werden häufig die Theoriekonzepte der ›koexistierenden Systeme‹ oder des gesteuerten ›switching‹ in Diglossiesituationen verwendet.[258] Direkte Sprachveränderungen können jedoch nur mit größten Schwierigkeiten mit Hilfe von schon ausgearbeiteten linguistischen Beschreibungskonzepten wie etwa durch den Diasystembegriff oder die Kontrastive Grammatik erfaßt werden. Hier hat William Labov das Konzept der Variablenregeln vorgeschlagen, durch die die Prozessualität dieses Vorganges und auch die verschiedenen Steuerprozesse gut erfaßt werden können.[359]

Nach den ersten Ergebnissen,[360] die Analysen mit diesen Konzepten erbrachten, läßt sich festhalten, daß die sprachlichen Adaptationsprozesse sowohl innersprachlich als auch außersprachlich gesteuert sind, innersprachlich durch den sprachlichen Kontext oder auch die Wortgruppe, außersprachlich – wie schon die oben angestellten Überlegungen andeuten – durch die Situation, in der der Einzelne spricht, und durch die soziale Gruppe, der er angehört. Wie schon Höfler vermutet hatte, beginnen Neuerungsprozesse in bestimmten Situationen bei Sprechern bestimmter sozialer Herkunft und setzen sich dann entlang der Situationsskala und der Sozialskala langsam durch. Dabei werden vorher im Dialekt kategorische Sprachregeln variabel, indem neben der Dialektvariante mit ständig wachsender Wahrscheinlichkeit auch die neue Variante auftreten kann. Über die Wechselbeziehungen der verschiedenen Neuerungsprozesse innerhalb einer Kompetenz bzw. einer sozialen Gruppe und auch über den Grund für das zeitlich verschiedene Einsetzen der Entwicklungen und ihre unterschiedliche Dynamik ist noch wenig bekannt.[361]

Festzuhalten ist jedoch, daß sich alle diese Prozesse nach dem Modell der in der ethnologischen und soziologischen Diffusionsforschung entwickelten s-Kurve entwickeln.[362] Die Übernahme von Neuerungen beginnt sowohl innerhalb einer Situation als auch in einer sozialen Gruppe immer so, daß zuerst wenige Fälle auftreten, daß dann ein rascher Umschlag erfolgt und daß schließlich nur einige Reste der alten Variante übrig bleiben.[363]

Bezieht man diese Forschungskonzepte auf reale Sprachgemeinschaften, dann zeigt sich, daß die anfangs gemachte Unterscheidung zwischen Veränderungen der Sprachgebrauchsstruktur und denen der Sprachstruktur von einem gewissen Punkt an eine rein analytische Trennung ist. Beide Prozesse verlaufen in der Regel gleichzeitig und stehen in sehr enger Verbindung miteinander. Ja man kann sogar feststellen, daß der allgemeine Übergang vom Dialekt zur Standardsprache in Sprachgemeinschaften mit sozial und situativ gesteuertem switching beginnt und dann kontinuierlich in Interferenzprozesse rein sprachlicher Art überleitet, und zwar wahrscheinlich in dem Maße, in dem die klare Abgrenzung verschiedener Sprachsituationen, die verschiedene Varietäten erfordert hatten, nicht mehr möglich ist.[364]

Zwei Ergebnisse können aus der Untersuchung der Bedeutung von gesellschaftlichen Veränderungen für Sprachgebrauch in Dialektgebieten abgeleitet werden. Einmal läßt sich aus der Entfaltung des gesellschaftlichen Modernisierungsprozesses seit 1500 und seinen unterschiedlichen Auswirkungen auf das Dialekt-Standard-Verhältnis ein Rahmen ableiten für den ständig wechselnden Inhalt, den die Begriffe ›Dialekt‹ und ›Standardsprache‹ seit dieser Zeit gehabt haben, so daß sie beide primär durch das sich wandelnde Verhältnis zueinander definitorisch gefaßt werden können. Dabei wird eine Forderung Mirra Guchmans aufgegriffen, Dialekt nie allgemein, sondern nur in dem jeweiligen historischen Kontext zu definieren.[365]

Zum anderen ist es jedoch auch möglich, die sich heute aus Unterschieden in diesen Entwicklungen ergebenden Differenzen im Verhältnis zwischen Dialekt und Standardsprache in einer Typologie zu erfassen, die in der Gegenwart die Dialekt-Standard-Beziehungen in den verschiedenen deutschsprachigen Regionen charakterisiert.

3. Skizze der Entwicklung des Dialekt-Standardsprache-Verhältnisses im deutschen Sprachraum

Die Entwicklung des Dialekt-Standard-Verhältnisses seit Beginn des Modernisierungsprozesses ist charakterisiert durch die Alphabetisierung und die damit verbundene Intensivierung des Bildungsbedürfnisses, durch das Städtewachstum, durch die dann seit 1900 beginnende Verstädterung und Industrialisierung und schließlich durch die zuletzt einsetzende Urbanisierung. Dabei veränderte sich das Verhältnis zwischen den Sprachvarietäten innerhalb der Sprachgemeinschaft jeweils, wenn sich eine neue Komponente des Modernisierungsprozesses auszuwirken begann. Bis zur frühen Neuzeit waren die verwendeten Sprachvarietäten in erster Linie charakterisiert durch den Faktor ›Regionalität‹. Ein Dialekt war primär die Sprache einer Landschaft oder einer Region. Dabei standen die verschiedenen Landschaftssprachen, von einigen meist kleine Gesellschaftsgruppen betreffenden Ausnahmen abgesehen, sich ohne großes Wertgefälle gegenüber. Die Sprachwertstruktur war durch Dezentralität charakterisiert.[366] Der Faktor der sozialen Abwertung des Dialektes als Bauernsprache trat dagegen erst sekundär auf.

Diese Konstellation liegt der Definition eines Dialektes als reiner Regionalsprache zugrunde. Über ihre Entstehung und ihre Dauer soll hier nicht spekuliert werden. Mit dem Einsetzen des Städtewachstums und der Alphabetisierung beginnt sie sich jedoch grundlegend zu ändern, da neben den Dialekt eine alternative Varietät mit höherem Prestige tritt, die im Zusammenhang mit der gesellschaftlichen Modernisierung entstanden ist, die Hochsprache. In der Zeit von der frühen Neuzeit bis zum Beginn des 19. Jahrhunderts wird ein Verhältnis zwischen Dialekt und Standardsprache aufgebaut, in dem die Standardsprache charakterisiert ist durch die Faktoren ›gebildet‹/›schreibkundig‹, ›städtisch‹ und ›regional‹. Dabei ist gegenüber der früheren Zeit der Regionalitätsfaktor zwar für die Dialektdefinition noch von Bedeutung, er tritt jedoch zurück. Jemand, der Dialekt spricht, gilt in erster Linie als ›vom Lande‹ stammend und ungebildet. Seine Herkunft aus einer bestimmten Landschaft gewinnt erst in zweiter Linie an Bedeutung.

Mit dem Einsetzen der Verstädterungs- und Industrialisierungsprozesse im 19. Jahrhundert verliert der Faktor ›regional‹, aber auch der Bildungsfaktor an Bedeutung. Die Standardsprache wird die Sprache der Städte, und zwar auch in weniger gebildeten Kreisen. Neu hinzu tritt die situative Komponente, wonach Standard in öffentlichen Situationen und Dialekt in privaten verwendet wird. Dieser Faktor ›Öffentlichkeit/Formalität‹ hängt wohl mit der langsamen Ausbildung urbaner Lebensformen und Wertsysteme und der steigenden ökonomisch-politischen Zentralisierung zusammen, die nach der Jahrhundertwende zum 20. Jahrhundert einsetzt.

Seit dem Ende des II. Weltkrieges ist die Entwicklung wiederum in ein neues Stadium getreten, in dem der Prozeß der Urbanisierung der ländlichen Regionen einsetzt. Standardsprache ist jetzt in erster Linie charakterisiert durch die Komponente ›Öffentlichkeit‹/›Formalität‹. ›Bildung‹ und ›Regionalität‹ sind zwar noch von Bedeutung, treten jedoch dahinter stark zurück. Der Dialekt ist in erster Linie die Privatsprache. Erst danach ist er ein Zeichen für fehlende Bildung, für ländliche Herkunft und für eine bestimmte Heimatregion. Diese Veränderungen in der inhaltlichen Füllung der Begriffe ›Dialekt‹ und ›Standardsprache‹, die sich als Auswirkungen des allgemeinen gesellschaftlichen Modernisierungsprozesses zeigen, lassen sich in folgender Übersicht zusammenfassen.

bis 1500/1550	1555–1800	1800–1945/50	1950 ff
Region	Bildung	Stadt	Öffentlichkeit
	Stadt	Bildung	Bildung
	Region	Region	Stadt
		Öffentlichkeit	Region

Abb. 4: Schematische Darstellung der durch den Modernisierungsprozeß ausgelösten Veränderungen im Dialekt-Standard-Verhältnis.

4. Typologie des Dialekt-Standardsprache-Verhältnisses in verschiedenen deutschsprachigen Regionen

Zweites Ergebnis der Analyse des Dialekt-Standardsprache-Verhältnisses ist, daß in den verschiedenen deutschsprachigen Regionen recht unterschiedliche Konstellationen zwischen der Verwendung von Dialekt und der von Standardsprache festgestellt werden können. In einer Region dominiert die Standardsprache, und der Dialekt spielt nur noch in

Zusammenhang mit scherzhaft-satirischem Sprachgebrauch eine Rolle, in anderen Regionen spielt dagegen die Standardsprache auf der gesprochenen Ebene keine Rolle.

Beschrieben und erklärt werden können solche Unterschiede auf verschiedene Weise: einmal, indem man sie historisch als Ergebnis eines differenzierten Modernisierungsprozesses erfaßt. Wie oben festgestellt werden konnte, wirken sich die zentralen Faktoren der Modernisierungsprozesse ungleichmäßig im Raum aus. Im Rahmen eines allgemeinen Modernisierungsprozesses gibt es aktive Räume, von denen Innovationsprozesse ausgehen oder die in der Diffusion von Innovationen führende Positionen einnehmen, und passive Räume, in denen Diffusionsprozesse nachhinken. Nur mittelbar damit zusammen hängen zweitens die Differenzen, die prinzipiell zwischen Modernisierungsprozessen in städtischen und ländlichen Regionen zu beobachten sind. Drittens schließlich führen eine Reihe von einmaligen historischen Ereignissen ebenfalls zu räumlichen Differenzierungen von Modernisierungsprozessen auch im sprachlichen Bereich, was hier bedeutet, daß dialektale Ausdrucksweisen sich in einigen Regionen stabiler erhalten als in anderen.

Die Beschreibung dieser regionalen Entwicklungsunterschiede ist die zentrale Aufgabe einer historischen Dialektsoziologie. Doch steckt ein solcher Wissenschaftszweig noch in den Anfängen. Einzelne Versuche, wie der von Rudolf Große über die Meißener Sprachlandschaft[367] und überblicksartige Analysen wie die von Socin, Henzen[368] und Besch[369] stellen in erster Linie Material zusammen oder geben wenn auch recht interessante, jedoch nur grobe Umrißskizzen. Ansätze zu einer allgemeinen theoretischen Erfassung dieses Problems sind bisher nur in der sowjetrussischen Sprachsoziologenschule um Mirra Guchman zu beobachten.[370]

Eine alternative Zugangsweise zu dem skizzierten Problem ist der Versuch einer Beschreibung der heute vorhandenen Unterschiede zwischen Dialektgebrauch und Standardgebrauch in verschiedenen Regionen. Eine solche Beschreibung kann erstens eine Typologie der Beziehungen zwischen Dialekt und Standard liefern und ermöglicht dadurch eine vergleichende Analyse der für die Differenzen heute wichtigen Faktoren in ihrer Bedeutung und Wirkungsweise. Zweitens, und das ist für den historischen Aspekt der Sprachsoziologie noch wichtiger, kann man die in der Gegenwart nebeneinander im Raum vorliegenden typischen Konstellationen des Dialekt-Standard-Verhältnisses in beschränktem Maße als historisch nacheinander angeordnete Phasen in einem einheitlichen Entwicklungsprozeß als Auswirkung von allgemeinen

Modernisierungsprozessen betrachten. Dadurch gewinnt diese synchrone Analyse auch einen diachronen Aspekt.

Bevor wir nun versuchen, einige der vorliegenden Beschreibungen zum Dialekt-Standard-Verhältnis für einen typologischen Vergleich auszuwerten, ist es nötig, die Kategorien zusammenzustellen, die dieses Phänomenfeld strukturieren. Dazu greife ich auf Beobachtungen in den Abschnitten über Dialekt und soziale Gruppen bzw. Situation zurück. Die in diesen Abschnitten erkennbar gewordenen zentralen Elemente einer Theorie des Verhältnisses zwischen Dialekt und Standardsprache gewinnen zusammen mit den oben skizzierten Prinzipien des allgemeinen Modernisierungsprozesses entscheidenden Einfluß.

Solche Faktoren sind neben der mehr indirekt wirkenden allgemeinen sozioökonomischen Struktur wie der Berufs- und Bildungsstruktur besonders der Faktor der Ortsorientiertheit, der Ortsloyalität der Individuen, der in engem Zusammenhang mit dem Grad der Durchsetzung des Urbanisierungsprozesses in ländlichen Regionen steht. Sprecher unterscheiden sich im Sprachgebrauch besonders dann, wenn sie unterschiedlich ortsorientiert sind, wenn ihre allgemeine Ortsloyalität Unterschiede aufweist.

Ebenfalls mit dem Urbanisierungsprozeß hängt die aus dem Abschnitt über die situative Steuerung des Dialektgebrauches abgeleitete Kategorie ›Öffentlichkeit‹ ab. Die Dichotomie ›öffentlich ‹ – › privat‹ ist, wie oben erwähnt, erst mit dem allgemeinen Modernisierungsprozeß in dieser Weise entstanden. Öffentlichkeit ist neben Formalität die wichtigste Kategorie für die situative Steuerung von Sprachgebrauch. Die dritte zentrale Beschreibungskategorie für eine Typologie des Dialekt-Standard-Verhältnisses ist schließlich das Sprachwertsystem.[371)]

Der Modernisierungsgrad einer Region, wobei hier die Urbanisierung im Vordergrund steht, die Ortsloyalität ihrer Bewohner, der Anteil und die Bedeutung der ›öffentlichen‹ Situationen in ihrem alltäglichen Leben und das Wertsystem, das die jeweilige Sprachvarietätenverwendung steuert, das sind wohl die wichtigsten Elemente der Beschreibung von Dialekt-Standard-Konstellationen. Hinzu treten jedoch noch zwei weitere Komponenten, die bisher noch wenig ins Blickfeld geraten sind: die sprachlichen Strukturunterschiede zwischen den vorliegenden Varietäten und die allgemeine historische Entwicklung der Region.

Im Zusammenhang mit der sprachlichen Struktur ist es dabei – wie überhaupt bei dialektsoziologischen Fragen – nur sekundär von Bedeutung, welche sprachstrukturellen Unterschiede objektiv bestehen, daß etwa die Sprachstruktur des Niederfränkischen in vielen Bereichen größere Unterschiede zum Hochdeutschen aufweist als die Sprachstruktur des Oberhessischen. Wichtiger sind die Auffassungen der Sprecher selbst über die Unterschiedlichkeit zwischen den Varietäten und über die Anzahl der unterscheidbaren selbständigen Sprachlagen,[372] also über die Sprachlagenstruktur.

So betrachtet man im Rheinland etwa das dort anstehende Platt und das Hochdeutsch als zwei unterschiedliche Sprachlagen. Die dazwischen liegende Sprachform, die rheinische Umgangssprache, erscheint den Rheinländern dagegen nicht als eigenständige Sprachlage, sondern als Mischsprache, wie sich an Bezeichnungen wie ›Hochdeutsch mit Knubbeln/ mit Streifen‹ zeigt.[373] Anders liegen die Verhältnisse im Ruhrgebiet oder in Bayern. Im Ruhrgebiet[374] hat die Alltagssprache überhaupt nicht den Status eines Dialektes, obwohl sonst alle Funktionen eines solchen Varietätstyps vorhanden sind. Sie erscheint den Essenern und Dortmundern als ›schlechtes, schlampiges und unrichtiges Deutsch‹ oder sogar als ›Pollacken-Deutsch‹. In Bayern tritt zwischen den reinen Ortsdialekt und die weitgehend auf die Schriftlichkeit beschränkte Hochsprache noch eine vage bairische Koiné. Das Sprachlagensystem ist also dreigliedrig.[375]

Die allgemeine historische Entwicklung einer Region steht im engen Zusammenhang mit dem Modernisierungsgrad, den sie erreicht hat. Es gehen hier jedoch auch einmalige Ereignisse ein. Beispiele dafür sind etwa die prägende Kraft der Hanse im niederdeutschen Raum des späten Mittelalters, die Bedeutung des obersächsischen Raumes sowohl für die Kultur (18. Jahrhundert) als auch für die Industrialisierung (19. Jahrhundert) Deutschlands, die partikularistische Position Bayerns in der neueren deutschen Geschichte und ein alle Mundartlandschaften unterschiedlich umwühlendes Phänomen wie der Zweite Weltkrieg und seine Folgen. Auf die Problematik der Abgrenzung zwischen allgemeinen gesellschaftlichen Entwicklungsprozessen wie der Industrialisierung und einzelnen historischen Ereignissen ist schon hingewiesen worden. Die Unterschiede in den einzelnen deutschsprachigen Regionen lassen sich jedoch ohne Berücksichtigung solcher ›Zufälle‹ in der historischen Entwicklung letztlich nicht erfassen.

Im Schnittpunkt der Faktoren ›Urbanisierungsgrad‹, ›historische Entwicklung‹, ›Ortsloyalität‹, ›Öffentlichkeitsgrad‹ und ›Sprachlagenstruktur‹ finden wir in den Regionen des deutschen Sprachraumes die verschiedensten Formen des Verhältnisses zwischen Dialekt und Standardsprache. Es können hier nur wenige solcher Konstellationen herausgegriffen werden, und eine genaue Skizze der Verhältnisse ist oft nicht möglich, weil in den Berichten wichtige Komponenten des oben skizzierten Beschreibungsparadigmas fehlen.

Trotzdem lassen sich zumindest für den binnendeutschen Bereich eine Reihe von typischen Zügen in dem Verhältnis von Dialekt und überdialektalen Varietäten aufzeigen. Drei Haupttypen lassen sich dabei deutlich voneinander unterscheiden.

Typ I Dialekt als Reliktsprache

In Sprachgemeinschaften dieses Typs wird der Dialekt nur noch von alten Leuten verwendet, und er steht auch bei dieser Sprechergruppe schon unter starkem Standardeinfluß. Wegen der Beschränkung der Verwendung auf alte Leute weist der Dialekt keine ausgeprägte soziale Schichtung auf. Seine Verwendung ist jedoch meist deutlich situativ gesteuert. Auch die alten Leute verwenden Dialekt hier nur noch in Gesprächen miteinander in alltäglich-privaten Situationen. Die Bewertung der verschiedenen Sprachvarietäten ordnet dem Dialekt einen stark negativen Sprachwert zu. Dialektsprecher werden verspottet. Dialekt wird stilistisch als Sprachspott verwendet.

In der BRD kommt diese Konstellation in den städtischen Bereichen des hannoverschen Raumes und wohl auch in anderen nieder- und mitteldeutschen Städten vor.[376] Für die DDR stellt Peter von Polenz[377] einen solchen Typ im Altenburgischen fest. Bellmann findet ähnliche Konstellationen im nördlichen Teil der Lausitz.[378]

Als Varietäten, die den Dialekt verdrängen, kommen sowohl die regionale Umgangssprache als auch die an der Standardsprache orientierte überregionale Umgangssprache in Frage. Ob sich die eine oder die andere auswirkt, ist sowohl sozial als auch situativ bedingt. Je formeller die Situation und je höher die gesellschaftliche Ebene, desto wahrscheinlicher wird der Dialekt von einer überregionalen Umgangssprache verdrängt. Doch wirkt sich hier noch ein zweiter Faktor differenzierend aus: die Region. Im Süden und im südlichen mittleren Deutschland bis in den rheinfränkisch-oberhessisch-südthüringischen Raum ist auch die an der Standardsprache orientierte Varietät immer noch stark dialektal beeinflußt. Nördlich dieser Zone, besonders aber im niederdeutschen Raum mit seiner historisch unterschiedlichen sprachlichen Basis, wird der Dialekt immer durch die überregionale Umgangssprache verdrängt.[379]

Typ II Dialekt als Sozialsymbol

Der zweite Typ, der hier zu unterscheiden ist, ist wesentlich weiter verbreitet als der erste. Der Dialekt wird in dieser Konstellation gesellschaftlich und auch situativ geschichtet verwendet. Er ist – in sich gegenseitig durchdringenden Rastern – die Sprache der Unterschichten und des ländlichen Raumes, und er ist zugleich die Sprache der alltäglichen Lebenssituationen. Dabei gibt es alle Zwischenstufen im Verhältnis zwischen der gesellschaftlichen und der situativen Komponente zueinander.

Reine gesellschaftliche Steuerung von Dialektverwendung ist bisher erst selten und nur in speziellen historischen Konstellationen beobachtet worden. Ein solcher Fall ist denkbar, wenn soziale Gruppen mit verschiedenen Sprachvarietäten eine neue Kommunikationsgemeinschaft bilden, wie das in jüngster Zeit immer häufiger in dörflichen Gemeinschaften mit größeren Anteilen an Zugezogenen aus der Stadt zu beobachten ist. Auch gibt es noch ländliche und abgelegene Regionen in Deutschland, in denen kleine Gruppen von Sprechern nur den Regionaldialekt sprechen können. Soweit sich diese Gruppen gesellschaftlich herausheben, könnte man hier ebenfalls von einer sozial geschichteten Verwendung des Dialektes sprechen. Im Normalfall wird die Verwendung des Dialektes bei diesem II. Typ jedoch sozial und situativ gesteuert.[380] Die Sprecher einer Sprachgemeinschaft verfügen über jeweils ein Spektrum von Aussageformen, eine gewisse Variationsbreite der Sprachebene. Innerhalb dieses Spektrums wählen sie nach Maßgabe der Offizialität und Formalität der Situation eine geeignete Varietät aus. Dabei können sich die jeweils in den einzelnen sozialen Gruppen verwendeten Extremvarietäten unterscheiden. Der alte Kleinbauer wechselt innerhalb der Situationshierarchie vom tiefen Dialekt zur regionalen Umgangssprache, und der kaufmännische Angestellte in der nahegelegenen Stadt wechselt im gleichen situativen Spektrum von der regionalen Umgangssprache zur überregionalen Umgangssprache. Die Bewertung der Dialekte bei diesem Typ ist zwiespältig, was eine Trennung in zwei Untertypen notwendig macht. Beim Typ IIa hat der Dialekt in der Sprachgemeinschaft, in der er sozial und situativ gesteuert verwendet wird, als Alltagssprache einen durchaus positiven Wert. Man ist der Meinung, daß der Dialekt im normalen Leben der Sprachgemeinschaft seinen Platz hat und hier auch erhalten bleiben sollte. Für die Verwendung in öffentlichen Situationen wird er dagegen nicht für tauglich gehalten.[381]

In Sprachgemeinschaften vom Typ IIb wird der Dialekt zwar verwendet, aber grundsätzlich negativ eingeschätzt und als ein nicht oder noch nicht vermeidbares Übel betrachtet. Beide Untertypen trifft man oftmals innerhalb einer Ortsgemeinschaft in verschiedenen gesellschaftlichen Gruppen an.[382]

Dialekt-Standard-Konstellationen vom II. Typ finden sich in allen Regionen der BRD und auch der DDR. Dabei überwiegt nach Süden hin der Typ IIa und nach Norden hin IIb, wenn man von Ausnahmen in einigen Regionen Niedersachsens und besonders Schleswig-Holsteins absieht. In neueren Arbeiten ist über diesen Typ der Dialekt-Standard-Konstellation wiederholt berichtet worden. In der DDR von Herrmann-Winter, Gernentz, Schönfeld, Spangenberg und Rosenkranz, in der BRD von Stellmacher, Vahle, Hofmann und der Projektgruppe Erp.[383]

Typ III Dialekt als Hauptvarietät

Bei der III. hier zu charakterisierenden Konstellation ist der Dialekt die hauptsächlich verwendete Sprachvarietät in einer Sprachgemeinschaft. Er ist die Alltagssprache der gesamten Gemeinschaft. Es gibt keine gesellschaftliche Schichtung. Alle Gruppen verwenden im Alltag Dialekt. Der Dialektgebrauch ist ausschließlich situativ gesteuert. Mit zunehmender Öffentlichkeit und Formalität wird der Dialekt durch regionale und überregionale umgangssprachliche Formen ersetzt.

Im Sprachwertsystem kommt dem Dialekt ein sehr positiver Wert in allen Bevölkerungskreisen zu. Nichtdialektsprecher haben Schwierigkeiten, sich gesellschaftlich zu integrieren. Regional ist der Typ III besonders in den südlichen Bereichen der DDR und der BRD weit verbreitet, und zwar nicht nur in ländlichen Bezirken, sondern auch in Städten. Bellmann berichtet von Sprachgemeinschaften dieses Typs im Süden der Lausitz, Rosenkranz und Spangenberg finden ihn im südlichen Thüringen und Scheffelmann-Mayer gibt eine informative Skizze der Sprachverhältnisse in einem oberbayrischen Dorf, in dem geradezu der Idealtyp III verwirklicht zu sein scheint.[384]

Aus der hier skizzierten Typologie des Verhältnisses zwischen Dialekt und Standardsprache und der Position des Dialektes in dem Sprachvarietätenspektrum müssen die Konstellationen herausgenommen werden, die in den deutschsprachigen Gebieten außerhalb des Bereiches der BRD und der DDR verbreitet sind, sowie in Bezirken innerhalb des binnendeutschen Raumes, in denen eine dritte Varietät verbreitet ist wie etwa das Friesische, das Dänische und sorbische Dialekte in Teilen der DDR.

In der Schweiz[385] sind dialektal geprägte regionale Ausgleichssprachen, die unter der Bezeichnung ›Schwyzerdütsch‹ zusammengefaßt werden, im gesamten gesprochensprachigen Bereich verbreitet und ohne soziale oder situative Einschränkungen im Gebrauch. Das ›Schriftdeutsche‹, wie die Standardsprache dort bezeichnet wird, beherrscht nur den schriftsprachigen Bereich. Es besteht also eine Diglossie zwischen der Sprechsprachen- und der Schreibsprachenfunktion der Sprache.[386] Diese Verhältnisse scheinen im ganzen gesehen relativ stabil zu sein und werden auch durch die Schule und das Berufsleben nicht in Frage gestellt. Zwischen den regionalen Ausgleichssprachen und den lokalen Mundarten ländlicher Regionen scheinen sich jedoch ähnliche Prozesse herauszubilden, wie sie sich im Deutschen zwischen den Dialekten und den überregionalen Umgangssprachen zeigen. Doch werden die mundartlichen Redeweisen durchgehend von einem starken positiven Sprachwert gestützt.

In Österreich sind die Verhältnisse komplizierter. Ingo Reiffenstein kennzeichnet die österreichische Sprachsituation im Gegensatz zur deutschschweizerischen dadurch, daß hier das Schriftdeutsche und der Dialekt nicht konträr gegenüberstehen, sondern daß alle sprachlichen Zwischenformen zwischen dem Hochdeutschen und dem tiefen Dialekt je nach Situation möglich seien.[387] Dabei steht die soziale Steuerung der Dialektverwendung weit hinter der situativen zurück und ist nur in städtischen Regionen in Ansätzen vorhanden. Der Sprachwert stützt den Dialekt zwar grundsätzlich. Es gibt jedoch regionale Sprechweisen, die negativer eingeschätzt werden als andere. Auch in Österreich scheinen die Beziehungen zwischen Dialekt und Standardsprache stabil zu sein. Feststellen läßt sich jedoch eine Tendenz hin zur regionalen Ausgleichssprache, in der die ortsbezogenen Merkmale aufgegeben sind.

In Südtirol[388] stehen sich der südbairische Dialekt in seinen lokalen Varianten, die italienische Nationalsprache und die regional gefärbte deutsche Hochsprache gegenüber. Dabei scheint der Südtiroler Dialekt derzeit seine Position gegen die beiden Standardsprachen im sprechsprachigen Bereich zu verstärken.

Im Elsaß[389] wird die anstehende niederalemannische Mundart von der französischen Hochsprache überdeckt und ist ganz auf den privaten Bereich zurückgedrängt. Durch eine gezielte Schulpolitik scheint der Dialekt selbst hier gefährdet zu sein.

Der sich dabei im Elsaß gerade erst abzeichnende Prozeß der Zurückdrängung des Dialektes aus dem privaten Bereich ist in Lothringen[390] schon ein Stück weit fortgeschritten. Dialekt wird hier mehr und mehr zur Familiensprache in bestimmten gesellschaftlichen Kreisen.

In Luxemburg[391] haben der Dialekt und auch das Hochdeutsche dagegen eine festere Position. Der Dialekt beherrscht weite Teile des gesprochensprachigen Bereichs. Nur in bestimmten administrativen Institutionen wird er von dem Französischen ersetzt. Im schriftsprachigen Bereich steht das Französische im Vordergrund, aber auch die deutsche Standardsprache behauptet ihren Platz, besonders auf dem wirtschaftlichen Sektor. Innerhalb des dialektalen Kontinuums wird von einigen Forschern differenziert zwischen den luxemburgischen Ortsdialekten und einer luxemburgischen Koiné,[392] die einerseits als regionale Ausgleichssprache, andererseits als die Mundart von Luxemburg-Stadt charakterisiert wird. Die Verhältnisse innerhalb dieser komplexen Triglossie-Situation scheinen insgesamt stabil zu sein. Der Dialekt wird durch eine sehr positive Einschätzung gestützt.

Komplizierter sind die Sprachverhältnisse in den deutschbelgischen Gebieten[393] um Eupen und St. Vith, da hier gezielte sprachpolitische Eingriffe die deutsche Sprache und die Reste der dort anstehenden mittelfränkischen Mundarten teils zurückdrängen und teils stützen. Ähnlich komplex gestalten sich die Beziehungen zwischen den plattdeutschen Dialekten und dem Friesischen bzw. dem Dänischen im Westen und Norden von Schleswig-Holstein.[394]

Insgesamt können diese Verhältnisse nicht mehr in eine übergreifende Typologie eingegliedert werden, da es sich um singuläre Fälle handelt, die sich aufgrund der besonderen historischen und sprachlichen Bedingungen herausgebildet haben.

Für den binnendeutschen Bereich lassen sich dagegen, wie gezeigt werden konnte, drei Typen von Dialekt-Standard-Konstellationen unterscheiden, wobei der mittlere Typ in zwei Untertypen zerfällt.

Entweder ist der Dialekt völlig isoliert (Typ I), oder er ist als vollfunktionierende Varietät im sprachlichen Ausdruckssystem einer Gemeinschaft installiert (Typ III). Dazwischen steht der Typ II, in dem der Dialekt sozial und auch situativ eingeschränkt funktionsfähig ist. Hier spielt jedoch für die Prognose der weiteren Entwicklung die Einstellung der Sprecher zu ihrer Mundart eine entscheidende Rolle. Ist die Einstellung positiv (Typ IIa), dann wird sich der Dialekt sicherlich noch eine Zeit lang behaupten, ist sie dagegen negativ und wird der Dialekt als unumgängliches Übel betrachtet, dann ist seine Position auf die Dauer gefährdet (Typ IIb).

Die Frage, die sich nun auch vor dem Hintergrund der obigen Überlegungen zur historischen Entwicklung des Dialekt-Standard-Verhältnisses stellt, ist folgende: Kann man diese vier Typen, die hier bewußt ohne nähere Beziehungen zueinander angeordnet worden sind, als Phasen eines integrierten Auflösungsprozesses der Dialekte betrachten, der etwa beim Typ III ansetzt und dann über den Typ IIa und den Typ IIb schließlich zum Typ I fortschreitet?

Die historische Skizze der sukzessiven Auswirkungen eines allgemeinen Modernisierungsprozesses läßt eine solche Entwicklung vermuten.

Die heute in den verschiedenen deutschsprachigen Landschaften fest-
zustellenden Dialekt-Standard-Konstellationen wären dann alle unterschiedliche Stationen auf demselben Weg. Für das ländliche Bayern
könnten demnächst Prozesse erwartet werden, die man derzeit etwa im
Rheinland beobachten kann.

Ein solches Erklärungsmodell wäre für die Deutung der derzeitigen
Sprachverhältnisse und besonders für die Prognose der kommenden
Entwicklung von erheblicher Bedeutung. Man wird jedoch im Einzelfall
Einschränkungen bei der Aussagefähigkeit dieses Modells machen
müssen. Die wirklich in den einzelnen Landschaften aufzufindenden
Dialekt-Standard-Konstellationen sind immer als Resultanten aufzufassen aus den oben skizzierten allgemeinen Entwicklungen und den
einmaligen historischen Ereignissen, die zu völlig anderen als den er-
warteten Ergebnissen führen können. Und auch für die Prognose der
kommenden Entwicklungen wird man immer mit der modifizierenden
Wirkung solcher Ereignisse rechnen müssen. Prognosen lassen sich daher in diesem Bereich nur mit großer Zurückhaltung und auch nur für
kleine und gut dialektologisch erforschte Regionen wagen.

5. Bemerkungen zum Phänomen der ›Mundartwelle‹

Seit dem Beginn der 70er Jahre ist in der Bundesrepublik und auch in
der DDR eine Entwicklung zu beobachten, die man als ›Mundartwelle‹
bezeichnet hat. Wie kann man dieses Phänomen unter Berücksichtigung
der oben diskutierten regionalen und historischen Faktoren beurteilen?

Die Mundartwelle zeigt sich in der Bundesrepublik in ganz verschiedenen gesellschaftlichen Bereichen. Im Bereich der Literatur nimmt die
Verwendung von Mundart und mundartnaher Sprache auch außerhalb
des heimattümelnden Sektors zu. Dialekt wird nicht nur in der Lyrik
verwendet, sondern vermehrt auch in dramatischen und größeren epi-
schen Gattungen. Im Bereich der Medien nimmt der Gebrauch von Dialekt besonders bei Schlagern und in der Pop-Musik zu. Aber auch in der
Radio- und Fernsehwerbung ist eine generelle Öffnung in Richtung
auf dialektale Redeweisen zu beobachten. Im Norden und im Süden der
BRD kommt hinzu ein Trend, die Verwendung von Dialekt auch in den
Bereich der Politik und der Verwaltung auszuweiten. Auf vielen Büro-
türen in Ämtern findet man einen Hinweis, daß auch Mundart gesprochen werden kann. Lokale und regionale Parteiprogramme werden in
einer dialektalen Form publiziert, und Parlamentarier verwenden bis
hinauf in die Landesparlamente in einigen Fällen Mundart in ihren Reden.

Erklärt wird diese Erscheinung teils als eine modische Eintagsfliege, die von den Medien und der Werbung bewußt im Rahmen der allgemeinen Nostalgie-Welle hochgespielt wird, teils als ein Anzeichen für eine allgemeine Tendenzwende in der gesellschaftlichen Entwicklung, eine Reaktion des isolierten Menschen auf die umfassende Zentralisierung und Gleichmacherei.

Ohne mich auf eine detaillierte Analyse des Phänomens und der erwähnten Erklärungsparadigmen einzulassen, möchte ich hier kurz auf einen sprachsoziologischen Zusammenhang hinweisen, der auch als Erklärung für diese Entwicklung herangezogen werden kann.

Betrachtet man die ›Mundartwelle‹ im Zusammenhang des gesamten Sprachverhaltenssystems und seiner Entwicklung, dann besteht diese Erscheinung in erster Linie in einer Ausdehnung dialektaler oder dialektnaher Sprachvarietäten in Bereiche hinein, die vorher durch standardsprachliche Varietäten abgedeckt waren. Sprachverwendungssituationen wie das Singen von Schlagern oder das Gespräch auf dem Amt, die früher Standardsprache erforderten, können jetzt auch durch Dialekt bewältigt werden. Die Rigorosität der Standardsprache-Forderung ist für diese Bereiche aufgegeben oder abgemildert.

Sieht man diese Entwicklung im Zusammenhang der Auseinandersetzungen zwischen Dialekt und Standardsprache seit dem 16. und 17. Jahrhundert, dann scheint sie einen allgemeinen Entwicklungsumschlag anzudeuten.

Bis in die 50er Jahre unseres Jahrhunderts ist die Geschichte des Sprachverhaltenssystems im deutschsprachigen Raum geprägt durch den Kampf der Standardsprache gegen die angestammten Dialekte. Bis zum Ende des 17. Jahrhunderts dauerte die Durchsetzung des Dominanzanspruchs der Standardsprache im schriftlichen Bereich. Ihren Platz im Bereich der gesprochenen Sprache hat die Einheitsprache jedoch erst nach dem Zweiten Weltkrieg gefestigt. Erst seit den 50er Jahren kann man davon ausgehen, daß jeder Deutsche passiv und bis zu einem gewissen Grade auch aktiv die gesprochene Standardsprache verwenden kann und daß diese Sprachvarietät im Bewußtsein der Sprecher als die überlegene, richtige und erwünschte anerkannt ist.

Das Erreichen dieses Entwicklungszustandes bedeutet aber zugleich, daß eine aktive Frontstellung der führenden Institutionen der Standardsprache, etwa der Schule oder der Medien, gegen dialektale Redeweise nicht mehr in der rigorosen Weise notwendig ist wie noch vor dem Zweiten Weltkrieg. Seit die prinzipielle Gültigkeit der Standardsprache im schriftlichen und im mündlichen Bereich von niemandem mehr bestritten wird, kann der Freiraum für nicht-standardsprachliche Ausdruckweisen größer werden. In der Schule wird etwa eine Einbeziehung der Mundart in den Unterricht dann möglich, wenn die standardsprachliche Kompetenz soweit gefestigt ist, daß keine Interferenz-›Fehler‹ mehr befürchtet werden müssen.

In diesem Zusammenhang erscheint die Mundartwelle als eine neue Phase in der allgemeinen Entwicklung des Dialekt-Standard-Verhältnisses im deutschen Sprachraum. Für die Mundartsprecher macht dieser Prozeß einen Abbau gesellschaftlicher Spannungen möglich, die bis heute noch in erheblichem Maße das alltägliche Leben dieser Bevölkerungsgruppe beherrschen.

Doch darf bei einer solchen Deutung des Phänomens ›Mundartwelle‹ nicht übersehen werden, daß in weiten Kreisen des deutschen Volkes die Mundart immer noch Sozialsymbol für gesellschaftlich Verachtete ist. Nur in dem Maße, in dem es durch die oben skizzierten Prozesse gelingt, dieses Klischee abzubauen oder zu relativieren, besteht eine Chance, daß die Verwendung von Mundart allgemein einen festeren Platz im deutschen Sprachverwendungssystem erhält.

Beschreibung und Messung im Dialekt-Standard-Bereich

Alle Überlegungen zur Dialektsoziologie und Dialektpragmatik, die bisher in dieser Arbeit angestellt worden sind, gingen davon aus, daß für die linguistische und sprachsoziologische Erfassung, Beschreibung und Vergleichung der Varietäten selbst und ihrer Gebrauchsweisen geeignete und leistungsfähige Methoden vorhanden sind. Auf dieser Grundlage wurden in den vorigen drei Kapiteln die gesellschaftlichen und situativen Bedingungen und Funktionen von Dialekt im Verhältnis zur Standardsprache sowie die Auswirkungen gesellschaftlicher Veränderungen auf die Dialekt-Standard-Dichotomie behandelt.

In diesem Kapitel nun soll gezeigt werden, daß bei der beschreibenden und vergleichenden Erfassung von sprachlichen Varietäten und ihren Gebrauchsweisen erhebliche Probleme auftreten, die ebenfalls in den Bereich der Dialektsoziologie gehören. Es soll in einem notwendigerweise kurzen Abschnitt geklärt werden, auf welche Weise man gegenstandsangemessen die Dialekte, ihre Verwendung und ihr Verhältnis zu anderen Varietäten, insbesondere zur Standardsprache, erfassen und beschreiben kann.

Betrachtet man das Phänomen ›Dialekt‹ unter rein linguistischem Gesichtspunkt, dann ergeben sich – wie auch die hier zugrunde gelegte Definition zeigt – keine prinzipiellen Unterschiede zu anderen linguistischen Varietäten. Zum Dialekt wird eine sprachliche Varietät nicht aus linguistischen Gründen, nicht weil ihre Sprachstruktur einen besonderen Charakter aufweist, sondern ausschließlich aus sprachsoziologischen Gründen, wegen ihrer besonderen Verwendung und ihrem Verhältnis zur Standardsprache.[395] An dieser Tatsache ändert auch die Beobachtung nichts, daß bestimmte Dialekte in der Systematik ihres Ausbaus, etwa bei der Vollständigkeit von Flexionsparadigmen oder der Komplexität semantischer Strukturen größere Einfachheit zeigen als entwickelte Standardsprachen. Diese Unterschiede betreffen im Sinne etwa von Eugenio Coseriu nicht das Sprachsystem, sondern die Sprachnorm.[396] Dialekte haben eine weniger explizite Sprachnorm. Die ihnen von der sprachlichen Struktur her gegebenen Möglichkeiten des Systems sind in der sprachlichen Realität weniger systematisch ausgenutzt als bei Standardsprachen, die in der Regel eine lange metasprachliche Bearbeitung durch Grammatiker und Lehrer hinter sich haben.

Daneben ist noch ein weiteres Faktum zu bedenken. Die Systematizität der Standardsprache entsteht hauptsächlich dadurch, daß sich die Grammatiken auf eine bestimmte Stilebene dieser Varietät beschränken. Andere Stilebenen – sowohl höhere als auch niedrigere – werden in die Grammatiken meist nur als ›gezierte‹ oder ›vulgäre‹ Abweichungen aufgenommen. Beim Dialekt beschränken sich Beschreibungen jedoch nicht auf nur eine Stilebene. Hier werden alle Stilebenen, vom Bauernplatt bis zur literarischen Mundart, berücksichtigt, was ebenfalls den scheinbaren Eindruck einer größeren sprachlichen Unsystematik des Dialektes bekräftigt. Auf ein drittes Faktum, das diesen Eindruck verstärkt, das höhere Variabilitätsniveau des Dialektes, wird unten einzugehen sein.

1. Beschreibung und Vergleich

Gehen wir davon aus, daß die dialektalen Varietäten sich, was die Sprachstruktur betrifft, nicht von anderen, etwa standardsprachlichen Varietäten unterscheiden, dann folgt daraus, daß die linguistischen Beschreibungen von Dialekten prinzipiell gleiche Beschreibungsmodelle erfordern wie die Beschreibungen von Standardsprachen. Eine deskriptive Dialektgrammatik unterscheidet sich in nichts von einer deskriptiven Grammatik der sie überdachenden Standardsprache. Ein Beispiel dafür ist etwa die Lautlehre von Hauteville in Savoyen, die André Martinet 1956 auf der Grundlage des Strukturalismus erarbeitet hat.[397] Hier beschreibt Martinet ohne Rückgriff auf Vergleiche regionaler oder historischer Art die Phoneme des mundartlichen Systems von Hauteville, ihre Klassifizierung, die Prosodie, die Distribution der Phoneme, die begrenzenden Merkmale Silbengrenze, Morphemgrenze und Wortgrenze und auch die Phonologie des Satzes.

Beschreibungen dieser Art, die man als Sprachbeschreibungen I. Grades bezeichnen könnte, sind nicht nur auf strukturalistischer Grundlage denkbar. So hat Becker drei elsässische Dialekte mit Hilfe des generativen Modells beschrieben.[398] Bei beiden Beschreibungsweisen von Sprachvarietäten ist das Hauptproblem die Ausgangsbasis für die Beschreibung. Beide abstrahieren – aus theoretischen Gründen – von der Historizität der zu beschreibenden sprachlichen Einheiten. Ihnen fehlt dadurch ein Gliederungsraster für die Reihenfolge der Darstellung. Auf diese mehr grundsätzlichen Probleme der Sprachbeschreibung kann hier nicht weiter eingegangen werden. Es stellt sich jedoch allgemein die Frage, wie die Darstellungsprinzipien deskriptiver Grammatiken, die ja immer auf nur ein sprachliches System ausgerichtet sind, die Probleme erfassen können, die sich speziell in der Dialektologie stellen.

Diese betreffen nicht in erster Linie die Struktur einer dialektalen Varietät an sich, sondern im Verhältnis zu anderen Varietäten, also den vergleichenden Aspekt der Sprachbeschreibung. Da Dialekte ihr eigenes Wesen nur im Verhältnis zu anderen Varietäten, heute etwa den Standardsprachen bestimmen, interessiert den Dialektologen besonders, welche sprachlichen Elemente einer dialektalen Varietät in Form oder Funktion denen einer anderen, benachbarten Varietät entsprechen, z.B. der Standardsprache, und auf welche sprachlichen Elemente die untersuchten Phänomene zurückgeführt werden können.

Deswegen stehen in der Dialektologie ähnlich wie in der historischen Linguistik Methoden der vergleichenden Beschreibung von Varietäten im Vordergrund. Diese Art der Sprachbeschreibung können wir Sprachbeschreibungen II. Grades nennen. Wir müssen dabei unterscheiden zwischen den regional vergleichenden, den vertikal vergleichenden und den historisch vergleichenden Methoden der Sprachbeschreibung. Mit den regional bzw. horizontal vergleichenden Sprachbeschreibungsmethoden werden die linguistischen Beziehungen zwischen verschiedenen Dialekten erfaßt. Dabei ist prinzipiell jeder Dialekt mit jedem anderen vergleichbar. Es werden jedoch in der Praxis in erster Linie Dialekte miteinander verglichen, die in engem kommunikativen Kontakt stehen oder die als koexistierende Systeme in der Kompetenz ein und desselben Sprechers nebeneinander vorliegen. Für derartige Vergleiche ist besonders das Konzept des Diasystems entwickelt worden, auf das unten noch einzugehen ist.[399]

Vertikale Vergleiche führt die Dialektologie durch, wenn ein Dialekt und die ihm sprachsoziologisch übergeordnete Standardsprache miteinander verglichen werden. Beispiele derartiger Untersuchungen sind etwa die Versuche, Dialekt-Standard-Beziehungen mit Hilfe von kontrastiven Grammatiken zu beschreiben.[400]

Die historisch vergleichende Dialektbeschreibung schließlich hat die längste wissenschaftliche Tradition. Alle Dialektgrammatiken, die nach dem Modell der klassischen Ortsgrammatiken der Marburger dialektgeographischen Schule erarbeitet worden sind, gehen von einem historischen Bezugssystem aus, das als geschichtlicher Vorläufer zu dem zu beschreibenden Dialektsystem betrachtet wird.[401] Die Elemente des Dialektsystems erscheinen in derartigen Grammatiken als Ergebnisse historischer Prozesse.

Teilweise sind jedoch die drei hier unterschiedenen Typen vergleichender Dialektbeschreibung auch vermischt worden. So gibt es eine

Reihe von Untersuchungen, in denen in eine diasystematische Analyse des Verhältnisses zweier Dialekte die historische Komponente des gemeinsamen Ausgangssystems durch Indizierung eingebracht wurde.[402] Auch ist ein vertikaler Vergleich zwischen einem heutigen Dialekt und der ihn überdachenden Standardsprache auf der Grundlage des gemeinsamen historischen Ausgangsystems denkbar.[403]

Alle diese vergleichenden Beschreibungen von Dialekten haben in unterschiedlichem Ausmaß auch Erklärungspotential, das reinen isolierten Beschreibungen einzelner Varietäten fehlt. So lassen sich etwa Isoglossen-Bilder auf Sprachkarten, die sich aus systematischen regionalen Vergleichen ergeben, dynamisch als Momentaufnahmen von ablaufenden sprachlichen Beeinflussungsprozessen der einen Dialektregion durch die andere erklären, und man kann Vermutungen über den Ursprung einer solchen Entwicklung anstellen. Kontrastive Analysen des Verhältnisses von Dialekt und Standardsprachen ermöglichen Prognosen über mögliche standardsprachliche Beeinflussungen von Dialektsprechern, wie sie sich in den Fehlern dialektsprechender Kinder in Diktaten zeigen.[404] Historische Vergleiche schließlich sind die Grundlage für die Untersuchung derzeit ablaufender sprachlicher Veränderungsprozesse.

Besonders ein Problem der modernen sprachsoziologisch orientierten Dialektologie kann nur durch vergleichende Vorgehensweise angegangen werden, und zwar durch eine Kombination zwischen regionalen und vertikalen Vergleichen: das Problem der koexistierenden Systeme. Bei diesem Konzept geht man davon aus, daß sich innerhalb der Kompetenz eines Sprechers in Dialektgebieten heute in der Regel mehrere sprachliche Varietäten gegenüberstehen, deren sich der Sprecher je nach Situation wechselweise bedient, indem er von der einen zur anderen Varietät ›switch‹, überwechselt.[405] Durch vergleichende Methoden können die Beziehungen zwischen diesen nebeneinander vorliegenden Sprachelementen erkennbar gemacht werden, und es ist weiterhin möglich, Prognosen über mögliche Interferenzen zu geben.

Die verschiedenen Möglichkeiten und Methoden vergleichender Analysen innerhalb der Dialektologie können grob vereinfacht in folgendem Schaubild zusammengestellt werden:

Tabelle 17: Übersicht über verschiedene vergleichende Beschreibungsmethoden der Dialektologie.

Bezugssysteme	Vergleichsgegenstände sprachl. Art	
	Einzelphänomene	Sprachsysteme/-teilsysteme
andere Dialekte	dargestellt auf einfachen Laut- u. Wortkarten von Dialektatlanten	dargestellt auf strukturellen Sprachkarten, in Diasystemen
übergeordnete Varietäten	kontrast. Einzelanalysen	kontrastive Grammatiken
historische Varietäten	›Lautgeschichten‹ Ortsgrammatiken nach klass.-atomistischem Konzept	historische Grammatiken, historische Dialektsysteme

2. Heterogenität und Historizität

Bei all den Beschreibungsansätzen für Dialekt und sonstige Varietäten sowohl I. als auch II. Grades ist man bisher fast immer von zwei sprachwissenschaftlichen Grundannahmen ausgegangen, der Annahme der Homogenität von sprachlichen Systemen und der Annahme der Synchronie.

Homogenität[406] bedeutet, daß es innerhalb einer Sprache für eine Systemposition, eine sprachliche Funktion nur eine Form geben kann. Treten in einer Varietät hierfür zwei alternative Formen auf, dann wird angenommen, daß eine davon zu einem anderen System gehört und durch Entlehnung oder Interferenz als Fremdkörper in das untersuchte System eingedrungen ist. Abgeleitet wird diese Grundannahme der Homogenität aus der Konzeption der Sprache als eines Systems von Zeichen, das nur dann effektiv funktionieren kann, wenn Eindeutigkeit in den Beziehungen von Zeichen und Zeichenbedeutung vorliegt. Wie schon Hermann Paul herausgearbeitet hat, liegt hierin die Grundlage für die Funktion der Sprache als Medium der Erkenntnisleistung, für ihre kognitive Funktion.[407] In der Praxis führt diese These für die Sprachsoziologie und die Dialektologie dazu, daß man sich die Kompetenz eines Sprechers oder auch einer Sprachgemeinschaft heute als vielfach geschichtetes Gebilde vorstellt, in dem jede Schicht eine in sich homogene Varietät bildet. Wenn die Sprachaufnahmen eines Dialektsprechers bei einer Analyse für die Partizip Präsens-Form des Verbum substantivum die Formen [gəvɛ³n] [gəve:zən] [gəzi:n] aufweisen, dann wird auf der Basis der Homogenitätsthese angenommen, daß der

Sprecher drei verschiedene Varietäten spricht, die stilistisch-situativ getrennt werden können.

Für die dialektologische Forschung hat diese Annahme entscheidende Konsequenzen gehabt. So gibt aufgrund einer angenommenen Homogenität der Ortsdialekte etwa der Deutsche Sprachatlas immer nur eine Leitform für einen Ort an, obgleich das Material oft Varianten aufweist. Ortsgrammatiken und Wörterbuchbefragungen beschränkten das verwendete Sprachmaterial aufgrund der vorweggenommenen Annahme der Homogenität auf Äußerungen eines Sprechers möglichst noch in einer Situation. Lautliche Analysen von Ortsdialekten verwenden aus dem gleichen Grund als Ausgangsmaterial kein wirkliches Sprachmaterial, sondern phonematische Transkriptionen, die alle von den Phonemen abweichenden Varianten als Allophone ausscheiden.[408]

Die zweite Grundannahme, auf der die bisherigen Dialektbeschreibungen I. und II. Grades beruhen, ist die der Synchronie. Dabei wird von jeglicher latent zeitlich vorliegender Schichtung in der Sprache des Einzelnen und einer Sprachgemeinschaft abgesehen. Das zu beschreibende Konstrukt ist ein rein synchrones Gebilde. Über die strukturell-funktionalen Informationen hinaus enthält die zu beschreibende Sprachstruktur keine weitere Daten, etwa über die Herkunft eines Elementes oder die Zeitspanne, die es schon in der Sprachstruktur vorhanden ist. Wie die Homogenitätsannahme, so ist auch die Synchronieannahme begründet in den strukturalistischen Grundvorstellungen über die Sprache als ein System von Zeichen, die ihre Bedeutung ausschließlich durch ihren eindeutig bestimmbaren Platz im Gesamtsystem und ihre eindeutige Relation zu anderen Zeichen erhalten zum Zweck der kognitiv-kommunikativen Funktion.

Durch diese Annahmen konnten trotz des hohen Abstraktionsgrades von der sprachlichen Wirklichkeit wichtige Erkenntnisse über den Aufbau und die Funktionsweise der verschiedenen Ebenen der Sprache gewonnen werden; so etwa die Prinzipien der Distribution in Lautsystemen und der Konstitution von Bedeutungen in Wortfeldern.

Doch treten erhebliche Probleme beschreibungstechnischer und auch theoretischer Art auf, wenn man sich zwei Problemen zuwenden will, die durch die skizzierten Basisannahmen von Homogenität und Synchronie gerade ausgegliedert worden sind: der Variabilität der Sprache und ihrer Historizität. In diesen Bereichen ist die Leistungsfähigkeit eines durch Homogenitäts- und Synchronieannahme geprägten Theoriekonzeptes sehr eingeschränkt. Gerade ein Dialekt verliert durch die Abstraktionen, die wegen dieser Annahmen notwendig werden, die Züge, die ihn etwa im Vergleich zu einer Standardsprache auszeichnen.

Noch problematischer wird die Verwendung von Beschreibungsmethoden, die von homogenen synchronen Systemen ausgehen, bei Sprachbeschreibungen II. Grades, bei Varietätenvergleichen, die für die Dialektologie im Vordergrund stehen. Da die strukturalistischen Beschreibungen, die von homogenen und synchronen Systemen ausgehen, ihre Beschreibungseinheiten nur innerhalb des jeweiligen Systems definieren können, in dem sie innerhalb der Distribution ihren Platz haben, fehlt eine theoretische Grundlage für den Vergleich verschiedener Elemente aus verschiedenen Systemen.

Im Strukturalismus sind aus dieser Notlage heraus Konzepte entwickelt worden, die letztlich die strukturalistischen Grundannahmen von den geschlossenen und unhistorischen Systemen in Frage stellen: die sog. overall patterns[409] und dann später die Diasysteme,[410] die besonders für die dialektologische Forschung[411] Bedeutung gewonnen haben.

In einem Diasystem werden die sich in zwei Dialekten jeweils entsprechenden sprachlichen Einheiten- etwa Laute oder Formen – gegenübergestellt. So stehen etwa im standardsprachlichen und im ribuarischen Obstruentensystem einander gegenüber:

ribuarisch	$f \sim p$	$\approx b \sim v$
standardsprachlich	$p \sim f \sim pf \approx$	b

Abb. 5. Diasystem (schematische Darstellung)

Dem dialektalen [p] entspricht standardsprachlich ein [f] oder ein [pf], je nach Position. Dem dialektalen [f] entspricht auch standardsprachlich ein [f]. Hinzu kommt noch dialektales [f] in auslautender Position als Alternation von [v]; dieses [f] entspricht einem standardsprachlichen [p] als Auslautverhärtungsergebnis von [b]. Hier wird schon deutlich, daß das Beschreibungsmodell ›Diasystem‹ nur in groben Zügen die wirklichen Beziehungen zwischen zwei Systemen wiedergeben kann, da es keine Möglichkeit birgt, die Distributionen und die historischen Beziehungen zu berücksichtigen.

Derartige Beziehungen sind besser durch die Kontrastmodelle kontrastiver Grammatiken darzustellen, durch die jedem Element des einen Systems alle Elemente des anderen, die ihm entsprechen, direkt zugeordnet werden.[412]

Als kontrastive Beziehung sieht die oben skizzierte Relation so aus:

Ribuarisch	Standardsprache
p ——————— pf	
f ——————— f	
————— p	

Abb. 6. Kontrastives Bezugsraster (Schematische Darstellung)

Doch auch in diesem Modell, das die Distribution besser erkennen läßt, fehlt etwa die Information, daß das dialektale [f] etymologisch einerseits ein [f] repräsentiert, andererseits in auslautender Position jedoch eine Alternation von [v] ist und nur in dieser Funktion einem standardsprachlichen [p] entspricht. Die Beschränkung auf das synchrone Lautteilsystem, die nach den Prinzipien des Strukturalismus erforderlich ist, verhindert die Einbeziehung von etymologischen Informationen über historische Beziehungen zwischen den Lauten. Aber auch die Homogenitätsthese wirkt sich hier negativ aus. Die Beziehung rib. [p] zu standardspr. [pf] bzw. [f] ist positionell bedingt. Anlautend und nach Konsonanten steht immer ein [pf], postvokalisch immer ein [f]. In der Sprachrealität tritt jedoch in anlautender Position besonders vor Liquiden auch häufig ein [f] auf, wie etwa in dem umgangssprachlichen *flicht* für *pflicht*. Diese Form wird jedoch aus der linguistischen Analyse auf der Grundlage der Homogenität der Systeme als umgangssprachlich ausgeschieden.

Man hat nun durch Indizierung versucht, wenigstens die historischen Beziehungen zwischen den Elementen verschiedener Systeme erkennbar zu machen.[413] Die beiden heute zu vergleichenden Systeme werden durch Indizierung in Beziehung zu einem gemeinsamen historischen System gesehen, aus dem sich beide früher entwickelt haben. Im Falle des oben schon erwähnten labilen Obstruenten-Teilsystems im Ribuarischen und in der Standardsprache ergibt ein solches indiziertes Diasystem etwa folgendes Bild:

Ribuarisch – standardsprachliches Basissystem	Ribuarisch	Standardsprache
$p_1 \, f_2$	$p_{1,3} \, f_{2,4}$	$p_{2,3,4} \, pf_1 \, f_{2,1}$
$b_3 \, v_4 \, w_5$	$b_3 \, v_{4,5}$	$b_{3,4} \, v_5$

Abb. 7. Abstammungssysteme (Schematische Darstellung)

Zwar werden bei dieser Form der Darstellung die wichtigsten historischen Prozesse erkennbar, die den Unterschied zwischen dem heutigen ribuarischen und standardsprachlichen System erzeugt haben; die II. Lautverschiebung und die Differenz im Spirans-Bereich. Die Distributionen und die gegenwärtige Variabilität etwa im f/pf-Gebrauch in der Standardsprache werden jedoch nicht erkennbar.

Welche Modifikationen und Erweiterungen am strukturalistischen Beschreibungsmodell auch vorgenommen werden, es bleibt festzuhalten, daß die hier entwickelten Beschreibungsmodelle weder für die Berücksichtigung von Variabilität und Historizität noch für die vergleichende Beschreibung verschiedener Varietäten brauchbar sind.

Dieser Mangel der strukturalistischen und auch modernerer generativer Beschreibungskonzepte ist durchaus erkannt worden. Es sind jedoch keine Modelle entwickelt worden, die den Anforderungen einer Beschreibung und eines Vergleichs zwischen wirklichen Sprachvarietäten besser entgegenkommen würden. Auf die wenigen Versuche in dieser Richtung kann hier nur kurz eingegangen werden. Empirisch erprobt sind hier in erster Linie die Beschreibungsmodelle von Else Hofmann[414] und von Heinz Wolfensberger[415], die beide schon in den 60er Jahren versuchten, sprachliche Variabilität zu erfassen, Else Hofmann in der Beschreibung von sprachlichen Einflüssen stadtsprachlicher Elemente auf einen dörflichen Dialekt von pendelnden Arbeitern und Heinz Wolfensberger durch die Beschreibung des langsamen Verfalls einer Ortssprache unter dem Einfluß von überlagernden standardnäheren Varietäten. Beide Wissenschaftler widmen den von ihnen erarbeiteten Beschreibungsmethoden wenig theoretische Überlegungen. Die Modelle werden entwickelt zur Lösung von heuristischen Problemen der Bewältigung von auftretender Variabilität.

Wolfensberger ordnet alle auftretenden Varianten für eine Variable auf einer Skala, an deren Eckpunkten die tiefe Dialektform bzw. die Standardform steht und die zusätzlich noch einen Wert für die Übergangsstufen hat. Er verzeichnet dann in einer Matrix für jede Variable, welche Formen in den verschiedenen sozialen und altersspezifischen Gruppen in der untersuchten Ortsgemeinschaft verwendet werden. Kommen innerhalb einer Gruppe Varianten verschiedenen Typs nebeneinander vor, dann verwendet er Kombinationszeichen. Mit dieser Matrixmethode kann Wolfensberger sowohl Variabilität innerhalb eines sprachlichen Elementes als auch Heterogenität in der Verwendung verschiedener Varianten innerhalb einer Sprechergruppe erfassen.

Hofmann verwendet ebenfalls Matrizen als Darstellungsmittel für Variabilität in der Sprache der von ihr untersuchten pendelnden Arbeiter. Sie unterteilt dabei das sprachliche Spektrum zwischen der Dialektform und der Zielform, der regionalen Umgangssprache, in eine Reihe von Zwischenstufen, durch die sie Grad und Stärke der Abweichung von der Mundart innerhalb der einzelnen Sprechergruppen differenziert. So unterscheidet sie die dialektale Form, die Abweichung in der Anpassung an die Zielform und die Zwischenform.

Weiterhin unterscheidet sie auch einfache Formen, die im gesamten untersuchten Text einer Gruppe ohne Ausnahme auftreten, und Doppelformen, also Variablen, die in zwei verschiedenen Varianten im Text auftreten. Durch die Verbindung dieser beiden Gliederungsprinzipien der sprachlichen Elemente und ihrer Verwendungsstringenz baut Hofmann ein kompliziertes Beschreibungssystem für sprachliche Variabilität auf, durch das es ansatzweise möglich ist, das langsame und graduelle Eindringen von umgangssprachlichen Neuerungen in das dialektale Ausdruckssystem der pendelnden Arbeiter zu erfassen.

Beide hier kurz skizzierten Methoden sind in der Forschung bis heute nicht aufgegriffen worden, und es ist auch kein Versuch gemacht worden, Variabilität durch ähnliche Matrizendarstellungen zu erfassen. Als ein vergleichbarer Ansatz ist allenfalls das besonders in der Creole- und Pidginforschung erarbeitete Konzept der Implikationsskalen anzusehen.[416] Doch steht dabei nicht in erster Linie die Beschreibung und der Vergleich von Varietäten im Vordergrund, sondern die beschreibende Differenzierung komplexer variabler Sprachsysteme.

Theoretisch fundierter und speziell auf die Erfassung von Dialektunterschieden ausgerichtet sind zwei Konzepte, die kürzlich von Wurzel und Bierwisch[417] bzw. von Goossens[418] vorgeschlagen worden sind, die jedoch noch nicht empirisch erprobt wurden. Beide Ansätze gehen davon aus, daß die sprachlichen Varietäten durch Regelsysteme beschreibbar sind, ähnlich denen, die die Theorie der generativen Transformationsgrammatik fordert. Der Ansatz von Bierwisch, der von Wurzel modifiziert wurde, sucht die Beziehungen zwischen zwei unterschiedlichen Systemen, die sich innerhalb eines Sprachkontaktprozesses abspielen, durch die Annahme von Adaptationsregeln zu erfassen, die das eine System in das andere überleiten. Hier bleiben jedoch wie beim Konzept des Diasystems die historischen Aspekte der Beziehung zwischen den beiden Varietäten, wie sie etwa in Dialekt-Standard-Systemen in der Regel vorliegen, außer Betracht. Und auch die innere Variabilität in der Verwendung von Varianten kann durch die verwendeten Regeltypen nicht erfaßt werden.[419]

Goossens schlägt in Anlehnung an das Konzept der Variablenregel, das von William Labov für die Erfassung sprachsoziologischer Unterschiede in Ortsgemeinschaften entworfen worden ist,[420] ebenfalls die Annahme von Regeln vor, die das Verhältnis zwischen zwei Varietäten beschreiben und ihre Beziehungen zueinander erfassen. Diese Regeln gehen aus von einer Größe, die historisch als die Ursprungsgröße für die beiden varianten Elemente angesehen werden kann.

$$(o) \quad x \longrightarrow \begin{array}{l} (A)\,a \\ (B)\,b \end{array}$$

Ein Protoelement im historischen System (o), das dort x lautete, erscheint im System (A) als a und im System (B) als b. Die Variabilität sucht er nun dadurch zu erfassen, daß er diese Regeln nicht unbedingt als kategorisch annimmt, sondern unter Umständen auch als variabel. Das bedeutet, daß die Regel in verschiedenen Sprechergruppen bzw. in verschiedenen Situationen nicht in 100 % aller möglichen Fälle eintritt, sondern in weniger als 100 %, also nur mit einer gewissen Wahrscheinlichkeit.

Keine der bisher vorgestellten Methoden zur Erfassung sprachlicher Variabilität hat sich schon als leistungsfähig in der Dialektologie erwiesen. Alle Versuche in dieser Richtung stehen noch ganz am Anfang.

Auch vom Autor dieser Arbeit sind an anderer Stelle Versuche unternommen worden, Heterogenität und Historizität von wirklicher Sprache zu beschreiben.[421] Diese Versuche seien zum Abschluß kurz skizziert.

Sprachbeschreibungen, die den oben formulierten Anforderungen genügen, sollten es ermöglichen, die Variabilität und die damit im engen Zusammenhang stehende Historizität und Veränderbarkeit einer Sprachvarietät besonders im Kontakt mit anderen Varietäten zu erfassen. Ausgangspunkt ist dabei die Sprache einer definierten Sprachgemeinschaft bzw. Sprechergruppe. In einer so definierten Sprache gibt es eine große Anzahl von Elementen, die obligatorischen oder kategorischen Charakter haben, die von allen Sprechern der Gemeinschaft in allen Situationen einheitlich bei jedem Auftreten verwendet werden. Daneben gibt es aber auch Elemente, die variabel sind. Dabei ist Variabilität in verschiedener Weise denkbar. Alternative Elemente können von verschiedenen Sprechern der Sprachgemeinschaft verwendet werden. Sie können aber auch von gleichen Sprechern in verschiedenen Situationen verwendet werden, und es ist ebenfalls möglich, daß innerhalb derselben Situation von einem Sprecher alternative Sprachelemente verwendet werden.

Eine angemessene Beschreibung könnte etwa ein Regelkorpus sein, in dem kategorische Regeln und variable Regeln verschiedenen Typs nebeneinander vorkommen. Eine derartige Beschreibung eines Teilbereiches des labialen Obstruentensystems im Ribuarischen können etwa folgendermaßen aussehen.

$$/b/ \Big/ \# \_ \longrightarrow b \qquad \text{(kategorische Regel)}$$

$$/b/ \Big/ \begin{Bmatrix} V \\ L \end{Bmatrix} \_ V \longrightarrow \begin{Bmatrix} 82\% & v \\ 18\% & b \end{Bmatrix} \qquad \text{(variable Regel)}$$

$$/b/ \Big/ \begin{Bmatrix} V \\ L \end{Bmatrix} \_ \# \longrightarrow \begin{Bmatrix} 85\% & f \\ 15\% & p \end{Bmatrix} \qquad \text{dsgl.}$$

Die Werte für den Grad der Variabilität sind Ergebnisse empirischer Analysen in der jeweils definierten Sprachgemeinschaft. Man kann dabei wie im vorliegenden Fall mit Durchschnittswerten oder auch mit Wertskalen arbeiten, die das gesamte Spektrum der gefundenen Werte bei den einzelnen Sprechern der Gruppe angeben.

Problematisch ist bei dieser Art der Darstellung von Variabilität innerhalb einer Varietät erstens der Ansatz des Regelausgangspunktes. In der generativen Transformationsgrammatik, von der zumindest der Regelformalismus übernommen wurde, gehen die Regeln von der Tiefenstruktur der jeweiligen Ebene aus. Es ist jedoch zu fragen, ob man als Ausgangspunkt nicht besser die anzusetzende historische Vorform für die beiden Varianten wählt.

Zweitens ist problematisch der Grad der Differenzierung des linguistischen Kontextes. Man muß sich fragen, wie weit der Rahmen der sprachlichen Phänomene zu wählen ist, von denen man steuernde Wirkung für die Verwendung von Variablen erwarten muß.[422]

Drittens schließlich ist das Problem der Reihenfolge der kategorischen und variablen Regeln und der gegenseitigen Beeinflussung noch ungeklärt.

Festzuhalten ist jedoch, daß mit einer derartigen Sprachbeschreibungsmethode die Variabilität innerhalb von Varietäten und auch innerhalb von dialektalen Ausdruckssystemen darstellbar wird.

Auch Sprachbeschreibungen II. Grades, also Vergleiche zwischen verschiedenen koexistierenden variablen Varietäten, sind mit ähnlichen Regeln darstellbar. So läßt sich etwa das oben gegebene Beispiel auch als eine vergleichende Darstellung der Beziehungen zwischen dem ribuarischen Dialekt und der ihn überdachenden Standardsprache innerhalb von diglossischen Sprachgemeinschaften auffassen. Die beiden Varianten repräsentieren dabei die Anteile, die der Dialekt bzw. die Standardsprache an der untersuchten Varietät haben.

$$/b/ \bigg/ \# \; - \quad \longrightarrow \quad \begin{array}{l} b_D \\ b_S \end{array}$$

$$/b/ \bigg/ \begin{Bmatrix} V \\ L \end{Bmatrix} - V \quad \longrightarrow \quad \begin{Bmatrix} 82\,\%\ v_D \\ 18\,\%\ b_S \end{Bmatrix}$$

$$(\ldots\ldots)$$

Es sind aber auch Vergleiche variabler Systemteile zwischen stilistischen, sozialen oder regionalen Varietäten möglich. Das geschieht der besseren Übersichtlichkeit wegen in Form von Matrizen.

	Alltags-sprache	öffentl. Sprache	Ort I	Ort II	Soziale Gruppe I	Soziale Gruppe II
/b/ ⌈|V| _V_ [v]	82	25	100	75	100	0
⌊|L| [b]	18	75	0	25	0	100
/b/ ⌈|V| _#_ [f]	85	23	100	85	100	0
⌊|L| [p]	15	77	0	15	0	100
/b/ / # — [b]	100	100	100	100	100	100

Abb. 8. Variabilitätsmatrizen (schematische Darstellung)

In dieser Matrix sind dreierlei Typen von Variabilität zusammengefaßt: die stilistische Variabilität zwischen der Alltagssprache und der
öffentlichen Sprache eines Sprechers, die regionale Variabilität zwischen
zwei verschiedenen Sprachgemeinschaften und schließlich die soziale
Variabilität zwischen zwei beliebig zu definierenden Sozialgruppen. Die
Werte lassen folgendes erkennen.

1. Es besteht eine Differenz zwischen der stilistischen Varietät ›Alltagssprache‹ und der stilistischen Varietät ›öffentliche Sprache‹. Die
   öffentliche Varietät ist der Standardsprache mehr angenähert als
   die Alltagssprache, jedoch sind beide Varietäten in Bezug auf die untersuchte Variable nicht homogen, sondern variabel.
2. Es besteht eine Differenz zwischen den beiden untersuchten Ortsgemeinschaften Ort I und Ort II. Im ersten Ort ist der /b/-Komplex
   nicht variabel, im zweiten Ort zeigen sich schon erste Standardein-
   flüsse.
3. Es besteht eine Differenz zwischen den beiden sozialen Gruppen
   SG I und SG II. Die Sozialgruppe I – etwa ortsansässige ältere Land-
   wirte – zeigt eine homogene dialektale Varietät, und die zweite Sozialgruppe – etwa neuerdings zugezogene Pendler – zeigt eine homogen standardsprachliche Varietät.

Ob dieser Vorschlag letztlich brauchbar ist und wie weit ein solches
Konzept auch über den engen Rahmen der dialektologischen Variabilität hinaus tragfähig ist, wird sich noch erweisen müssen.

Es scheint jedoch festzustehen, daß in allen empirieorientierten Bereichen den Sprachwissenschaft derzeit die Probleme der Heterogenität
und der Historizität von Sprache in den Blick geraten,[423)] und es ist zu
erwarten, daß Sprachbeschreibungen und Sprachvergleiche in der folgenden Zeit mehr auf diese Fragen Rücksicht nehmen müssen als sie es
bisher getan haben.

Bei den obigen Überlegungen zur Beschreibung von Dialekten und
von Dialekt-Standard-Beziehungen sind wir davon ausgegangen, daß

es ausschließlich auf die sprachliche Beschreibung ankommt und nicht auf die zusätzliche Erfassung der weiteren gesellschaftlichen, situativen und räumlichen Bedingungen für den Sprachgebrauch. In der strukturalistischen und generativen Linguistik sind diese Komponenten in engem Zusammenhang mit der Homogenitäts- und der Synchronie-These in den Randbereich gedrängt worden, indem man von dem idealen Sprecher als Träger einer idealen sprachlichen Kompetenz ausgeht[424] und von der realen räumlich-gesellschaftlichen Sprechsituation abstrahiert, die die Sprache selbst, wie wir oben gesehen haben, jedoch entscheidend und keineswegs nur peripher prägt.

Weitet man das allgemeine Problem der Beschreibung von Dialekten auch auf solche Bereiche aus, dann ergibt sich ein empirischer Problembereich, der hier noch kurz angesprochen werden soll: die Sammlung und Beschreibung von sozialen und situativen Beidaten, die die jeweilige Sprachproduktion prägen.

Alle Fragen, die mit dieser Problemstellung verbunden sind, führen in das Zentrum einer Methodik sprachsoziologischer Forschung, eines Wissenschaftszweiges, der bis heute so gut wie nicht existiert. Allgemein werden für alle Probleme der Erhebung von gesellschaftlichen und situativen Daten die methodisch-theoretischen Überlegungen der empirischen Sozialforschung herangezogen.[425] Durch die in diesem Bereich derzeit ablaufende Methodendiskussion und die Kritik, die an dem bisher verwendeten Methodeninstrumentarium der empirischen Sozialforschung geübt worden ist,[426] wird dieser Weg jedoch immer zweifelhafter. Auch zeichnen sich im Zusammenhang mit den Fortschritten in der sprachsoziologischen Forschung gesellschaftliche Kategorien wie Aufstiegsorientiertheit, Bildungsbewußtsein und Ortsloyalität als relevant ab, für die die Erhebungsmethoden der empirischen Sozialforschung teilweise nicht ausreichen.[427]

Bei der Sammlung von Sprachdaten für dialektsoziologische Untersuchungen hat man sich bisher ebenfalls weitgehend auf die Erfahrungen der empirischen Sprachforschung gestützt. Welche besonderen, dort noch nicht gelösten Probleme sich jedoch hier ergeben, das zeigt eine Zusammenstellung der Faktoren, die im Zusammenhang mit derartigen Sprachdatensammlungen berücksichtigt werden müssen, da von ihnen ein Einfluß auf die Art der Sprachdaten erwartet wird:[428]
1. die Position des Forschers während der Aufnahme der Sprachdaten,
2. das Medium der Informationskonservierung,
3. die Intention bei der Sprachdatengewinnung und ihre Bedeutung für die Aussagekraft der Daten,
4. der Typ der Sprachdaten, die Unterscheidung zwischen indirekten,

subjektiven Sprachdaten und objektiven Sprachdaten, direkten Sprachverhaltensdaten,

5. die Bedeutung des Aufnahmeortes für die Sprachdatenerhebung,
6. der Umfang und die Konstellation der Aufnahmegruppe,
7. die Aufnahmesituation im engeren Sinne,
8. das Gesprächsthema und seine Bedeutung für die verwendete Sprache.

Mit jedem dieser acht Faktoren sind eine Reihe von theoretisch-methodischen Problemen verbunden, die noch gelöst werden müssen.

3. Dialektalitätsmessung

Das dritte methodische Problem, das sich stellt, wenn man die dialektsoziologische Fragestellung bei der Beschreibung von Dialekten und Dialekt-Standard-Konstellationen umfassend angeht, betrifft die Meßbarkeit der Dialekttiefe bzw. des Grades der Annäherung an die Standardsprache, die eine bestimmte zu untersuchende Varietät aufweist. Ebenso wie man in der Aufarbeitung der gesellschaftlich-situativen Bereiche der Dialektsoziologie darum bemüht ist, komplexe gesellschaftliche Phänomene wie Ortsloyalität oder Aufstiegsorientiertheit zu operationalisieren und dadurch quantitativ meßbar zu machen, versucht man auch die Sprache, die mit solchen Faktoren korrespondiert, hinsichtlich des Grades der Dialekttiefe quantitativ zu erfassen. Dazu sind in den letzten Jahren des öfteren Dialektalitätsindizes entwickelt und erprobt worden. Durch die Messung der Dialektalität wird eine Sprachaufnahme erst für genaue dialektsoziologische Untersuchungen verwendbar. Fehlt eine solche Dialektalitätsmessung, dann wird den sprachlichen Sequenzen in der Regel von dem kompetenten Hörer nach subjektiver Einschätzung Dialektalität bestimmten Grades zugeordnet. So ist man z. B. bei den Sprachaufnahmen für das Deutsche Spracharchiv verfahren.[429] Hier haben die Aufnahmeleiter den aufgenommenen Textpassagen nach der Aufnahme jeweils einen Dialektalitätsgrad zugeordnet. Sie haben subjektiv festgelegt, ob es sich um Vollmundart, um Halbmundart, um regionale Umgangssprache, um überregionale Umgangssprache oder um Hochsprache handelte. Solche Zuordnungsverfahren sind, obgleich ihnen letztlich die intersubjektive Überprüfbarkeit fehlt, bis zu einem gewissen Grade durchaus brauchbar.[430] Es hat sich im südwestdeutschen Raum sogar gezeigt, daß diese Unterscheidungen einer nachträglich durchgeführten Überprüfung durch objektive Dialektalitätsmessung standhalten.[431]

Um objektive Formen der Messung von Dialektalität hat man sich schon früh bemüht. Anfangs stand jedoch nicht das Problem des Dialekt-Standard-Gegensatzes und seiner Quantifizierung im Vordergrund, sondern das Problem der Trennung von dialektgeographischen Kernräumen mit tiefem unverfälschten Dialekt und dialektgeographischen Mischräumen bzw. Übergangsräumen. Hierfür wurde besonders von der schwäbischen Schule der Dialektgeographie das Konzept der Isoglossenhäufung entwickelt.[432] Dabei wurde den Räumen hohe Dialektalität zugesprochen, die von möglichst vielen Isoglossen umschlossen waren. Die anderen Räume erschienen als Übergangsräume, in denen sich mehrere Dialekte durchkreuzten und kein Dialekt unverfälscht vorhanden war. Gemessen wurde also Dialektalität immer nur im Verhältnis zu einem bestimmten Ortspunkt oder dialektgeographischen Raum. Man könnte daher eher als von Dialektalitätsmessung vom Vergleich des Reinheitsgrades bei verschiedenen Dialekten sprechen.

Verfeinert wurden diese Beschreibungsversuche von Dialektalität durch Arbeiten von Ivić,[433] der versucht, auf der Grundlage von Isoglossenbündelungen objektive Meßmethoden in die Dialektgeographie einzuführen. Abgesehen von einer Reihe technisch-methodischer Fra-

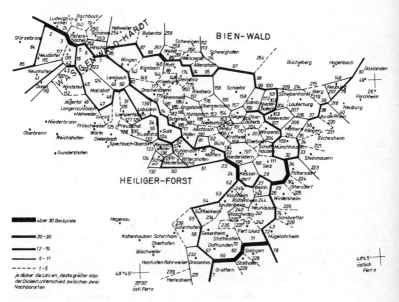

Abb. 9: Isoglossenbündelung (aus Bach, 1969, 61).

gen, die dabei noch nicht gelöst sind, ist das Hauptproblem die Auswahl der für solche Meßprozeduren heranzuziehenden dialektalen Merkmale. Ivić sucht hier rein quantitativ vorzugehen, indem er behauptet, daß die Kommunikabilität mit der quantitativ zunehmenden Anzahl von Unterschieden zwischen zwei Varietäten abnimmt. Je mehr Isoglossen also zwei Dialekte voneinander trennen, desto verschiedener sind sie.[434] Ähnliche Überlegungen liegen auch den Methoden zur Erfassung von Dialektunterschieden zugrunde, die Jan Goossens vorschlägt. Goossens sucht den Dialektalitätsunterschied durch die Anzahl der linguistischen Regeln zu erfassen, die nötig ist, um die eine Varietät in die andere zu überführen.[435]

In beiden Fällen ist jedoch einzuwenden, daß nicht die Zahl der Unterschiede, sondern die Art der Unterschiede in erster Linie Auswirkungen für die Kommunikabilität zwischen den Varietäten hat.

Eine andere Art von Dialektalitätsmessung eher informellen Typs hat implizit Viktor Schirmunski schon in den dreißiger Jahren vorgeschlagen, und dieses Konzept ist in der Folgezeit häufig für die Bestimmung von Unterschieden in der Dialektalität verwendet worden.[436] Es handelt sich um die Unterscheidung zwischen primären und sekundären Dialektmerkmalen. Schirmunski nahm an, daß Dialekte aus primären und aus sekundären Dialektmerkmalen bestehen und daß bei Interferenzen mit überlegenen Varietäten zuerst die primären Merkmale aufgegeben werden, während die sekundären Dialektmerkmale sich häufig noch bis in eine weitgehend ausgeglichene regionale Umgangssprache halten. Hohe Dialektalität kommt Varietäten zu, die noch alle primären Dialektmerkmale erhalten haben. Mit dem Grade der Aufgabe dieser Merkmale bzw. dann auch der sekundären Merkmale nimmt die Dialektalität ab. Das Problem ist hierbei die Definition des Merkmalcharakters. Schirmunski spricht hier von Unterschieden in der Auffälligkeit, geht also von einer psychologischen Grundlage aus. Doch wie kann man derartige Unterschiede in der Auffälligkeit operationalisieren?

Ingo Reiffenstein[437] hat in der Nachfolge von Pavel Trost[438] kürzlich versucht, dieses Konzept aufzugreifen, indem er die Dichotomie zwischen primären und sekundären Merkmalen mit der in der generativen Transformationsgrammatik angenommenen Differenz zwischen den Oberflächenmerkmalen und den Merkmalen der Tiefenstruktur in Zusammenhang brachte. Es ist jedoch zu fragen, inwieweit hier linguistisch fundierte Kategorien mit in erster Linie psychisch fundierten Auffälligkeitsmerkmalen übereinstimmen.

Von den neueren Konzepten zur Dialektalitätsmessung möchte ich hier besonders auf drei hinweisen, die Meßmethoden von Gfirtner/Reitmajer, von Stellmacher und von Ammon. Stellmacher[439] verwendet Dialektalitätsgrade, um die Tiefe des Dialektes bei verschiedenen Sprechern innerhalb der von ihm untersuchten Ortsgemeinschaft Osterholz-Scharmbeck, aber auch die Unterschiede zwischen verschiedenen Texttypen dieser Sprecher quantitativ zu erfassen. Durch die von ihm entwickelte Meßmethode wird jedem Sprecher ein bestimmter zahlenmäßig festgelegter Dialektalitätswert zugeordnet. Durch eine Kontrast-Analyse zwischen dem Hochdeutschen und der im Untersuchungsort verwendeten Mundart arbeitete Stellmacher zuerst die niederdeutsch-hochdeutschen Distanzbereiche heraus. Er beschränkte sich dabei hauptsächlich auf den lautlichen Bereich. Aus den festgestellten Differenzen zwischen den beiden Varietäten wählte er 15 Variablen aus, 11 davon Lautunterschiede und 4 morphologisch-syntaktische Differenzen. Die Auswahlkriterien werden in erster Linie durch die Forschungspraxis bestimmt. Stellmacher wählt solche Variablen aus, die eine hohe Auftretensfrequenz haben und die durch einfache, nichtapparative Analyse feststellbar sind. Im folgenden Arbeitsschritt berechnet er die Auftretenshäufigkeit der einzelnen Varianten für jede Variable in den aufgenommenen Sprachaufnahmen mithilfe einer type/token-ratio als Verhältnis zwischen der Beleggesamtzahl und der Zahl der einzelnen Varianten. Daraus ergibt sich, wenn man die Auszählungs- und Berechnungsergebnisse für alle Variablen zusammenfaßt, ein Dialektalitätsindex, der die Tiefe des Dialektes erkennbar werden läßt.

Eine solche Analyse sieht dann folgendermaßen aus:[440]

Analyse der Aufnahme XLI

(phonetische Transkription und Auszählung)

Variable (1): t- (Kennwort *Tag*)
Gesamtposition 0 (kein Beleg vorhanden)

Variable (2): (p) f, (t) s, ch (Kennwörter *Pflanze, Zahn, ich)*
Gesamtpositionen 40
davon gesamt nicht lautverschoben 3 = 0.07
im einzelnen (.....)

Variable (3): -p, -k (Kennwörter *Korb, Weg)*
Gesamtpositionen 7
davon insgesamt nicht standardsprachliche
Spirans 5 = 0.71

(..............)

Als mittlerer Dialektalitätsindex ergibt sich bei diesem Sprecher der Wert 0.28. Er weist also nur eine geringe Dialektalität auf.

Sieht man von den allgemeinen Problemen derartiger Dialektalitätsmessungen ab, auf die weiter unter im Zusammenhang eingegangen werden soll, so kommt hier als besonderes Problem die Definition der linguistischen Meßgrößen hinzu.

Bei der Variable (1) des Beispiels handelt es sich um ein einzelnes Element, den Gegensatz zwischen einem dialektalen [d-] und einem standardsprachlichen [t-] in all den Fällen, in denen historisch ein [d] und kein [þ] vorlag. Im Fall der zweiten Variable sind jedoch drei verschiedene sprachliche Elemente betroffen, die alle drei in unterschiedlichem Maße der II. Lautverschiebung ausgesetzt waren, das historische [p], das [t] und das [k].

Reitmajer und Gfirtner haben zwei verschiedene Dialektalitätsmessungsverfahren entwickelt, die beide in einer gerade erschienenen Arbeit von Reitmajer kombiniert worden sind: das Silbenreduktionsverfahren[441)] und das Diphthong-Verfahren.[442)] Das Silbenreduktionsverfahren geht von der Annahme der grundlegenden Gültigkeit eines psychologischen Ökonomieprinzips aus, das in alltäglichen Sprechweisen zur Eliminierung und Kontrahierung von silbischen Einheiten führt. Dadurch werden in solchen Alltagssituationen grundsätzlich weniger Silben artikuliert als in offiziellen Sprechsituationen. Da nun in Bayern, wo diese Methode erprobt wurde, die alltäglichen Sprechsituationen als sozial schwach kontrollierte Situationen von Dialekt, die sozial stark kontrollierten Situationen dagegen von der Hochsprache beherrscht werden, kann man von dem Grad der Silbenreduktion indirekt den Dialektalitätsgrad ableiten, obgleich, worauf Reitmajer auch hinweist,[443)] im Grunde die Alltagssprachlichkeit gemessen wird. Von jedem Sprecher werden nun 250 Sprechsilben exakt beschrieben und die Zahl der artikulierten Silben mit der potentiellen Silbenzahl in Relation gesetzt. Das sei an einem kurzen Textabschnitt veranschaulicht:

Beispiel: »D'muada is im bed g'eeng, wei's hoiswe g'habd hod«.

Beispiel: »Die Mutter ist im Bett gelegen, weil sie Halsweh gehabt hat«.

Hier zeigt sich deutlich, daß neben den dialektalen Abweichungen auch alle überregional umgangssprachlichen Abweichungen gemessen werden, die mit der Dialektalität eines Textes nichts zu tun haben.

Bei der Diphthong-Methode, die von Reitmajer entwickelt worden ist, um diese Nachteile der Silbenreduktionsmethode auszugleichen – er verwendet beide Methoden in seiner Arbeit deshalb nebeneinander – wird das Grundprinzip der primären Dialektmerkmale aufgegriffen. Reitmajer geht davon aus, daß die Diphthonge, die als Ergebnis recht verschiedener Lautwandelprozesse heute den bairischen Dialekt kennzeichnen, den Charakter von primären Dialektmerkmalen haben. Die hohe Diphthongzahl ist das hervorstechendste Merkmal der von Reitmajer untersuchten mittelbairischen Mundarten. Er setzt ähnlich wie bei der Silbenreduktionsmethode, alle im untersuchten Text realisierten Diphthonge zu allen möglichen Diphthongen in Beziehung und erhält dadurch einen Diphthong-Index, den er zusammen mit dem Silbenreduktionsindex zu einem Gesamt-Dialektalitätsindex zusammenfaßt.

Weniger aufwendig, aber sicherlich ebenso problematisch wie die drei bisher vorgestellten Versuche der Messung von Dialektalität ist ein im Zusammenhang mit dem Erp-Projekt von einer Arbeitsgruppe im Institut für geschichtliche Landeskunde in Bonn unternommener Versuch.[444] Ausgangspunkt war hier die genaue phonetische Transkription eines Textes von zweimal 200 Lauteinheiten. Diese Transkription wurde dann Lautzeichen für Lautzeichen mit der standardsprachlichen Übertragung verglichen. Wörter ohne hochdeutsche Referenzformen wurden weggelassen. Dadurch konnte der Prozentsatz der standardsprachlichen Artikulationen festgestellt werden. Problematisch sind hier besonders drei Bereiche. Einmal wird nur die lautliche Ebene zur Dialektalitätsmessung herangezogen. Dialektwörter, die keine lautliche Entsprechung im Standard haben, bleiben außer acht, sie wirken sich jedoch bestimmt auf die Dialektalität des Textes aus. Zweitens gehen alle Unterschiede zur Standardsprache in gleichem Maße in den Index ein, unabhängig davon, ob es sich um ein Merkmal der regionalen Umgangssprache oder um ein Merkmal des tiefen Dialektes handelt. Drittens schließlich ist der Vergleich mit einer Standardnorm[445] problematisch, die auch von disziplinierten Standardsprachesprechern so gut wie nie erreicht wird. Eine überregionale Umgangssprache wäre hier als Vergleichsgröße angemessener.

Am ausführlichsten setzt sich Ulrich Ammon im zweiten empirischen Teil seiner Dissertation mit dem Problem der Dialektmessung auseinander.[446] Er entwickelt dabei eine Methode, die eine Reihe der oben erwähnten Problempunkte besser löst als die bisher vorgestellten Verfahren. Im Prinzip geht Ammon dabei, wie die anderen Forscher, von der Substitution im Text vorhandener Elemente durch parallele Elemente anderer Varietäten aus. Er unterscheidet fünf Klassen von Einheiten.[447]

1. Elemente, die nur durch einheitssprachlichere Elemente ersetztbar sind, die also zum tiefen Dialekt gehören.
2. Elemente, die nur durch dialektalere Elemente ersetzbar sind, also standardsprachliche Elemente.

3. Elemente, die sowohl durch standardsprachlichere als auch durch dialektalere Elemente ersetzt werden können, also Elemente der Umgangssprache.
4. Elemente, die weder durch standardsprachlichere noch durch dialektalere Elemente ersetzt werden können, also solche, in denen beide Varietäten übereinstimmen. Diese Gruppe ist in der Analyse weggelassen worden.
5. Elemente dialektaler Art, die nicht durch standardsprachliche Referenzformen ersetzt werden können, weil es keine direkte Lautreferenz gibt. Auch diese Elemente sind aus der eigentlichen Dialektalitätsmessung ausgeschieden worden.

Jedes der in der Redekette gegebenen sprachlichen Elemente von der Lautebene bis zur Satzeinheit kann nun einem der oben skizzierten Typen zugeordnet werden. Über die syntagmatische Achse wird dadurch eine paradigmatische gelegt, durch die jedes Element auf einer Skala zwischen Dialekt und Einheitssprache eingeordnet werden kann.[448]

```
paradigmatisch ↑  /ün /
               |   /in /     /o  /        /ā /  /en/
               |   f /en /f  gr /ao /s /ə   w /ē̄ /g/ə/
———————————————————————————————————————————————————————→
syntagmatisch  |   /ae /
```

Abb. 10. Redekette zur Veranschaulichung der Dialektalitätsmessung bei Ammon

Für die einzelnen Elemente werden hier dialektale Stufenleitern sichtbar, wie Ammon sie nennt, aus denen das Dialektniveau ablesbar ist.

Die Beziehung der einzelnen Dialektstufen, die paradigmatisch übereinander angeordnet sind, ist durch unterschiedliche kommunikative Reichweite bestimmt. Von unten nach oben nimmt die Reichweite der Verwendung in der Kommunikation zu.

Dialektale Stufenleitern der hier skizzierten Art bilden Ordinalskalen, durch die nur die Dialektalität der einzelnen Elemente bestimmt werden kann. Will man die Werte der einzelnen Elemente zusammenfassen, dann muß man ihnen Zahlenwerte zuordnen und sie dadurch auf Intervallskalen-Niveau anheben. Ammon ordnet dem Dialekt den Wert 1 und der Standardsprache den Wert 4 zu. Im obigen Beispiel hat dann /ün/ den Wert 4, /in/ den Wert 3, /en/ den Wert 2 und /ae/ den Wert 1. Das arithmetische Mittel aus allen festgestellten Dialektalitätswerten für alle Elemente ergibt dann den Dialektalitätsgrad des Textes.

Ammon hat mit dieser Meßmethode eine große Anzahl von Dialektalitätsmessungen im südwestdeutschen Raum durchgeführt und gute

194

Übereinstimmungen zu den subjektiv von Dialektkennern vorgenommenen Einschätzungen der Dialektalität erzielt. Die Methode hat sich also bis zu einem gewissen Grade in der Praxis bewährt. Es gibt jedoch eine Reihe von Kritikpunkten, auf die teilweise Ammon selbst im Rahmen der Diskussion der Methode hinweist.

Erstens stellt sich die Frage, ob man Dialektalität ausschließlich auf der Grundlage der regionalen Reichweite der einzelnen Formen bestimmen kann. Ammon weist selbst darauf hin, daß im württembergisch-fränkischen Übergangsgebiet die Formen der regionalen Umgangssprache mit dem Mehrwert an Sprachprestige nicht fränkische Dialektformen mit Entwicklungstendenzen zur Einheitssprache sind, sondern württembergische Dialektformen. Hier ist in erster Linie nicht die größere Reichweite, sondern das Sprachprestige ausschlaggebend.[449] Außerdem sollte man bei der Festlegung der Dialektalitätsgrade nach der zunehmenden kommunikativen Reichweite bedenken, daß die kommunikative Reichweite ein Phänomen der Sprecherlinguistik ist, während die Dialektalität mehr in den Bereich der Hörerlinguistik gehört, in der die subjektive Komponente zu berücksichtigen ist. Der zweite Kritikpunkt betrifft die Festlegung der Stufung bei den dialektalen Stufenleitern. Ammon legt fest, daß etwa im Vokalbereich, in dem es beliebig viele Stufungen zwischen zwei Lautextremen gibt, nur Phonemgegensätze als Stufen gewertet werden. Subphonematische Varianten vernachlässigt er, da sie nur für akzentuelle Variabilität eine Rolle spielen. Es ist zweifelhaft, ob man in diesem Zusammenhang den Phonembegriff verwenden kann, da ein Phonem immer nur in einer gegebenen systematischen Umgebung definiert werden kann, die zumindest in den Zwischenbereichen nicht explizit gegeben ist. Besser wird man hier von Lautklassen sprechen. Die Festlegung der Abgrenzung zwischen den Lautklassen, also im oben gegebenen Beispiel etwa zwischen dem [e], dem [i] und dem [ü] in ›fünf‹, ist jedoch ein äußerst schwer lösbares Problem, weil in der Regel in einem gegebenen Text nicht alle Möglichkeiten vorhanden sind. Auch wird man die Stufe 1, die Dialektstufe, nur lautlich festlegen können, wenn man die Besonderheiten jedes einzelnen Ortes berücksichtigt.

Als drittes ist anzumerken, daß durch die Quantifizierung des Dialektniveaus allen Stufenleitern, den vokalischen wie den konsonantischen, den morphematischen wie den suprasegmentellen die gleiche Relevanz, zugeordnet wird. Das bedeutet nach der von Ammon angenommenen Definition letztlich, daß alle Sprachelemente der zweiten Stufe, im obigen Beispiel das [-en-], das [-ao-] und das [-ə], die gleiche kommunikative Reichweite haben, was dialektgeographisch wohl nicht haltbar ist. Außerdem ist an dieser Stelle anzumerken, daß Stufenleitern, in denen die Stufen einander formal ähnlich sind, verständlicher wirken als solche ohne formale Ähnlichkeit. So ist der Schritt zwischen der Form mit Nasalausfall ›faef‹ und der Form mit Nasal ›fenf‹ sicherlich nicht mit dem Schritt zwischen der entrundeten Form ›finf‹ und der gerundeten Form ›fünf‹ zu vergleichen. Trotzdem werden beide gleich bewertet.

Ein Problem, das hiermit in engerer Verbindung steht, betrifft die Bedeutung der Belegzahlen für einzelne Stufenleitern. Ammon zieht jedes Kontrastphänomen nur einmal heran. Wenn die gleiche dialektale Stufenleiter im Text ein zweites Mal auftritt, wird sie nicht berücksichtigt. Die Verständlichkeit eines Textes und auch seine kommunikative Reichweite hängen jedoch auch davon ab, wie oft schwer bzw. leicht verständliche Elemente in ihm auftreten.

Der vierte Kritikpunkt betrifft schließlich das Datenproblem. Bei raumorientierter Arbeit mit dialektalen Stufenleitern müssen alle Ortsdialekte, die in die Untersuchung einbezogen sind, beschrieben sein. Weiterhin müssen auch alle regional-umgangssprachlichen Formen innerhalb der jeweiligen Orte bekannt sein, um eine Stufenleiter aufstellen zu können. Das ist jedoch bisher nur für sehr wenige, meist städtische Sprachgemeinschaften der Fall.

Auf die von Ulrich Ammon vorgeschlagene Methode zur Dialektalitätsmessung und die Kritik daran ist deswegen so ausführlich eingegangen worden, weil hier weniger eine Schwäche des Ammonschen Konzeptes als vielmehr die Schwächen aller bisher bekannten Meßmethoden erkennbar werden.

Unbestritten ist die Brauchbarkeit und Notwendigkeit von Meßmethoden für Dialektalitätsmessungen. Alle dialektsoziologischen und dialektpragmatischen Analysen, die sich mit dem Gebrauch von Dialekt und dialektartigen sprachlichen Existenzformen beschäftigen, müssen einen Maßstab für den Grad der Dialektalität haben. Sonst bleibt nur eine nicht intersubjektiv nachprüfbare Zuordnung zu allgemeinen undifferenzierten Kategorien wie ›Dialekt‹, ›Halbmundart‹ usw. Hier sind Forscher wie Stellmacher, Reitmajer und besonders Ammon durchaus auf dem richtigen Weg, wenn sie sich bemühen, objektiv überprüfbare und quantifizierbare Meßmethoden für Dialektalität zu entwickeln. Die Probleme, die sich jedoch immer noch stellen und die von keiner der hier skizzierten Methode gelöst werden, lassen sich in drei Leitfragen zusammenfassen:
1. Was wird gemessen?
2. Womit wird gemessen?

3. In welchen Schritten wird gemessen?

1. Ulrich Ammon hat als Hauptkriterium seiner Dialektdefinition die regionale Reichweite. Ganz folgerichtig sucht er bei der Messung von Dialektalität auch dieses Phänomen zu operationalisieren und zu messen. Es fragt sich jedoch, ob für die dialektsoziologischen und dialektpragmatischen Fragestellungen zur Verwendung verschiedener Varietäten in Dialekt-Standard-Sprachgemeinschaften die regionale Reichweite der einzelnen Varietäten eine geeignete Meßgröße ist. Die Beziehungen zwischen Standard und Dialekt sind nicht linguistisch festgelegt. Die Definition basiert auf sprachsoziologischen Tatsachen, von denen der Verwendungsbereich einer Variable nur eine ist. Wichtiger scheint hier, auch in Hinsicht auf die Hörerlinguistik, die bei Dialektalitätsmessungen eine Rolle spielt, etwa der Aspekt des unterschiedlichen Sprachwertes zu sein, der auch verschiedene Dialekte voneinander unterscheiden kann. Man muß daher fragen, ob man bei Dialektalitätsmessungen nicht auch auf Hörerurteile zurückgreifen sollte, auf Beurteilungen von Sprachsequenzen durch kompetente Sprecher/Hörer.

2. Die Frage ›womit wird gemessen?‹ betrifft die Auswahl der sprachlichen Variablen, die für die Dialektalitätsmessung herangezogen wird. Soll man die Variablen nur aus dem Lautbereich nehmen oder aus allen Sprachbereichen? Ist jede Variable hinsichtlich der Kennzeichnung von Dialektalität gleichwertig? Solche Entscheidungen können nicht aus forschungspraktischen Gründen erfolgen, wie es Stellmacher versucht. Sie sind letztlich jedoch auch nicht linguistisch begründbar, da die Dialekt-Standard-Differenz kein sprachliches sondern zuerst ein sprachsoziologisches Problem ist. Auch hier scheint mir ein Rückgriff auf das Sprachwissen der untersuchten Sprachgemeinschaft nicht zu umgehen zu sein, etwa durch die Bestimmung von dialektalen und sozialen Markierungen.

3. Die Frage ›in welchen Schritten wird gemessen?‹ bezieht sich auf die zahlenmäßige Bewertung von gegeneinander substituierbaren sprachlichen Elementen auf einer Skala vom Dialekt bis zur Standardsprache. Hier stellen sich fast unlösbare Probleme, weil eine solche Bewertung aus denselben Gründen wie die oben erwähnte Auswahl von Variablen nicht linguistisch, sondern nur sprachsoziologisch begründbar ist. Hier scheint mir auch der Versuch Ammons, das sprachsoziologische Phänomen der regionalen Reichweite als Unterscheidungskriterium einzuführen, nicht weiter zu führen, da über die wirkliche regionale Reichweite von sprachlichen Zwischenformen noch fast nichts bekannt ist.

Es gibt noch einen weiteren Einwand gegen die Praktizierbarkeit von Dialektmessungen. Untersuchungen über die Fähigkeit von Mitgliedern einer örtlichen Sprachgemeinschaft, das sie umgebende sprachliche Kontinuum in verschiedene unterschiedliche Sprachlagen differenzieren, haben gezeigt, daß nicht einmal innerhalb eines kleinen Dorfes alle Ortsbewohner die gleichen Auffassungen darüber haben, was Dialekt ist, was Halbmundart und was regionale Umgangssprache. Es ließen sich gruppenspezifische Unterschiede in der Art aufweisen, wie das sprachliche Kontinuum differenziert wird.[450] Auf der Grundlage dieser Ergebnisse werden auch die Versuche, Dialektalität durch Beurteilungen von Hörern zu messen, problematisch.

So bleibt am Ende des Abschnitts über die Messung von Dialektalität nur festzustellen, daß bisher noch keine eindeutig brauchbaren Meßmethoden entwickelt worden sind. Allenfalls bei Untersuchungen, die sich auf einen Ortspunkt beziehen, über den in ausreichendem Maße Informationen über sprachliche Zwischenformen und die dialektale Basis vorhanden sind, läßt sich die von Ammon entwickelte Methode wohl verwenden.

In dem vorliegenden Kapitel konnten viele Problembereiche der Beschreibung, des Vergleichs und der Messung von Dialekten und dialektartigen sprachlichen Existenzformen nur angedeutet werden. Festzuhalten bleibt jedoch, daß man im Bereich der Beschreibung und des Vergleichs von Sprachvarietäten mit den klassischen Beschreibungsmodellen des Strukturalismus nicht weiter kommen wird. Hier wird man die zugrundeliegenden sprachtheoretischen Annahmen ausweiten müssen, um die differenzierten Probleme innerhalb einer komplexen Sprachgemeinschaft angemessen erfassen zu können.

Zusammenfassung und Ausblick

Überblickt man die Ergebnisse, die die Analysen und Überlegungen in den vorausgehenden Kapiteln erbracht haben, dann lassen sich sowohl für die Dialekte als auch für die Dialektologie und nicht zuletzt für die Dialektologen einige Konsequenzen herausarbeiten.

1. Dialekte sind heute keine ausschließlich raumgebundenen Varietäten mehr, wenn sie es überhaupt jemals waren. Dialekte sind sprachliche Existenzformen, die eingebunden sind in vielfältige und verschiedenartige gesellschaftliche und situative Bezüge, die nicht ihren Randbereich bilden, sondern das Phänomen der Dialektalität heute zentral prägen.

2. Dabei ist ein Dialekt in der Hauptsache kein genuin linguistisches Phänomen – wenn man an den Umkreis der strukturalistischen Linguistik denkt –, sondern ein sprachsoziologisches. Von den sprachsoziologischen Existenzbedingungen leitet der Dialekt in erster Linie seine Definitionskriterien ab. Linguistisch – im engen Sinne – lassen sich Dialekte nicht von anderen Varietäten, etwa von ausgebildeten Standardsprachen unterscheiden.

3. Dialekte, wie sie uns heute im deutschsprachigen Raum entgegentreten, können nicht als homogene und synchrone Gebilde aufgefaßt werden, und sie können daher auch nicht mit Methoden einer auf diesen Prämissen aufbauenden strukturellen Linguistik beschrieben werden. Heutige Dialekte sind sowohl in ihrer sprachlichen Gestalt als auch in ihrer Funktion und Verwendungsweise im gesellschaftlich-situativen Umfeld heterogene Gebilde, und sie sind Ergebnisse komplexer gesellschaftlicher Veränderungsprozesse, die in der hier vorliegenden Analyse allgemein als gesellschaftliche Modernisierungsprozesse bezeichnet worden sind.

4. Die Untersuchungen zur Funktion dialektalen Sprechens in gesellschaftlichen Institutionen wie Schule und auch Familie haben gezeigt, daß der Dialekt eine wichtige Rolle bei der Konstituierung von gesellschaftlichen Beziehungen und Gliederungen übernimmt, daß er Integrationsmerkmal sein kann, daß er aber auch Barrierencharakter annehmen kann und sich dadurch negativ auf die Verteilung gesellschaftlicher Möglichkeiten auswirkt.

5. Die Wechselwirkungen zwischen dialektalen Ausdruckssystemen und sozialen Strukturen betreffen in erster Linie nicht gesellschaftliche Grundstrukturen wie Klasse oder Schicht. Obgleich diese Faktoren

sicherlich bei der Konstituierung und Stabilisierung der bestehenden Verhältnisse eine wichtige Rolle gespielt haben und noch spielen, sind für die primäre Korrelation zum Sprachverhalten doch eher komplexere und auch ›oberflächlichere‹ gesellschaftlich-situative Phänomene wie Ortsloyalität, Urbanität, Öffentlichkeitsgrad oder Formalität der Situation von Bedeutung.

Diese fünf Feststellungen, die auf der Grundlage der vorhergehenden Überlegungen für die Dialekte getroffen werden können, haben Konsequenzen für die Dialektologie und für den Dialektologen.

1. Die wichtigste Konsequenz sollte wohl der endgültige Abschied von einer Dialektologie sein, die sich auf die Beschreibung und Analyse der räumlichen Verteilung von dialektalen Varianten und Varietäten beschränkt. Dialektologie muß neben der Dialektgeographie auch die Dialektsoziologie und die Dialektpragmatik mit umfassen, ob man diese beiden Bereiche nun trennt, wie es hier geschehen ist, oder ob man beides als Dialektsoziologie bezeichnet.

2. Die Dialektologie muß intensiver und systematischer als bisher eine historische Wissenschaft werden. Alle drei Teildisziplinen der Dialektologie haben historische Komponenten, die bisher zumindest in zwei dieser Bereiche völlig von der Forschung vernachlässigt worden sind. Ohne differenzierte Analysen im Bereich etwa der historischen Dialektsoziologie wird die Entstehung und Durchsetzung der deutschen Standardsprache nicht zu erfassen sein.

3. Die Dialektologie bildet zusammen mit der Sprachwandelforschung, der Sprachsoziologie und der Sprachlernforschung den Kernbereich einer neuen Linguistik, die Methoden konzipieren muß, mit denen die Einschränkungen der Homogenitäts- und Synchronieforderungen der strukturalistischen Sprachwissenschaft überwunden werden können. Eine solche ›neue Linguistik‹ sollte man als ›Variationslinguistik‹ bezeichnen.

In der hier vorgelegten Arbeit konnten nur einige Erkundungsfahrten in den weiten Bereich unternommen werden, den diese Forderungen an die Dialektologie umreißen.

Es wäre zu wünschen, daß durch eine kritische Auseinandersetzung mit diesen Überlegungen weitere Regionen dieses ›weiten Feldes‹ abgesteckt und erschlossen werden könnten.

Anmerkungen

[1] Goossens (1977).   [2] Goossens (1977) 23–33.

[3] Goossens (1977) 32.

[4] Für den deutschen Bereich bisher in Ansätzen in Heuwagen (1974).

[5] Ammon (1972) 37–55.

[6] Bühler (1933) 90. Andere Funktionskategorisierungen unterteilen in kommunikative bzw. kognitive Funktion und in soziale Funktion der Sprachvarietäten/Sprachzeichen, oder auch in ›Inhaltsfunktion‹ und ›Beziehungsfunktion‹. Zur Kategorisierung von Sprachfunktionen und besonders zur Rolle der kognitiven Funktion vgl. Heeschen (1976).

[7] Wegener (1976).   [8] Maurer (1930).

[9] Auf die Forschungsgeschichte dieses Bereiches wird in Umrissen eingegangen im Abschnitt über Dialekt und soziale Gruppierungen, S. 59–85.

[10] Bach (1934). Die zweite Auflage erschien stark erweitert 1950, die dritte Auflage nur wenig überarbeitet 1969.

[11] In der ersten Auflage wurden diese Forschungsansätze noch unter dem Titel ›Das volkskundliche Problem‹ abgehandelt, vgl. S. 130–170.

[12] Hard (1966).

[13] Vgl. dazu forschungsgeschichtlich Mattheier (1974a).

[14] Ammon (1972).   [15] Hohnerlein (1954), Höh (1951).

[16] Engel (1954).

[17] Vgl. die Papiere von zwei 1977 in Marburg abgehaltenen Symposien: Ammon u.a. (Hg.) (1978) und Göschel u.a. (Hg.) (1980).

[18] Göschel u.a. (Hg.) (1976).   [19] Vgl. dazu Besch u.a. (1977).

[20] Löffler (1974a) 1–10.   [21] Guchmann (1977).

[22] Vgl. dazu Löffler (1974a) 2f.

[23] Beschränkte kommunikative Reichweite, das Hauptdefinitionskriterium von ›Dialekt‹ bei Ammon, ist hier nur ein Aspekt der Kriteriums ›Substandardcharakter‹. Hinzu kommt z. B. auch die prestigemäßige Unterordnung des Dialektes unter die Standardsprache. Vgl. Ammon (1978) 49–57.

[24] Löffler (1974a) 5, Ammon (1972) 121f.

[25] Heger (1971), bes. 237.

[26] Vgl. hierzu für Sonderfälle die Überlegungen in Goossens (1976) 272f.

[27] Fishman (1970) 21f.

[28] Goossens (1977) 9f. geht von der örtlichen Sprachgemeinschaft aus und unterscheidet eine diaphasische Komponente, die die Altersschichtung erfaßt.

[29] Vgl. S. 52f.

[30] Vgl. dazu Goossens (1977) 10, Fig. 1 und die Kritik in Mattheier (1979) 276f.

[31] Vgl. die Abschnittsgliederung bei Fishman (1970).

[32] Labov (1976, 1978) Bd. 2, 180f.

[33] Vgl. hierzu Buch der Richter 12, 5–6: »Da besetzte Gilead vor Ephraim die Jordanfurten, und wenn ephraimitische Flüchtlinge sagten: ›Laßt mich hinüber!‹ fragten die Leute von Gilead: ›Bist du ein Ephraimit?‹ Antwortete er ›Nein‹, dann sagten sie zu ihm: ›Sag mal Schibbolet!‹ Da sagte er ›Sibbolet‹, denn er konnte es nicht richtig aussprechen. Dann packten sie ihn und erschlugen ihn an den Jordanfurten.« Ein frühes Beispiel für soziale Markiertheit eines Sprachelements und die damit verbundenen Sanktionen. (Vgl. Scheutz (1977) Vorsatzblatt).

[34] Hammarström (1966).

[35] Bei der Abgrenzung dieser Begriffe gehe ich von dem Kategoriensystem aus, das G. Ungeheuer für seine Handlungstypisierung verwendet. Er differenziert Tätigkeit und Handlung, innere und äußere Handlung, Individualhandlung und Sozialhandlung, unvermittelte und vermittelte Sozialhandlung. Eine Form des letzten Typs ist die sprachliche Kommunikation. Ungeheuer (1974), bes. 11f.

[36] Hier ist die kommunikative Funktion der Sprache, inhaltliche Informationen auszutauschen, und die soziale Funktion, gesellschaftliche Beziehungen unter den Sprechern aufzubauen und aufrecht zu erhalten, angesprochen. Vgl. dazu Watzlawik, Beavin, Jackson (1972).

[37] Garfinkel, Sacks (1973).   [38] Vgl. Mattheier (1979a) 125.

[39] Hufschmidt, Mattheier (1980).

[40] Dieser Gruppenbegriff baut auf Überlegungen von Jürgen Frese auf. Frese (1974) 60ff.

[41] Zum allgemeinen Situationsbegriff bei W. J. Thomas und F. Znaniecki, der hier teilweise übernommen wird, vgl. Hufschmidt (1973).

[42] Fishman (1970) 55: »Domain-Cluster of social situations typically constraint by a common set of behavioral rules«.

[43] Veith (1978), Schlieben-Lange/Weidt (1978).

[44] Henne (1975) für die gesamte folgende Diskussion und die Literaturhinweise.

[45] Schlieben-Lange/Weidt (1978), 259.

[46] Vgl. etwa Meyer-Hermann (Hg.) (1978).

[47] Jespersen (1925) 225.

[48] Schon Gauchat wies 1905 darauf hin, daß in dem von ihm untersuchten Dorf im französischen Jura die Frauen sich progressiver verhalten als die Männer. Gauchat (1905).

[49] Bach (1969) § 195.

[50] Šerech (1952) 78: »Wie verbindet man die konservierende Rolle der Frauensprache mit der Rolle einer Novatorin entsprechend der Mode?«

[51] Eine Übersicht über die Behandlung dieses Themas in 55 Monographien der Reihe ›Deutsche Dialektgeographie‹ gibt Stellmacher (1975/76) 165–170.

[52] Vgl. zu diesem methodischen Problem Mattheier (1974).

[53] Ammon (1973).   [54] Stellmacher (1975/76) und Stellmacher (1977).

[55] Hofmann (1963) 272.   [56] Hofmann (1963) aus Tabelle nach S. 268.

[57] Ammon (1973) 205–219.

[58] Tabelle aus Heuwagen (1974) Tab. 18.1.
[59] Vgl. hierzu Stellmacher (1975/76) 167f.   [60] Hirt (1909) 241.
[61] Vgl. hierzu etwa Bierhoff-Alftermann (1977) und Scheu (1977) und Ammon (1978) 48f.
[62] Steiner (1957) 147.   [63] Ammon (1978) Tabelle 4 und 5, S. 50.
[64] Diese Deutung ist der von Ammon (1978) 49 erwogenen methodologischen Erklärung vorzuziehen.
[65] Hofmann (1963) 227.   [66] Hofmann (1963) 227.
[67] Hofmann (1963) 227.   [68] Hofmann (1963) 227.
[69] Wegener (1976), zuerst 1879.
[70] Bohnenberger, zit. in Mitzka (1952) 54.
[71] Janßen (1937), zit. in Mitzka (1952) 54.
[72] Zwirner (1964) 25f.   [73] Stellmacher (1977) 76.
[74] Bach (1969) § 196.   [75] Stroh (1928) 57.
[76] Wenzel (1930) 124f.   [77] Paul (1920) 34.
[78] Spangenberg (1963) 68.   [79] Hard (1966) 29−38.
[80] Ammon (1973) 57f. und Ammon (1972) passim.
[81] Ammon (1973) 220f.   [82] Hufschmidt, Mattheier (1976) 115ff.
[83] Heuwagen (1974) Tabellenband, 6.
[84] Heuwagen (1974) Tabellenband, 13.   [85] Kamp/Lindow (1967).
[86] Vgl. hierzu auch die Ergebnisse der Befragung von Heinsohn in Hamburg, Heinsohn (1963).
[87] Spangenberg (1969), hieraus auch Tabelle 8 (= Spangenberg (1969) 577).
[88] Schönfeld (1974).
[89] Hofmann (1963), Stellmacher (1977), Ammon (1973).
[90] Stellmacher (1977) 76. Hier wirkt sich offensichtlich das alltagssprachliche Niveau der Kinder im situativen Bereich aus.
[91] Ammon (1973), Zusammenfassung aus Tabellen 62−68.
[92] Spangenberg (1969) 583.   [93] Quasthoff (1973) 56.
[94] Peng (1976), daraus auch die Abbildung 1, Peng (1976) 77.
[95] Janßen (1943) 128.   [96] Spangenberg (1963) 66ff.
[97] Mattheier (1974) und Mickartz (1981).   [98] Vgl. S. 140–173.
[99] Janßen (1943) 128, im Text gesperrt.   [100] Mattheier (1979a).
[101] Ammon (1978a) 64ff.   [102] Hard (1966) 34, Anm. 21.
[103] Ammon (1973) 26f.   [104] Keintzel-Schön (1969).
[105] Steller (1959).   [106] Bellmann (1957).
[107] Vgl. dazu u.a. Labov (1974).   [108] Kiparski (1970) und King (1969).
[109] Reiffenstein (1977) 177ff.
[110] Labov (1972), Abb. 2, S. 120 und Text 121ff.
[111] Zur Bedeutung der Norm in diesem Bereich vgl. Hartung (1977).
[112] Vgl. auch zu diesem Typ Labov (1972), etwa Tabelle 7, S. 150.
[113] Vgl. dazu Mattheier (1979a).
[114] Gauchat (1905) und Hermann (1929).   [115] Peng (1976).
[116] Clyne (1972).   [117] Hymes (Hg.) (1971).
[118] Vgl. Meier Helmbrecht, Hg. K. Ruh (= ATB 11) und Ehrismann, 2, 2.2, S. 101−106.

[119] ›Stynchyn van der Krone‹. In: Drei Kölner Schwankbücher aus dem XVten Jahrhundert, hrsg. v. J.J.A.A. Frantzen und A. Hulshof. Utrecht 1920, 1–26.
[120] Wegener (1976), zuerst 1879, 1. [121] Engel (1962).
[122] Ammon (1972) 55–71. [123] Wegener (1976), zuerst 1879, 17.
[124] Kretschmer (1969). [125] Kretschmer (1969) 9.
[126] Kretschmer (1969) 11. [127] Naumann (1925) 55.
[128] Naumann (1925) 65. [129] Maurer (1933).
[130] Maurer (1933) 48. [131] Mitzka (1935). [132] Bach (1969) § 70.
[133] Rudolf (1927). [134] Bach (1934) 137f. [135] Hofmann (1963).
[136] Vgl. hierzu Kratz (1970).
[137] Vgl. hierzu die programmatischen Äußerungen in Wegener (1976) zuerst 1879, die die Alternative formulieren.
[138] Debus (1978) 366f. [139] Winteler (1876) und Bremer (1895).
[140] Zwirner (1964). [141] Engel (1954). [142] Hofmann (1963).
[143] Hofmann (1963) 204–214. [144] Wolfensberger (1967).
[145] Hotzenköcherle (1962) 1–12, 119–124.
[146] Vgl. hier die Bemerkungen zur Typologie der Mundartlandschaften S. 162–170.
[147] Stellmacher (1977). [148] Stellmacher (1977) 34–47.
[149] Bolte, Kappe, Neidhardt (1968) 14–17.
[150] Stellmacher (1977) 39–42.
[151] Vgl. hierzu die Rezension der Arbeit in Mattheier (1980a).
[152] Vgl. hierzu das Hauptwerk Aubin, Frings, Müller (1926).
[153] Spangenberg (1963) 57. [154] Spangenberg (1963) 58–69.
[155] Rosenkranz (1963). [156] Rosenkranz (1963) 17.
[157] Engel (1954). [158] Sperschneider (1970) 225f.
[159] Spangenberg, Schrickel (1959/60) u.a.m.
[160] Vgl. hierzu etwa Girke, Jachnow (Hg.) (1975).
[161] Vgl. dazu Autorenkollektiv (1977).
[162] Hartung u.a. (1976) und Neumann (1976).
[163] Gernentz (1974) 209. [164] Donath (1974) 38f.
[165] Ising (1974) 17. [166] Rosenkranz (1974) 103.
[167] Schönfeld (1974) 281f. [168] Ising (1974) 17.
[169] Ising (1974) 33. [170] Ising (1974) 19. [171] Donath (1974) 41.
[172] In der vorliegenden Arbeit werden diese Beziehungen im Abschnitt über soziale Gliederungen und Situation behandelt, S. 90–106.
[173] Ammon (1972).
[174] Vgl. hierzu auch die Forderungen von Guchman (1977) 37.
[175] Ammon (1972) 15–21. [176] Ammon (1972) 16.
[177] Ammon (1978) 64f. [178] Ammon (1978) 66.
[179] Ammon (1972) 24. [180] Ammon (1978) 59.
[181] Ammon (1972) 24. [182] Ammon (1972) 24.
[183] Ammon (1978) 66: »Die fortdauernde vorindustrielle, individuelle Produktionsweise der Landwirtschaft, die den fortdauernden Dialektgebrauch dort bedingt, ist das Ergebnis der ungleichmäßigen Entwicklung von Stadt

und Land im Kapitalismus.«

[184] Vgl. hierzu Mattheier (1979a) 134–172 und auch die noch unveröffentlichten Ergebnisse zum ›Kelzenberg-Projekt‹ der Abt. f. Sprachforschung des Instituts für geschichtliche Landeskunde Bonn.

[185] Vgl. Anm. 184.

[186] Ammon (1978) 65f. Sie betrifft aber in erster Linie die mittleren Schichten der Gesellschaft.

[187] Reitmajer (1979).   [188] Vahle (1978a).

[189] Rein (1974/75) und Rein (1977).

[190] Hufschmidt, Klein, Mattheier, Mickartz (1981).

[191] Bolte, Kappe, Neidhardt (1968) 11–14.

[192] These vom Marx; Bolte, Kappe, Neidhardt (1968) 23.

[193] Thesen der Funktionalisten Parsons, Moore, Davis; Bolte, Kappe, Neidhardt (1968) 24.

[194] These von Dahrendorf; Bolte, Kappe, Neidhardt (1968) 24.

[195] Vgl. hierzu den informativen Überblick in Reimann u.a. (1975) 61–64.

[196] Davis, Moore (1945).   [197] Parsons (1940).

[198] Ammon (1978) 57.

[199] Vgl. dazu Thomas (1965) und die Einleitung in die deutsche Ausgabe von Edmund H. Volkart, Volkart (1965).

[200] Bremer (1895), Hinweis aus Hard (1966) 29.

[201] Hotzenköcherle (1934), Hinweis aus Hard (1966) 29.

[202] Vgl. hier die Literaturübersicht bei Hard (1966) 31–35.

[203] Steller (1940) 89f.   [204] Kuhn (1934) 290ff.

[205] Janßen (1943).   [206] Noelle, Neumann (1967).

[207] Die Daten der Befragung, auf der die Publikation Anm. 207 basiert, wurden ausführlicher publiziert und analysiert in Heuwagen (1974). Aus dieser Publikation stammt auch die folgende Tabelle, bei Heuwagen (1974), Tabelle 17.

[208] Kamp/Lindow (1967).   [209] Rein, Scheffelmann (1975).

[210] von Polenz (1954) 100.   [211] Knoch (1939) 16.

[212] Hain (1951).

[213] Höfler (1955) referiert hier über Stammbaumtheorie, Wellentheorie und Entfaltungstheorie.

[214] Kranzmayer (1931) 39f.   [215] Höfler (1955) 44.

[216] Henzen (1954) 204.

[217] Weinreich (1953), Ferguson (1959), Gumperz (1975).

[218] Hard (1966) 29–38.

[219] Vgl. zu diesen Beziehungen Mattheier (1979a) 1f.

[220] Vgl. hierzu die Arbeit von Dahrendorf (1959) und die Diskussion des Rollenbegriffs in Hager, Haberland, Paris (1973) 146–184.

[221] Bernstein (1970).

[222] Vgl. zu diesem Ansatz Steger u.a. (1974) 94f., Funkkolleg Sprache (1973) 2, 250f.

[223] Labov (1966).   [224] Dressler, Leodolter, Chromec (1976).

[225] Mattheier (1975) und Mattheier (1979a).   [226] Klein (1981).

[227] Hard (1966) 29–38.   [228] Vgl. zur Kritik Claessens (1969).

[229] Vgl. dazu Linton (1967) zuerst 1945.

[230] Vgl. hierzu den Überblick bei Krappmann (1971).

[231] Gumperz (1975a).

[232] Vgl. dazu Mattheier (1980b).   [233] Fishman (1970) 52–56 u. ö.

[234] Ferguson (1959) und Fishman (1970) 52.

[235] Weinreich, Labov, Herzog (1968) 159–165.

[236] Fishman (1975) 120–122.

[237] Klein (1981), Mattheier (1974), Mickartz (1981).

[238] Hier ist auch auf die vorne referierte Position von Donath (1974) hinzu-weisen, der seinen Begriff von sozialen Gruppen ähnlich faßt wie Situatio-nen oder Rollen.

[239] Einen Entwurf des Gesamtkonzepts bietet Steger u.a. (1974).

[240] Vgl. dazu Funkkolleg Sprache (1973) 2, 194–210, und auch die Arbeit von Bayer (1977).

[241] Eine Übersicht über eine Reihe von Komponentenkombinationen gibt Heeschen (1976).

[242] Jedoch wohl nicht in der direkten Anwendung auf die dialektalen Varie-täten, wie Stellmacher (1977) 55–57 es versucht. Vgl. die Kritik in Mattheier (1980a).

[243] Hier ist besonders auf die theoretische Untersuchung von Bayer (1977) hinzuweisen.

[244] Vgl. hierzu Hufschmidt, Mattheier (1980).

[245] Vgl. hierzu auch die Überlegungen von Habermas (1962).

[246] Z. B. trennt Stellmacher (1977) nicht zwischen beiden Kategorien.

[247] Der Begriff des ›Dialektsprechers‹ kann in diesem Zusammenhang nicht eindeutig definiert werden. Für viele Lehrer ist schon ein Kind, das einen deutlichen dialektalen Akzent spricht, ein Dialektsprecher.

[248] Vgl. hierzu Spangenberg (1963) 57, wo schon 1720 der Dialektverfall prognostiziert wird.

[249] Diese Meinung vertrat z.B. bei einer Befragung eine Schulbehörde in NRW.

[250] So auch die Allensbachbefragung, deren Ergebnisse in Heuwagen (1974) zusammengestellt sind.

[251] Vgl. hierzu auch die Daten bei Steiner (1957) und den sehr informativen Bericht von Wiechmann (1972) aus verschiedenen Regionen Nieder-deutschlands, besonders aus Schleswig-Holstein, der die hier skizzierten Tendenzen voll bestätigt.

[252] Hasselberg (1976a) 167.   [253] Spangenberg (1963).

[254] Frank (1973).   [255] Schultze (1874) IVf.

[256] Wenzel (1930) 66.   [257] Hasselberg (1976a) 177.

[258] Ammon (1978a).

[259] Vgl. den Bericht über das Referat der Erhebungsergebnisse Hoffmann (1979a).

[260] Hasselberg, Wegera (1975) 248f.   [261] Siebs (1969).

[262] Vgl. hierzu Zehetner (1977) 20f, 30.

[263] Diese Werte sind durchschnittlich von allen Bearbeitern einzelner Hefte der Reihe ›Hochsprache/Mundart-kontrastiv‹ Düsseldorf 1976ff ermittelt worden. Zu dieser Reihe vgl. Besch (1975).

[264] Reitmajer (1975) 317–321, Tabelle aus dem Text zusammengestellt.

[265] Ramge (1978).

[266] Ramge (1978), Zitate von Lehreräußerungen S. 199.

[267] Vgl. dazu die Analysen von Mickartz (1981).

[268] Vgl. hierzu das Literaturreferat bei Quasthoff (1973) 53–57.

[269] Zu diesem Typ vgl. die typologische Skizze in Mattheier (1974).

[270] Vgl. S. 118f.

[271] Zu diesem Problem vgl. die demnächst zu veröffentlichenden Ergebnisse einer Lehrerbefragung im südlichen Rheinland.

[272] Hier sind besonders Paul Heimann und Wolfgang Schulz zu nennen. Vgl. dazu Heimann, Otto, Schulz (1966).

[273] Ein solches Erziehungsziel formuliert und begründet Ammon in Ammon (1978) 269f.

[274] Ansätze eines solchen Erziehungszieles finden sich in Jäger (1971).

[275] Zur Kritik dieser Position vgl. Broweleit (1978) 176f.

[276] Zehetner (1977) 20f.

[277] Broweleit (1978) 177.

[278] Ansätze zu solchen Überlegungen finden sich schon bei Hildebrand (1867), zit. nach der Auflage von 1903, 68.

[279] Löffler (1972) und Löffler (1974) sowie Löffler (1979).

[280] Vgl. hierzu die Forderungen von Ludolf Wienbarg u. a. in Wienbarg (1834). Vgl. dazu auch Besch (1979).

[281] Hildebrand (1867), zit. nach der Auflage von 1903, 68f.

[282] Besch (1975) 153–156.

[283] Das ist heute zumindest in NRW aus verschiedenen Gründen nicht mehr der Fall.

[284] Mattheier (1974a).

[285] Löffler (1972) und Löffler (1974) sowie Besch, Löffler (1973).

[286] Hasselberg (1976), Reitmajer (1979), Hagen, Vallen, Stijnen (1976).

[287] Vgl. hierzu etwa die Skizze zur Forschungslage im Heidelberger Forschungsprojekt (1976) 36–39 und die dort zitierte Literatur.

[288] Besch (1975) 162.

[289] Deshalb wird man in der Praxis davon auszugehen haben, daß die von Besch und Löffler konzipierte Dialektdidaktik für längere Zeit noch die einzig mögliche Art bleiben wird, sich dem Problem aktiv zu stellen.

[290] Zu diesen Überlegungen vgl. Mattheier (1979a) 412f.

[291] Für die einzelnen Regionen sind derartige Arbeiten in den fünf Bänden der Reihe ›Hochsprache/Mundart-kontrastiv‹ Düsseldorf 1976ff aufgeführt.

[292] Besch, Löffler, Reich (Hg.) (1976ff).

[293] J. Hasselberg, K. P. Wegera, Hessisch (Bd 1) (1976); L. G. Zehetner, Bairisch (Bd 2) (1977); W. Besch, H. Löffler, Alemannisch (Bd 3) (1977); U. Ammon, U. Loewer, Schwäbisch (Bd 4) (1977); H. Niebaum, Westfä-

lisch (Bd 5) (1978); E. Klein, K. J. Mattheier, H. Mickartz, Rheinisch (Bd 6) (1978). Es stehen noch die Hefte aus dem Ostfälischen (Stellmacher) und aus dem Pfälzischen (B. Henn) aus. Für das Südfränkische ist ein Heft geplant.

[294] Am weitesten ausgebaut ist dieser Bereich in dem Heft zum Rheinischen.

[295] Vgl. hierzu Roth (1957) 248, wo er folgende Stufen unterscheidet: Motivationsstufe, widerstrebendes Objekt als Aufgabe einer Lernsituation, Einsicht in geeignete Arbeits- und Lösungswege, Durchführung des Weges und Erfolg, Behalten und Einüben, Bereitstellen, Übertragen und Integration.

[296] Zu dieser Begrifflichkeit vgl. Broweleit (1978) 191.

[297] Vgl. hierzu Ammon (1972) 120–126.

[298] Ammon (1978a) 51.   [299] Hasselberg (1976a) 174f und 178ff.

[300] Ammon (1972) und Ammon (1978).   [301] Ammon (1978) 44–47.

[302] Ammon (1978) 44, 47, aber Ammon (1975) 93, 94.

[303] Besch (1973).   [304] Socin (1888).   [305] Henzen (1954).

[306] Vgl. etwa Naumann (1925) 65 und Ammon (1973a) 26.

[307] Vgl. das Konzept der Kulturraumforschung in Aubin, Frings, Müller (1926) und die Darstellung der Forschungsprinzipien der Marburger Schule der Dialektologie in Kratz (1970) und Wiegand (1971).

[308] Mitzka (1935) und (1946).

[309] Möhn (1963), (1963/64) und (1967).   [310] Hofmann (1963).

[311] Ammon (1972) 22–36 und Ammon (1973a) 26–29.

[312] Ammon (1973) 29.   [313] Ammon (1973) 29.

[314] Ammon (1972) 37–54.

[315] In der DDR sind nach 1970 ebenfalls eine Reihe von Versuchen unternommen worden, Dialektentwicklungen in größere gesellschaftliche Wandlungsprozesse einzubetten. Vgl. Schönfeld (1977), Donath (1974), Ising (1974), Rosenkranz (1974) sowie das Referat über diese Arbeiten S. 80f.

[316] Flora (1974) faßt die verschiedenen Ansätze dieser Forschungsrichtung zusammen.

[317] Reulecke (1977) 273.

[318] Der Eurozentrismus dieser Theorie ist neben der pauschalen Dichotomisierung in moderne und traditionale Gesellschaften einer der Hauptkritikpunkte von Bendix gegen diesen theoretischen Ansatz. Vgl. dazu Flora (1974) 15f. und Bühl (1970). Innerhalb von Europa und unter den Rahmenbedingungen, die die Sozialgeschichte hier setzt, verlieren diese Einwände jedoch an Bedeutung.

[319] Wehler (1975) 16f.   [320] Reulecke (1977) 271f.

[321] Vgl. dazu Wehler (1975) 36ff.

[322] Reulecke (1977) trennt zwischen ›Städtewachstum‹ und ›Verstädterung‹, S. 270.

[323] Flora (1975) 68.   [324] Moser (1955).

[325] Hier kann auf eine ganze Reihe von Arbeiten hingewiesen werden, die jeweils die Durchsetzung der hochdeutschen Schriftsprache in bestimmten

Städten beschreiben. Als Beispiel sei etwa die Arbeit Scheel (1893) genannt.

[326] Mattheier (1980c).

[327] Das vorläufige, aber noch keinesfalls durchgesetzte Ergebnis dieses Einigungsprozesses ist die Festlegung der deutschen Aussprache-Regeln bei Siebs (1969), 19. Auflage, zuerst 1898.

[328] Mattheier (1980c).

[329] Vgl. hier etwa die Hinweise für eine solche Entwicklung bei Frey (1975) 163f.

[330] Vgl. Veith (1967), Radtke (1976).

[331] Debus (1978).

[332] Reulecke (1977) 273ff.

[333] Vgl. hierzu das Zitat S. 112.

[334] Reulecke (1977) 273.

[335] Vgl. hierzu die Forschungen von Wolfgang Köllmann, zusammengestellt in der Aufsatzsammlung Köllmann (1974) und Köllmann (1976).

[336] Reulecke (1977) 274.

[337] Debus (1978) 388 weist ansatzweise auf diese Unterschiede hin.

[338] Z.B. die Arbeit von Debus (1962), wo solche Beeinflussungen im Rhein-Main-Raum und im Raum um Köln konstatiert werden.

[339] Vgl. hierzu die Analyse der Ausbreitung von ›vun‹/›von‹ in der Umgebung von Köln. Hier breitet sich offensichtlich zuerst die stadtkölnische Form ›vun‹ im Umland gegen dort anstehendes ›van‹ aus. In der Stadt selbst wird dieses ›vun‹ jedoch schon bald durch hochsprachliches ›von‹ verdrängt. Vgl. Debus (1978) 387f.

[340] Hofmann (1963) 275f.

[341] Zu dem hier verwendeten Begriff der Urbanisierung vgl. Reulecke (1977) 270, Helle (1974), Dewey (1974) und Kaufmann (1974).

[342] Von 1871 bis 1939 nimmt im Deutschen Reich in Dörfern bis 2000 Einwohnern die Bevölkerung absolut nur um weniger als 6 Prozent, relativ jedoch um 32 Prozent ab. In Städten über 100000 steigt die Bevölkerung absolut und relativ stark. Vgl. Flora (1975) 38.

[343] Spangenberg (1963) 59.

[344] Vgl. hierzu den Abschnitt über Dialekt und Schule S. 107–139.

[345] Hofmann (1963) 227.   [346] Ammon (1978) 64f.

[347] Mattheier (1974) und Mickartz (1981).   [348] Ammon (1978) 64.

[349] Ammon (1978) 64.   [350] Höfler (1955).

[351] Vgl. dazu die zusammenfassende Darstellung bei Bach (1969) 79–134.

[352] Höfler (1955) 43–49.   [353] Höfler (1955) 44.

[354] Weinreich, Labov, Herzog (1968).

[355] Hingewiesen sei hier auf die Überlegungen von Ingo Reiffenstein in Reiffenstein (1975), (1976), (1977).

[356] Weiss (1978), (1978a), Weiss, Haudum (1976), Haas (1979).

[357] Mattheier (1979a) 124–133.   [358] Mattheier (1980e).

[359] Vgl. hier die Methodendiskussion S. 174–199.

[360] Mattheier (1979a).   [361] Mattheier (1980d).

362 Vgl. hierzu den von Schmidt herausgegebenen Sammelband zur Innovationsforschung. Speziell Schmidt (1976).

363 Vgl. hierzu Chen (1977) 221.

364 Vgl. hierzu Neumann (1976) 564f. und Mattheier (1980c).

365 Ammon (1978) greift diesen Gedanken S. 49ff auf. Vgl. Guchman (1977) 37.

366 Mattheier (1980c).   367 Große (1955), (1953).

368 Socin (1888), Henzen (1954).   369 Besch (1979).

370 Vgl. den Sammelband Autorenkollektiv (1977) und darin besonders die Beiträge von Mirra Guchman.

371 Über die Wechselbeziehungen zwischen gesellschaftlichen Wertstrukturen, die bestimmte Sprachvarietäten betreffen, und diesen Sprachvarietäten selbst fehlen noch weitgehend systematische Untersuchungen. Immer wieder auftauchende Hinweise auf die Relevanz von Sprachprestige und gesellschaftlicher Markiertheit von Varietäten für die Verwendung lassen jedoch erwarten, daß wir es hier mit einer für die gesamte Sprachverwendungstheorie zentralen Komponente zu tun haben.

372 Dabei ist es nicht klar, in welchem Verhältnis die objektiv vorhandenen Sprachvarietäten zu dem subjektiv vorhandenen Bewußtsein von verschiedenen Sprachlagen stehen. Zum subjektiven Bewußtsein von Sprachraumbildungen vgl. die ältere Arbeit von Büld (1939).

373 Hufschmidt (1981).

374 Glück (1976), Glück (1977), Menge (1977) und Liebing-Dobrosch (1979).

375 Rein (1974/75).   376 Janßen (1943), Steller (1959).

377 von Polenz (1954).   378 Bellmann (1961).

379 Herrmann-Winter (1974), Dahl (1974), Ising (1974).

380 Ammon (1972) läßt diesen Aspekt zu weit in den Hintergrund treten. Ammon (1979a) 31 weist auf die auch hier konstatierte indirekte Sozial-Steuerung über unterschiedliche situative Spektren hin.

381 Vahle (1978) 147f.

382 Vgl. hier die Analyse von Vahle (1978) 143–150 und Mattheier (1975).

383 Herrmann-Winter (1974), Gernentz (1974), Schönfeld (1974), Rosenkranz (1974), Stellmacher (1977), Spangenberg (1969), Vahle (1978a), Hofmann (1963), Hufschmidt, Klein, Mattheier, Mickartz (1981) und Mattheier (1975).

384 Rein, Scheffelmann-Mayer (1975).   385 Ris (1979).

386 Eine solche Situation ist der Konstellation vergleichbar, die sich nach der Einführung der neuhochdeutschen Schriftsprache in vielen nieder- und westmitteldeutschen Städten ergab. Vgl. Besch (1979), Mattheier (1980c).

387 Vgl. hierzu auch Tatzreiter (1978), Reiffenstein (1973), Reiffenstein (1977).

388 Egger (1977).   389 Verdoodt (1968) 58–132.

390 Verdoodt (1968) 130ff, Hoffmeister (1977).   391 Hoffmann (1979).

392 Hoffmann (1979) 16, 126f mit Hinweisen auf den Hauptvertreter der Koiné-These Robert Bruch.

393 Nelde (Hg.) (1979) und die dort aufgenommenen Beiträge.

[394] Århammar (1975).   [395] Heger (1969), (1971).
[396] Coseriu (1975) 64ff., zuerst 1958.   [397] Martinet (1956).
[398] Becker (1981).
[399] Vgl. hier Methoden, wie sie von Jongen (1969–71) und von Veith (1972) vorgeschlagen werden. Neuerdings auch Haas (1979).
[400] Wegera (1977), Schenker (1973).   [401] Mitzka (1952) 103–115.
[402] Lerchner (1971) 136ff.   [403] Mattheier (1979a) 179–184.
[404] Vgl. die Überlegungen im Kapitel Dialekt und Schule, S. 107–139.
[405] Vgl. hierzu den Literaturbericht von deVincenz (1977).
[406] Vgl. hierzu Weinreich, Labov, Herzog (1968) 150–159 und Mattheier (1979a) 55–69.
[407] Paul (1920).
[408] Vgl. etwa die Praxis beim Dialektalitätsindex von Ammon (1973) 70f.
[409] Trager, Smith (1951) 27–29.
[410] Weinreich (1953).   [411] Moulton (1961).
[412] Vgl. zu diesem Darstellungsprinzip Löffler (1974).
[413] Moulton (1961) und Lerchner (1971).   [414] Hofmann (1963).
[415] Wolfensberger (1967).
[416] Vgl. hier die Darstellungsweise in Bickerton (1975) 202ff.
[417] Bierwisch (1978), Wurzel (1979), (1976).
[418] Goossens (1977) 13–20.
[419] Vgl. die Kritik an Bierwisch und Wurzel in Mattheier (1979a) 47ff.
[420] Labov (1966).   [421] Mattheier (1979a) 77–123.
[422] Mattheier (1980d).
[423] So wurde z.B. im Februar 1979 im Rahmen der Tagung der Deutschen Gesellschaft für Sprachwissenschaft ein Kolloquium zum Problem der Sprachvariation abgehalten. Vgl. auch die jährlichen Tagungen des Mannheimer Sprachwissenschaftlichen Instituts unter der Leitung von Sture Ureland.
[424] Vgl. zur Kritik an diesem Ansatz der Generativen Grammatik bes. Kanngießer (1972) 33–75.
[425] Vgl. etwa die Arbeit Mayntz, Holm, Hübner (1969), die von vielen Sprachsoziologen herangezogen worden ist.
[426] Vgl. hierzu die kritischen Überlegungen in Cicourel (1970) 243–317.
[427] So weist etwa Treinen (1974) 239ff auf die Schwierigkeiten hin, Phänomene wie die Ortsloyalität zu operationalisieren.
[428] Hufschmidt, Mattheier (1976) 111.
[429] Ruoff (1973) 193–197.
[430] Man könnte dieses Verfahren etwa dadurch verfeinern, daß man jeweils eine Gruppe von kompetenten Sprechern beurteilen läßt.
[431] Ruoff (1973) 196f.
[432] Vgl. dazu besonders die Arbeiten von Hermann Fischer und die zusammenfassende Darstellung in Bach (1969) § 53f.
[433] Ivić (1976), zuerst 1960.
[434] Vgl. hierzu die Kritik in Mattheier (1979) 381f.
[435] Goossens (1977) 19f.   [436] Schirmunski (1930).

[437] Reiffenstein (1976).   [438] Trost (1967).

[439] Gfirtner (1972), hier referiert nach Reitmajer (1979) 64f, Reitmajer (1979), Ammon (1973) und Stellmacher (1977).

[440] Stellmacher (1977) 107f.   [441] Reitmajer (1979) 64f.

[442] Reitmajer (1979) 66f.   [443] Reitmajer (1979) 65.

[444] Vgl. dazu Mattheier (1981).

[445] Hier wurde die im Siebs verzeichnete Standardnorm herangezogen. Siebs (1969).

[446] Ammon (1973) 61–88.   [447] Ammon (1973) 62.

[448] Ammon (1973) 63.   [449] Ammon (1973) 87f.

[450] Mattheier (1981).

Tabellenverzeichnis

Abbildungsverzeichnis

Literaturverzeichnis

Aufgenommen ist nur die verwendete Literatur.

Aktuelle Probleme.
  1974 *Aktuelle Probleme der sprachlichen Kommunikation. Soziolinguisti-sche Studien zur sprachlichen Situation in der Deutschen Demokra-tischen Republik.* Berlin (O).
Ammon, Ulrich
  1972 *Dialekt, soziale Ungleichheit und Schule.* Weinheim.
Ammon, Ulrich
  1973 *Dialekt und Einheitssprache in ihrer sozialen Verflechtung.* Weinheim, Basel.
Ammon, Ulrich
  1973a *Probleme der Soziolinguistik.* Tübingen.
Ammon, Ulrich
  1975 *Die Schwierigkeiten der Dialektsprecher in der Grundschule und das Bewußtsein davon bei den Lehrern. In: H. Halbfas, F. Maurer, W. Popp (Hg.), Sprache, Umgang und Erziehung, Stuttgart, 87-115.*
Ammon, Ulrich
  1978 *Begriffsbestimmung und soziale Verteilung des Dialekts. In: Ammon u.a. (Hg.) (1978),* 49-71.
Ammon, Ulrich
  1978a *Schulschwierigkeiten von Dialektsprechern. Empirische Untersuchun-gen sprachabhängiger Schulleistungen und des Schüler- und Lehrer-bewußtseins – mit sprachdidaktischen Hinweisen.* Weinheim, Basel.
Ammon, Ulrich, Ulrich Knoop, Ingulf Radtke (Hg.)
  1978 *Grundlagen einer dialektorientierten Sprachdidaktik.* Weinheim, Basel.
Århammar, Nils
  1975 *Historisch-soziolinguistische Aspekte der nordfriesischen Mehr-sprachigkeit. Zeitschrift für Dialektologie und Linguistik* 42, 129-145.
Aubin, Hermann, Theodor Frings, Josef Müller
  1966 *Kulturströmungen und Kulturprovinzen in den Rheinlanden.* Bonn. Ndr. der 1. Auflage 1926.
Autorenkollektiv
  1977 *Existenzformen germanischer Sprachen – soziale Basis und typologische Kennzeichen.* Berlin (O).
Bach, Adolf
  1934 *Deutsche Mundartforschung.* Heidelberg.
Bach, Adolf
  1969 *Deutsche Mundartforschung.* Heidelberg 3. Auflage (1. Auflage 1934, 2. Auflage 1950).

Baur, Gerhard Wolfram
1968/1969 *Mundartwandel im nördlichen Schwarzwald. Dargestellt am Beispiel des Ortes Kniebis. Alemannisches Jahrbuch*, 258–285.

Bausinger, Hermann
1972 *Deutsch für Deutsche, Dialekte, Sprachbarrieren, Sondersprachen.* Frankfurt.

Bausinger, Hermann (Hg.)
1973 *Dialekt als Sprachbarriere? Ergebnisbericht einer Tagung zur alemannischen Dialektforschung.* Tübingen.

Bayer, Klaus
1977 *Sprechen und Situation. Aspekte einer Theorie der sprachlichen Interaktion.* Tübingen.

Becker, Donald A.
1981 *Der Dialekt von Barr. Eine Pilotstudie im Rahmen der generativen Dialektologie. In: Besch, Werner, Ulrich Knoop, Wolfgang Putschke, Herbert Ernst Wiegand (Hg.), Dialektologie. Ein Handbuch zur deutschen und allgemeinen Dialektforschung* (im Druck).

Bellmann, Günter
1957 *Mundart, Schriftsprache, Umgangssprache. Eine Betrachtung zur soziologischen Sprachschichtung an der Grenze des oberlausitzischen Mundartgebietes. Beiträge zur Geschichte der deutschen Sprache und Literatur 79 (Sonderband, Festschrift Th. Frings, E. Karg-Gasterstädt)* Halle, 168-181.

Bellmann, Günter
1961 *Mundart und Umgangssprache in der Oberlausitz.* Marburg.

Bendix, R.
1968 *Modernisierung und soziale Ungleichheit. In: W. Fischer (Hg.), Wirtschafts- und sozialgeschichtliche Probleme der frühen Industrialisierung.* Berlin, 13-24.

Bergmann, Gunter
1974 *Sprachschichtung und Sprachwandel dargestellt an den Entwicklungen der Vokalphoneme im Gebiet um Karl-Marx-Stadt. In: R. Große, A. Neubert (Hg.), Beiträge zur Soziolinguistik,* München, 84-98.

Bernstein, Basil
1970 *Familiales Rollensystem, Kommunikation und Sozialisation. In: B. Bernstein, Soziale Struktur, Sozialisation und Sprachverhalten.* Amsterdam, 117-133.

Besch, Werner
1973 *Frühneuhochdeutsch. In: Lexikon für Germanistische Linguistik (1973),* 421-430.

Besch, Werner
1975 *Dialekt als Barriere bei der Erlernung der Standarfsprache. In: 'Sprachwissenschaft und Sprachdidaktik', Jahrbuch 1974 des Instituts für deutsche Sprache.* Düsseldorf, 150-165.

Besch, Werner
1979 *Schriftsprache und Landschaftssprachen im Deutschen. Rheinische Vierteljahrsblätter 43,* 324-343.

Besch, Werner, Heinrich Löffler
1973   *Sprachhefte: Hochsprache/Mundart-kontrastiv. In: Bausinger (Hg.)
        (1973),* 89-110.
Besch, Werner, Heinrich Löffler, Hans H. Reich (Hg.)
1976   *Dialekt/Hochsprache-kontrastiv. Sprachhefte für den Deutschunter-
        richt.* Heft 1-6, Düsseldorf 1976–1978.
Besch, Werner, Ulrich Knoop, Wolfgang Putschke, Herbert Ernst Wiegand
1977   *Dialektologie. Ein Handbuch zur deutschen und allgemeinen Dialekt-
        forschung. Deutsche Sprache* 5, 60-73.
Bickerton, Derek
1975   *Dynamics of a Creole System.* Cambridge, Mass.
Bierhoff-Alfermann, Dorothee
1977   *Psychologie der Geschlechtsunterschiede.* Köln.
Bierwisch, Manfred
1978   *Struktur und Funktion von Varianten im Sprachsystem. Studia Gram-
        matica* 17, 81-130.
Bolte, Karl Martin, Dieter Kappe, Friedhelm Neidhardt
1968   *Soziale Schichtung.* Opladen.
Born, E.
1938   *Die Mundart in Darmstadt und seinem Umland.* Erlangen.
Bräutigam, Kurt
1934   *Zum Problem der Stadtmundarten.* Teuthonista 10, 248-251.
Bräutigam, Kurt
1934a   *Die Mannheimer Mundart.* Heidelberg.
Bremer, Ernst, Klaus Gluth, Ulrich Knoop, Ingulf I. Radtke
1976   *Stadtsprache. Sozio-pragmalinguistische und sprachdidaktische For-
        schungen im urbanen Anwendungsbereich. In: Viereck (Hg.) (1976),*
        51-70.
Bremer, Otto
1895   *Beiträge zur Geographie der deutschen Mundarten.* Leipzig.
Broweleit, Volker
1978   *Dialektologie und Sprachdidaktik. In: Ammon u.a. (Hg.) (1978),*
        175-196.
Bühl, Walter L.
1970   *Evolution und Revolution.* München.
Bühler, Karl
1933   *Die Axiomatik der Sprachwissenschaft.* Frankfurt (Ndr. 1969).
Büld, Heinrich
1939   *Sprache und Volkstum im nördlichen Westfalen. Sprachgrenzen und
        Sprachbewegungen in der Volksmeinung.* Emsdetten.
Chen, Matthew Y.
1977   *The Time Dimension: Contribution Toward a Theory of Sound Chan-
        ge. In: W. Wang (Hg.), The Lexicon in Phonological Change. The
        Hague.*
Cherubim (Hg.)·
1975   *Sprachwandel. Reader zur diachronischen Sprachwissenschaft. Hrsg.
        und eingeleitet von Dieter Chernbim.* Berlin, New York.

Cicourel, Aaron V.
1970   *Methode und Messung in der Soziologie.* Frankfurt.

Claessens, Dieter
1969   *Rollentheorie als bildungsbürgerliche Verschleierungsideologie. In: T.W. Adorno (Hg.), Spätkapitalismus oder Industriegesellschaft? Verhandlungen zum 16. Deutschen Soziologentag.* Stuttgart, 270-279.

Clyne, Michael
1972   *Perspectives on Language Contact, Based on a Study of German in Australia.* Melbourne.

Coseriu, Eugenio
1974   *Synchronie, Diachronie und Geschichte. Das Problem des Sprachwandels.* München (zuerst Montevideo 1958).

Coseriu, Eugenio
1975   *System, Norm und Rede. In: E. Coseriu, Sprachtheorie und allgemeine Sprachwissenschaft.* München, 11-101.

Dahl, Eva-Sophie
1974   *Interferenz und Alternanz – zwei Typen der Sprachschichtenmischung im Norden der Deutschen Demokratischen Republik. In: Aktuelle Probleme (1974),* 339-388.

Dahrendorf, Ralf
1959   *Homo Sociologicus. Opladen.*

Davis, K., W. E. Moore
1945   *Some Principles of Stratification. American Sociological Review* 10, 242-249.

Debus, Friedhelm
1962   *Zwischen Mundart und Hochsprache. Ein Beitrag zur Stadtsprache – Stadtmundart und Umgangssprache. Zeitschrift für Mundartforschung* 29, 1-43.

Debus, Friedhelm
1978   *Stadt-Land-Beziehungen in der Sprachforschung. Theoretische Ansätze und Ergebnisse. Zeitschrift für Deutsche Philologie* 97, 362-393.

Dittmar, Norbert
1973   *Soziolinguistik. Exemplarische und kritische Darstellung ihrer Theorie, Empirie und Anwendung.* Frankfurt.

Donath, Joachim
1974   *Soziolinguistische Aspekte der sprachlichen Kommunikation. In: Aktuelle Probleme (1974),* 37-74.

Dressler, Wolfgang, Ruth Leodolter, Eva Chromec
1976   *Phonologische Schnellsprechregeln in der Wiener Umgangssprache. In: W. Viereck (Hg.), (1976),* 71-92, 356f.

Egger, Kurt
1977   *Zweisprachigkeit in Südtirol.* Bozen.

Ehrismann, Gustav
1935   *Geschichte der deutschen Literatur bis zum Ausgang des Mittelalters.* Teil 2, 2.2, München.

Engel, Ulrich
1954   *Mundart und Umgangssprache in Württemberg. Beiträge zur Sprachsoziologie der Gegenwart. Diss.* Tübingen (ms.).

Engel, Ulrich
1961   *Die Auflösung der Mundart. Muttersprache* 71, 129-135.

Engel, Ulrich
1962   *Schwäbische Mundart und Umgangssprache. Muttersprache* 72, 257-261.

Ferguson, Charles A.
1959   *Diglossia. World* 15, 325-340.

Fishman, Joshua A.
1970   *Sociolinguistics. A Brief Introduction.* Rowley, Mass.

Fishman, Joshua A.
1975   *Soziologie der Sprache.* München.

Flora, Peter
1974   *Modernisierungsforschung. Zur empirischen Analyse der gesellschaftlichen Entwicklung.* Opladen.

Flora, Peter
1975   *Indikatoren der Modernisierung.* Opladen.

Frank, Horst Joachim
1973   *Geschichte des Deutschunterrichts,* München.

Frese, Jürgen
1974   *Sprechen als Metapher für Handeln. In: S.J. Schmidt (Hg.), Pragmatik I.* München, 52-62.

Frey, Eberhard
1975   *Stuttgarter Schwäbisch. Laut- und Formenlehre eines Stuttgarter Idiolekts.* Marburg.

Funk-Kolleg Sprache
1973   *Eine Einführung in die moderne Linguistik.* 2 Bde. Frankfurt.

Garfinkel, Harold, Harvey Sacks
1973   *Zum Phänomen der Indexikalität. In: Arbeitsgruppe Bielefelder Soziologen (Hg.), Alltagswissen, Interaktion und gesellschaftliche Wirklichkeit.* 2 Bde. Reinbek, 210-214.

Gauchat, L.
1905   *L'unité phonétique dans le patois d'une commune. In: Festschrift H. Morf,* Halle, 175-232.

Gernentz, Hans Joachim
1964   *Niederdeutsch – gestern und heute.* Berlin (O).

Gernentz, Hans Joachim
1974   *Die kommunikative Funktion der niederdeutschen Mundart und der hochdeutschen Umgangssprache im Norden der DDR, (...). Studia Germanica Gandensia* 15, 209-244.

Gernentz, Hans Joachim
1977   *Bemerkungen zum System und zur Verwendung der niederdeutschen Mundart im Norden der DDR. In: Autorenkollektiv, Historizität und gesellschaftliche Bedingtheit der Sprache.* Jena, 101-111.

218

Gfirtner, Franz Xaver
1972 *Experimentelle Studie über den schriftlichen und mündlichen Sprachgebrauch von Kindern unterschiedlicher sozialer Herkunft. Zulassungsarbeit.* München (ms.).

Girke, Wolfgang, Helmut Jachnow (Hg.)
1975 *Sprache und Gesellschaft in der Sowjetunion.* München.

Glück, Helmut
1976 *Sprachbewußtsein und Sprachwandel. Untersuchungen zur Geschichte des Ruhrgebietsdialekts. Osnabrücker Beiträge zur Sprachtheorie* 1, 33-68.

Glück, Helmut
1977 *Zur Geschichte der industriellen Polyglossie. Die Arbeitereinwanderung ins Ruhrgebiet und ein Exempel aus der Praxis des preußischen Sprachenrechts um 1900. Osnabrücker Beiträge zur Sprachtheorie* 4, 76-105.

Göschel, Joachim u.a. (Hg.)
1976 *Zur Theorie des Dialektes.* Wiesbaden.

Göschel, Joachim u.a. (Hg.)
1980 *Dialekt und Dialektologie. Ergebnisse des Internationalen Symposions ›Zur Theorie des Dialekts‹, Marburg/Lahn 1977.* Wiesbaden.

Goossens, Jan
1976 *Was ist Deutsch – und wie verhält es sich zum Niederländischen. In: Göschel u.a. (Hg.) (1976), 256-282 (zuerst 1971).*

Goossens, Jan
1977 *Deutsche Dialektologie.* Berlin, New York.

Große, Rudolf
1953 *Mundart und Umgangssprache im Meißnischen. Zeitschrift für Mundartforschung* 21, 240-249.

Große, Rudolf
1955 *Die meißnische Sprachlandschaft.* Halle.

Grund, Heinrich
1935 *Die Mundart von Pfungstadt und ihre sprachliche Schichtung.* Bühl.

Guchman, Mirra
1977 *Wechselbeziehungen zwischen Dialektgebieten und die Entwicklung überdialektaler Sprachformen in der vornationalen Periode (am Beispiel germanischer Sprachen). In: Autorenkollektiv (1977), 35-53.*

Gumperz, John J.
1975 *Zur Ethnologie des Sprachwandels. In: Cherubim (Hg.) (1975), 335-355.*

Gumperz, John J.
1975a Sprache, lokale Kultur und soziale Identität. Düsseldorf.

Haas, Walter
1978 *Sprachwandel und Sprachgeographie. Untersuchungen zur Struktur der Dialektverschiedenheit am Beispiele der schweizerdeutschen Vokalsysteme.* Wiesbaden.

219

Habermas, Jürgen
1962   *Strukturwandel der Öffentlichkeit. Untersuchungen zu einer Kategorie der bürgerlichen Gesellschaft.* Neuwied.

Hagen, Toon, Sjef Stijnen, Ton Vallen
1976   *Probleme von Dialekt sprechenden Kindern, im Kerkrader Unterricht untersucht. Deutsche Sprache* 4, 148-165.

Hager, Fritjof, Hartmut Haberland, Rainer Paris
1973   *Soziologie + Linguistik.* Stuttgart.

Hain, Mathilde
1951   *Sprichwort und Volkssprache. Eine volkskundlich-soziologische Dorfuntersuchung.* Gießen.

Hammarström, Göran
1966   *Linguistische Einheiten im Rahmen der modernen Sprachwissenschaft.* Berlin, New York.

Hammarström, Göran.
1967   *Zur soziolektalen und dialektalen Funktion der Sprache. Zeitschrift für Mundartforschung* 34, 205-216.

Hard, Gerhard
1966   *Zur Mundartgeographie. Ergebnisse, Methoden, Perspektiven.* Düsseldorf.

Hartung, Wolfdietrich u.a.
1976   *Sprachliche Kommunikation und Gesellschaft.* Berlin (O).

Hartung, Wolfdietrich
1977   *Zum Inhalt des Normbegriffs in der Linguistik. In: Normen (1977),* 9-69.

Hasselberg, Joachim, Klaus Peter Wegera
1975   *Diagnose mundartbedingter Schulschwierigkeiten und Ansätze zu ihrer Überwindung. Wirkendes Wort* 25, 243-255.

Hasselberg, Joachim
1976   *Dialekt und Bildungschancen. Eine empirische Untersuchung an hessischen Gesamtschulen.* Weinheim, Basel.

Hasselberg, Joachim
1976a   *Dialektsprecher in der Förderstufe hessischer Gesamtschulen. Deutsche Sprache* 4, 165-180.

Heeschen, Volker
1976   *Überlegungen zum Begriff ›Sprachliches Handeln.‹. Zeitschrift für Germanistische Linguistik* 4, 273-301.

Heger, Klaus
1969   *›Sprache‹ und ›Dialekt‹ als linguistisches und soziolinguistisches Problem. Folia Linguistica* 3, 46-67.

Heger, Klaus
1971   *Gibt es eine Korrelation zwischen Sprachstruktur und Gesellschaft? In: J. Gräbener (Hg.), Klassengesellschaft und Rassismus.* Düsseldorf, 229-239.

220

Heidelberger Forschungsprojekt
1976 *Heidelberger Forschungsprojekt ›Pidgin-Deutsch spanischer und italienischer Arbeiter in der Bundesrepublik‹. Untersuchungen zur Erlernung des Deutschen durch ausländische Arbeiter. Arbeitsbericht III des Heidelberger DFG-Projektes. Germanistisches Seminar Heidelberg* · Heidelberg.

Heimann, Paul, Gunter Otto, Wolfgang Schulz
1966 *Unterricht – Analyse und Planung.* Hannover. 2. Auflage.

Heinsohn, Wilhelm
1963 *Die Verbreitung der plattdeutschen Sprache unter der Bevölkerung Hamburgs. Korrespondenzblatt des Vereins für niederdeutsche Sprachforschung* 70, 22-25, 35-38.

Helle, H.J.
1974 *Der urbanisierte Mensch? In: H. Graser (Hg.), Urbanistik.* München, 14-23.

Henne, Helmut
1975 *Sprachpragmatik.* Tübingen.

Henzen, Walter
1954 *Schriftsprache und Mundarten.* Bern. 2. Auflage.

Hermann, Eduard
1929 *Lautveränderungen in der Individualsprache einer Mundart. In: Nachrichten der Gesellschaft der Wissenschaften zu Göttingen. Phil.-Hist. Klasse* 9, 195-214.

Hermann-Winter, Renate
1974 *Auswirkungen der sozialistischen Produktionsweise in der Landwirtschaft auf die sprachliche Kommunikation in den Nordbezirken der DDR. In: Aktuelle Probleme (1974),* 135-190.

Heuwagen, Marianne
1974 *Die Verbreitung des Dialekts in der Bundesrepublik Deutschland. Zulassungsarbeit* 2 Bde. Bonn (ms.).

Hildebrand, Rudolf
1867 *Vom deutschen Sprachunterricht in der Schule.* Leipzig.

Hirt, Hermann
1909 *Etymologie der neuhochdeutschen Sprache.* München.

Höfler, Otto
1955 *Stammbaumtheorie, Wellentheorie, Entfaltungstheorie. Beiträge zur Geschichte der deutschen Sprache und Literatur.* Tübingen 77, 30-66, 424-476.

Höh, Richard
1951 *Studien zur Sprachsoziologie einer Pfälzischen Ortsmundart (Linden). Diss.* Mainz (ms.).

Hoffmann, Fernand
1979 *Sprachen in Luxemburg.* Wiesbaden.

Hoffmann, Walter
1979a *Wissenschaft und Praxisbezug. Landeskundliche Forschung und Möglichkeiten ihrer Anwendung. 36. Arbeitstagung des Instituts für ge-*

schichtliche Landeskunde der Rheinlande, Bonn. Deutsche Sprache 7, 78-83.

Hoffmeister, Walter
1977 *Sprachwechsel in Ost-Lothringen.* Wiesbaden.

Hofmann, Else
1963 *Sprachsoziologische Untersuchungen über den Einfluß der Stadtsprache auf mundartsprechende Arbeiter. In: Marburger Universitätsbund, Jahrbuch 1963.* Marburg, 201-281.

Hohnerlein, Benno
1954 *Die Mundart um den unteren Kocher und die untere Jagst. Laute und Flexion, Gliederung und Wandlungen.* Tübingen (ms.).

van Hoof, Romana, W. Günther Ganser
1978 *Dialekt und Schule. Bericht über das Symposium am 29. und 30. Juni 1977 in Marburg. Germanistische Linguistik 1,* 83-102.

Hotzenköcherle, Rudolf
1934 *Die Mundart von Mutten. Laut- und Flexionslehre.* Frauenfeld.

Hotzenköcherle, Rudolf
1962 *Einführung in den Sprachatlas der deutschen Schweiz. A. Zur Methodologie der Kleinraumatlanten.* Bern.

Hufschmidt, Jochen
1973 *Situative Einflußfaktoren auf gesprochene Sprache. Zulassungsarbeit* Bonn (ms.).

Hufschmidt, Jochen
1981 *Erfahrungen, Beobachtungen und Wertungen zum Mundartgebrauch. In: Hufschmidt, Klein, Mattheier, Mickartz (1981).*

Hufschmidt, Jochen, Angelika Kall-Holland, Eva Klein, Klaus J. Mattheier
1980 *Sprachverhalten in ländlichen Gemeinden. Ansätze zur Theorie und Methode. Forschungsbericht Erp-Projekt Band 1. Hrsg. und eingeleitet von Werner Besch.* Berlin (im Druck).

Hufschmidt, Jochen, Eva Klein, Klaus J. Mattheier, Heinrich Mickartz
1981 *Dialekt und Standardsprache im Sprecherurteil. Empirische Untersuchungen zur Differenzierung und Wertung von Sprachverhalten. Forschungsbericht Erp-Projekt Bd. 2. Hrsg. und eingeleitet von Werner Besch.* Berlin (im Druck).

Hufschmidt, Jochen, Klaus J. Mattheier
1976 *Sprachdatenerhebung. Methoden und Erfahrungen bei sprachsoziologischen Feldforschungen. In: Viereck (Hg.) (1976),* 105-139 und 358-360.

Hufschmidt, Jochen, Klaus J. Mattheier
1980 *Sprache und Gesellschaft. Überlegungen zu einer integrierenden Beschreibung. In: Hufschmidt, Kall-Holland, Klein, Mattheier (1980).*

Hymes, Dell (Hg.)
1971 *Pidginization and Creolization of Languages.* Cambridge, Mass.

Ising, Gerhard
1974 *Struktur und Funktion der Sprache in der gesamtgesellschaftlichen Entwicklung. In: Aktuelle Probleme (1974),* 9-36.

Ivić, Pavel
    1976   *Grundlegende Aspekte der Struktur der Dialektdifferenzierung. In: Göschel u.a. (Hg.) (1976)*, 127-151, (zuerst 1960).
Jäger, Siegfried
    1971   *Sprachnorm und Schülersprache. In: 'Sprache und Gesellschaft', Jahrbuch 1970 des Instituts für Deutsche Sprache.* Düsseldorf, 166-233.
Janßen, Hans
    1937   *Gliederung der Mundarten Ostfrieslands.* Marburg.
Janßen, Hans
    1943   *Leben und Macht der Mundart in Niedersachsen.* Oldenburg.
Jespersen, Otto
    1925   *Die Sprache, ihre Natur, Entwicklung und Entstehung.* Heidelberg.
Jongen, René
    1969/1971 *Vergleichende Untersuchungen des Lautmaterials verwandter Mundarten. 3 Teile, Leuvense Bijdragen 58, 59, 60,* 25-44, 93-127, 77-97.
Kamp, Klaus, Wolfgang Lindow
    1967   *Das Plattdeutsche in Schleswig-Holstein.* Neumünster.
Kanngießer, Siegfried
    1972   *Aspekte der synchronen und diachronen Linguistik.* Tübingen.
Kaufmann, Albert
    1974   *Urbanisierung. In: P. Atteslander, B. Hamm (Hg.), Materialien zur Siedlungssoziologie.* Köln, 274-289.
Kehr, Kurt
    1978   *Erstes internationales Symposium ›Zur Theorie des Dialekts‹, 5.– 10.9.1977 in Marburg/Lahn. Germanistische Linguistik* 1, 103-114.
Keintzel-Schön, Fritz
    1969   *Sprache – Mundart – Generation. Zeitschrift für Dialektologie und Linguistik* 36, 77-81.
Keller, Rudolf E.
    1973   *Diglossia in German-Speaking Switzerland. Bulletin of the John Rylands University Library of Manchester* 56, Heft 1, 130-149.
King, Robert D.
    1969   *Historical Linguistics and Generative Grammar.* Englewood Cliffs, NJ.
Kiparski, Paul
    1970   *Historical Linguistics. In: J. Lyons (Hg.), New Horizons in Linguistics.* Harmondsworth, 302-315.
Klein, Eva
    1981   *Situation und Varietät. Untersuchungen zu subjektiven Einschätzungen der Sprachverwendung unter wechselnden Situationsbedingungen. In: Hufschmidt, Klein, Mattheier, Mickartz (1981).*
Knoch, Werner
    1939   *Schriften zur Dialektgeographie. Sammelrezension. Anzeiger für deutsches Altertum* 58, 9-27.

Köllmann, Wolfgang
  1974 *Bevölkerung in der industriellen Revolution.* Göttingen.
Köllmann, Wolfgang
  1976 *Bevölkerungsgeschichte 1800–1970. In: H. Aubin, W. Zorn (Hg.), Handbuch der deutschen Wirtschafts- und Sozialgeschichte.* Bd. 2, Stuttgart, 9-50.
Kranzmayer, Eberhard
  1931 *Sprachschichten und Sprachbewegungen in den Ostalpen I.* Wien/ München.
Krappmann, Lothar
  1971 *Neue Rollenkonzepte als Erklärungsmöglichkeiten für Sozialisationsprozesse. betrifft: erziehung* 3, 27-34.
Kratz, Bernd
  1970 *Die Marburger dialektologische Schule. Zeitschrift für Dialektologie und Linguistik* 37, 1-25.
Kretschmer, Paul
  1969 *Wortgeographie der hochdeutschen Umgangssprache.* Göttingen 2. Auflage (1. Auflage 1918).
Kufner, Herbert L.
  1962 *Lautwandel und Lautersatz in der Münchner Stadtmundart. Zeitschrift für Mundartforschung* 29, 67-75.
Kuhn, Walter
  1934 *Deutsche Sprachinsel-Forschung.* Plauen.
Labov, William
  1966 *The Social Stratification of English in New York City.* Washington.
Labov, William
  1972 *The Internal Evolution of Linguistic Rules. In: R.P. Stockwell, R.K.S. Macaulay (Hg.), Linguistic Change and Generative Theory.* Bloomington, 101-171.
Labov, William
  1974 *On the Use of the Present to Explain the Past. In: Proceedings of the XI. International Congress of Linguists.* Bd. 2, Bologna, 825-851.
Labov, William
  1976/1978 *Sprache im sozialen Kontext.* 2 Bde., Kronberg.
Lerchner, Gotthard
  1971 *Zur II. Lautverschiebung im Rheinisch-Westmitteldeutschen. Diachronische und diatopische Untersuchungen.* Halle.
Lexikon der Germanistischen Linguistik (LGL)
  1973 Hans Peter Althaus, Helmut Henne, Herbert E. Wiegand (Hg.) *Lexikon der Germanistischen Linguistik.* Tübingen.
Liebing-Dobrosch, Haldis
  1979 *Zum Stand der Forschung über die gesprochene Sprache im Ruhrgebiet. Zulassungsarbeit* Bonn (ms.).
Linton, Ralf
  1967 *Rolle und Status. In: H. Hartmann (Hg.), Moderne amerikanische Soziologie.* Stuttgart, 251-254.

224

Löffler, Heinrich
1972 *Mundart als Sprachbarriere. Wirkendes Wort* 22, 23-39.
Löffler, Heinrich
1974 *Deutsch für Dialektsprecher: Ein Sonderfall des Fremdsprachenunterrichts? Zur Theorie einer kontrastiven Grammatik Dialekt/Hochsprache. Deutsche Sprache* 2, 105-122.
Löffler, Heinrich
1974a *Probleme der Dialektologie.* Darmstadt (2. Auflage 1980).
Löffler, Heinrich
1978 *Orthographieprobleme der Dialektsprecher am Beispiel des Alemannischen. In: Ammon u.a. (Hg.) (1978),* 267-284.
Löffler, Heinrich
1979 *Mundart als Problem und Möglichkeit im Unterricht. Rheinische Vierteljahrsblätter* 49, 344-355.
Martinet, André
1956 *La description phonologique avec application au parler franco-provençal d'Hauteville (Savoie).* Genève, Paris.
Mattheier, Klaus J.
1974 *Die ›schlechte‹ Mundart. Bemerkungen zu einem Komplex von Vorurteilen. Rheinisch-Westfälische Zeitschrift für Volkskunde* 20, 168-185.
Mattheier, Klaus J.
1974a *Sprache als Barriere. Deutsche Sprache* 2, 213-232.
Mattheier, Klaus J.
1975 *Diglossie und Sprachwandel. Rheinische Vierteljahrsblätter* 39, 358-371.
Mattheier, Klaus J.
1979 *Theorie des Dialekts. Bemerkungen zu einigen neueren Veröffentlichungen im Bereich der allgemeinen und deutschen Dialektologie. Rheinische Vierteljahrsblätter* 43, 369-384.
Mattheier, Klaus J.
1979a *Sprachvaration und Sprachwandel. Untersuchungen zur Struktur und Entwicklung von Interferenzprozessen zwischen Dialekt und Hochsprache in einer ländlichen Sprachgemeinschaft des Rheinlandes. Habil.-Schr.* Bonn (ms.).
Mattheier, Klaus J.
1980 *Chronologischer Überblick über Planung und Durchführung der Datenerhebung. In: Hufschmidt, Kall-Holland, Klein, Mattheier (1980).*
Mattheier, Klaus J.
1980a *Rezension zu Stellmacher (1977), Beiträge zur Geschichte der deutschen Sprache und Literatur,* Tübingen 102 (im Druck).
Mattheier, Klaus J.
1980b *Der Untersuchungsort Erp. Historische, sprachsoziologische und sozialgeographische Aspekte. In: Hufschmidt, Kall-Holland, Klein, Mattheier (1980).*

Mattheier, Klaus J.
  1980c *Kontinuität und Diskontinuität bei der Durchsetzung der neuhoch-*
       deutschen Schriftsprache. Demnächst in: Zeitschrift für Germanisti-
       sche Linguistik.
Mattheier, Klaus J.
  1980d *Sprachveränderungen im Rheinland. In: St. Ureland (Hg.), Sprach-*
       variation und Sprachwandel. Tübingen.
Mattheier, Klaus J.
  1980e *Phasen sprachlicher Veränderungsprozesse in Diglossie-Gebieten.*
       In: P. Nelde (Hg.), Sprachkontakt und Sprachkonflikt. Wiesbaden,
       407-412.
Mattheier, Klaus J.
  1981 *Sprachlage und sprachliches Kontinuum. Auswertung des Tonband-*
       tests zur Sprachlagendifferenzierung. In: Hufschmidt, Klein, Matt-
       heier, Mickartz (1981).
Maurer, Friedrich
  1933 *Volkssprache. Abhandlungen über Mundarten und Volkskunde.* Er-
       langen.
Mayntz, Renate, Knut Holm, Peter Hübner
  1969 *Einführung in die Methoden der empirischen Soziologie.* Köln, Opla-
       den.
Menge, Heinz H.
  1977 *Regionalsprache Ruhr. Grammatische Variation ist niederdeutsches*
       Substrat. Korrespondenzblatt des Vereins für niederdeutsche Sprach-
       forschung 84, 48-59.
Meyer-Hermann, Reinhard (Hg.)
  1978 *Sprache – Handeln – Interaktion.* Tübingen.
Mickartz, Heinrich
  1981 *Einstellungsäußerungen zur Verwendung von Standardsprache und*
       Mundart in der Kindererziehung. In: Hufschmidt, Klein, Mattheier,
       Mickartz (1981).
Mitzka, Walter
  1935 *Mundart und Verkehrsgeographie. Zeitschrift für Mundartforschung*
       11, 1-6.
Mitzka, Walter
  1946 *Beiträge zur hessischen Mundartforschung.* Gießen.
Mitzka, Walter
  1952 *Handbuch zum deutschen Sprachatlas.* Marburg.
Möhn, Dieter
  1963 *Die Industrielandschaft – ein neues Forschungsgebiet der Sprachwis-*
       senschaft. Marburger Universitätsbund, Jahrbuch 1963. Marburg,
       303-343.
Möhn, Dieter
  1963/1964 *Das Rhein-Main-Gebiet und die moderne Sprachentwicklung in*
       Hessen. Zeitschrift für Mundartforschung 30, 156-169.

Möhn, Dieter
1967   Sprachwandel und Sprachtradition in der Industrielandschaft. In: L.E. Schmitt (Hg.), Verhandlungen des 2. Intern. Dialektologenkongresses Marburg 1965. Bd. 2, Wiesbaden, 561-568.

Moser, Hugo
1955   Mittlere Sprachschichten als Quellen der deutschen Hochsprache. – Eine historisch-soziologische Betrachtung. Nijmwegen.

Moulton, William G.
1961   Zur Geschichte des deutschen Vokalsystems. Beiträge zur Geschichte der deutschen Sprache und Literatur, Tübingen, 83, 1-35.

Naumann, Hans
1925   Über das sprachliche Verhältnis von Ober- zu Unterschicht. Jahrbuch für Philologie I, 55-69.

Nelde, Peter H. (Hg.)
1979   Deutsch als Muttersprache in Belgien. Forschungsberichte zur Gegenwartslage. Wiesbaden.

Neumann, Werner
1976   Theoretische Probleme der Sprachwissenschaft. Von einem Autorenkollektiv unter der Leitung von Werner Neumann. 2 Bde., Berlin (O).

Noelle, Elisabeth, Eric P. Neumann (Hg.)
1967   Jahrbuch der öffentlichen Meinung 1965–1967. Allensbach, Bonn.

Normen
1977   Normen in der sprachlichen Kommunikation. Berlin (O).

Oksaar, Els
1976   Sprachkontakte als sozio- und psycholinguistisches Problem. In: Festschrift G. Cordes. Bd. II. Neumünster, 231-242.

Parsons, Talcot
1940   An Analytic Approach to the Theory of Social Stratifications. American Journal of Sociology 45 (überarbeitet in: T. Parsons, Essays in Sociological Theory. Glencoe 1964, 386-439).

Paul, Hermann
1920   Prinzipien der Sprachgeschichte. 5. Aufl. Tübingen.

Peng, Fred C.C.
1976   A New Explanation of Language Change: The Sociolinguistic Approach, Forum Linguisticum 1, 67-94.

von Polenz, Peter
1954   Die altenburgische Sprachlandschaft. Tübingen.

von Polenz, Peter
1974   Idiolektale und soziolektale Funktionen von Sprache. Leuvense Bijdragen 63, 97-112.

Protze, Helmut
1969   Die deutschen Mundarten. In: Deutsche Sprache. Kleine Enzyklopädie Bd. 1. Berlin (O), 312-422.

Putschke, Wolfgang
1974   Dialektologie. In: H.L. Arnold, V. Sinemus (Hg.), Grundzüge der Literatur- und Sprachwissenschaft. Bd. 2: Sprachwissenschaft. München, 328-369.

227

Quasthoff, Uta
1973   *Soziales Vorurteil und Kommunikation. Eine sprachwissenschaftliche Analyse des Stereotyps.* Frankfurt.

Radtke, Ingulf
1976   *Stadtsprache? Überlegungen zu einem historisch gewachsenen Forschungsdesiderat. In: Viereck (Hg.) (1976),* 29-50 und 351-355.

Ramge, Hans
1978   *Kommunikative Funktionen des Dialekts im Sprachgebrauch von Lehrern während des Unterrichts. In: Ammon u.a. (Hg.) (1978),* 197-227.

Reichmann, Oskar
1978   *Deutsche Nationalsprache. Eine kritische Darstellung. Germanistische Linguistik* 2-5, 389-423.

Reiffenstein, Ingo
1973   *Österreichisches Deutsch. In: A. Haslinger (Hg.), Deutsch heute.* München, 19-26.

Reiffenstein, Ingo
1975   *Hochsprachliche Norm und Sprachnormen. Grazer Linguistische Studien* 1, 126-134.

Reiffenstein, Ingo
1976   *Primäre und sekundäre Unterschiede zwischen Hochsprache und Mundart. In: Festschrift A. Issatschenko,* Klagenfurt, 337-347.

Reiffenstein, Ingo
1977   *Sprachebenen und Sprachwandel im österreichischen Deutsch der Gegenwart. In: Festschrift Werner Betz.* Tübingen, 175-183.

Reimann, Heinz u.a.
1975   *Basale Soziologie: Hauptprobleme.* München.

Rein, Kurt
1974/1975   *Empirisch-statistische Untersuchungen zu Verbreitung, Funktion und Auswirkungen des Dialektgebrauchs in Bayern. Papiere zur Linguistik* 8, 88-96.

Rein, Kurt
1977   *Diglossie von Mundart und Hochsprache als linguistische und didaktische Aufgabe. Germanistische Linguistik* 5-6, 207-220.

Rein, Kurt
1977a   *Religiöse Minderheiten als Sprachgemeinschaftsmodelle.* Wiesbaden.

Rein, Kurt
1977b   *Diglossie in der deutschen Gegenwartssprache als sprachwissenschaftliches und didaktisches Problem. Festschrift Werner Betz.* Tübingen, 159-174.

Rein, Kurt, Martha Scheffelmann-Mayer
1975   *Funktion und Motivation des Gebrauchs von Dialekt und Hochsprache im Bairischen. Untersucht am Sprach- und Sozialverhalten einer oberbayerischen Gemeinde (Walpertskirchen, Landkreis Erding). Zeitschrift für Dialektologie und Linguistik* 42, 257-290.

Reitmajer, Valentin
1975   *Schlechte Chancen ohne Hochdeutsch. Zwischenergebnis einer dialek-*

tologisch-soziolinguistischen Untersuchung im bairischen Sprachraum.
Muttersprache 85, 310-324.

Reitmajer, Valentin
1979 *Der Einfluß des Dialekts auf die standardsprachlichen Leistungen von bayrischen Schülern in Vorschule, Grundschule und Gymnasium.* Marburg.

Reulecke, Jürgen
1977 *Sozio-ökonomische Bedingungen und Folgen der Verstädterung in Deutschland. Zeitschrift für Stadtgeschichte, Stadtsoziologie und Denkmalspflege* 4, 269-287.

Ris, Roland
1979 *Dialekt und Einheitssprache in der deutschen Schweiz. International Journal of the Sociology of Language* 21, 41-62.

Rosenkranz, Heinz
1963 *Der Sprachwandel des Industriezeitalters im Thüringer Sprachraum. In: Rosenkranz, Spangenberg (1963),* 7-51.

Rosenkranz, Heinz
1974 *Veränderungen der sprachlichen Kommunikation im Bereich der industriellen Produktion und ihre Folge für die Sprachentwicklung in der DDR. In: Aktuelle Probleme (1974),* 135-190.

Rosenkranz, Heinz, Karl Spangenberg
1963 *Sprachsoziologische Studien in Thüringen. Sitzungsberichte der Sächsischen Akademie der Wissenschaften, Phil.-Hist. Klasse* Bd. 108, Nr. 3, Leipzig.

Roth, Heinrich
1957 *Pädagogische Psychologie des Lernens und Lehrens.* Hannover.

Rudolf, Otto
1927 *Über die verschiedenen Abstufungen der Darmstädter Mundart. Hessische Blätter für Volkskunde* 26, 46-58.

Ruoff, Arno
1973 *Grundlagen und Methoden der Untersuchungen gesprochener Sprache.* Tübingen.

Scheel, Willy
1893 *Jaspar von Gennep und die Entwicklung der neuhochdeutschen Schriftsprache in Köln. Westdeutsche Zeitschrift, Ergänzungsheft VIII.*

Schenker, Walter
1973 *Ansätze zu einer kontrastiven Mundartgrammatik. Deutsche Sprache* 1, Heft 2, 58-80.

Scheu, Ursula
1977 *Wir werden nicht als Mädchen geboren – wir werden dazu gemacht.* Frankfurt.

Scheutz, Hannes
1977 *Untersuchungen zur Sprachvariation in Abhängigkeit von sozialen Gruppen und Kommunikationssituationen. Dipl. Arbeit* Salzburg (ms.).

229

Schirmunski, Viktor
1930 *Sprachgeschichte und Siedelungsmundarten. Germanisch-Romanische Monatsschrift* 18, 113-122, 171-188.
Schirmunski, Viktor
1962 *Deutsche Mundartkunde. Vergleichende Laut- und Formenlehre der deutschen Mundarten.* Berlin (O).
Schlieben-Lange, Brigitte, Harald Weydt
1978 *Für eine Pragmatisierung der Dialektologie. Zeitschrift für Germanistische Linguistik* 6, 257-282.
Schmidt, Peter
1976 *Der Problembereich. In: Peter Schmidt (Hg.), Innovation. Diffusion von Neuerungen im sozialen Bereich.* Hamburg, 7-20.
Schönfeld, Helmut
1974 *Sprachverhalten und Sozialstruktur in einem sozialistischen Dorf der Altmark. In: Aktuelle Probleme (1974),* 191-283.
Schönfeld, Helmut
1974a *Gesprochenes Deutsch in der Altmark. Untersuchungen und Texte zur Sprachschichtung und zur sprachlichen Interferenz.* Berlin (O).
Schönfeld, Helmut
1977 *Zur Rolle der sprachlichen Existenzformen in der sprachlichen Kommunikation. In: Normen (1977),* 163-208.
Schultze, Martin
1874 *Idioticon der nordthüringischen Mundart.* Nordhausen.
Šerech, Jury
1952 *Über die Besonderheiten der Sprache der Frauen.* Orbis 1, 74-81.
Siebs, Theodor
1969 *Deutsche Aussprache. Reine und gemäßigte Hochlautung mit Aussprachewörterbuch. Hg. von H. de Boor, H. Moser, Chr. Winkler.* 19. Auflage, Berlin.
Socin, Adolf
1970 *Schriftsprache und Dialekte im Deutschen, nach Zeugnissen alter und neuer Zeit.* Heilbronn 1888. Ndr Hildesheim 1970.
Spangenberg, Karl
1963 *Tendenzen volkssprachlicher Entwicklung in Thüringen: Studien zur Sprachschichtung. In: Rosenkranz, Spangenberg (1963),* 55-85.
Spangenberg, Karl
1969 *Statistik und Sprachwandel am Beispiel des Verfalls thüringischer Mundarten. Wissenschaftliche Zeitschrift der Universität Rostock, gesell.- und sprachwissenschaftl. Reihe* 18, 571-583.
Spangenberg, Karl, Herbert Schrickel
1959/1960 *Sprachliches Neuland. Beobachtungen zu jüngsten sprachlichen Veränderungen auf dem Lande. Wissenschaftliche Zeitschrift der Universität Jena, gesell.- und sprachwissenschaftl. Reihe* 9, 335-341.
Sperschneider, Heinz
1970 *Sozio-kulturelle Bedingungen des Sprachwandels. In: Autorenkollektiv, Sprache und Gesellschaft.* Jena, 225-245.

Steger, Hugo
  Dialektforschung und Öffentlichkeit. Germanistische Linguistik 1,
  27-58.

Steger, Hugo, Helge Deutrich, Gerd Schank, Eva Schütz
  1974 *Redekonstellation, Redekonstellationstyp, Textexemplar, Textsorte
  im Rahmen eines Sprachverhaltensmodells. In: 'Gesprochene Sprache', Jahrbuch 1972 des Instituts für deutsche Sprache.* Düsseldorf,
  39-97.

Steiner, Otto
  1957 *Hochdeutsch und Mundart bei Einheimischen und Neubürgern der
  Kreise Bamberg und Northeim im Jahre 1954. Ergebnisse einer
  Schulkindererhebung. Phonetika* 1, 146-156.

Steller, Walther
  1940 *Generationsprobleme des Neufriesischen. Zeitschrift für Mundartforschung* 16, 82-95.

Stellmacher, Dieter
  1975/1976 *Geschlechtsspezifische Differenzen im Sprachverhalten nieder-
  deutscher Sprecher. Niederdeutsches Jahrbuch* 98/99, 164-175.

Stellmacher, Dieter
  1977 *Studien zur gesprochenen Sprache in Niedersachsen. Eine soziolinguistische Untersuchung.* Marburg.

Stroh, Friedrich
  1928 *Probleme neuerer Mundartforschung. Beobachtungen und Bemerkungen zu einer Darstellung der Mundart von Naunstadt (Taunus).* Gießen.

Tatzreiter, Herbert
  1978 *Norm und Varietät in Ortsmundarten, Zeitschrift für Dialektologie und
  Linguistik* 45, 133-148.

Thomas, William J.
  1965 *Person und Sozialverhalten. Hg. von Edmund H. Volkart.* Berlin.

Trager, George L., Henry L. Smith jr.
  1951 *An Outline of English Structure.* Norman.

Treinen, Heiner
  1974 *Symbolische Ortsbezogenheit. In: P. Atteslander, B. Hamm (Hg.),
  Materialien zur Siedlungssoziologie.* Köln, 234-259.

Trost, Pavel
  1967 *Primäre und sekundäre Dialektmerkmale. In: L.E. Schmitt (Hg.),
  Verhandlungen des 2. Intern. Dialektologenkongresses, Marburg 1965,*
  Bd. 2, 823-826.

Trudgill, Peter
  1972 *Sex, covert prestige and linguistic change in the urban British English
  of Norwich. Language in Society* 1, 179-195.

Ungeheuer, Gerold
  1974 *Kommunikationssemantik. Skizze eines Problemfeldes. Zeitschrift
  für Germanistische Linguistik* 2, 1-24.

Vahle, Fritz
1978 *Semantisch-pragmatische Varianz: Hessisch (unter besonderer Berücksichtigung des Dialektes von Salzböden) – Einheitsdeutsch. In:
Ammon u.a. (Hg.) (1978),* 229-251.

Vahle, Fritz
1978a *Sprache, Sprechtätigkeit und soziales Umfeld. Untersuchungen zur
sprachlichen Interaktion in einer ländlichen Arbeiterwohngemeinde.*
Tübingen.

Veith, Werner H.
1967 *Die Stadt-Umland-Forschung als Gebiet der Sprachsoziologie. Muttersprache* 77, 157-162.

Veith, Werner H.
1972 *Intersystemare Phonologie. Exemplarisch an diastratisch-diatopi-
schen Differenzierungen im Deutschen.* Berlin, New York.

Veith, Werner H.
1978 *Textlinguistik für Dialektologen. Zeitschrift für Dialektologie und
Linguistik* 45, 192-204.

Verdoodt, Albert
1968 *Zweisprachige Nachbarn. Die deutschen Hochsprach- und Mundart-
gruppen in Ost-Belgien, dem Elsaß, Ost-Lothringen und Luxemburg.* Wien, Stuttgart.

Viereck, Wolfgang (Hg.)
1976 *Sprachliches Handeln – soziales Verhalten. Ein Reader zur Pragmalinguistik und Soziolinguistik.* München.

de Vincenz, A.
1977 *Nachwort zu Weinreich, Sprachen in Kontakt.* München, 239-281.

Volkart, Edmund H.
1965 *Einleitung zu Thomas (1965),* 11-51.

Watzlawik, Paul, Janet Beavin, Don D. Jackson
1972 *Menschliche Kommunikation. Formen. Störungen. Paradoxien. 3.
Auflage,* Bern, Stuttgart, Wien.

Wegener, Philipp
1976 *Über deutsche Dialektforschung (1879). In: Göschel u.a. (Hg.)
(1976),* 1-29.

Wegera, Klaus-Peter
1977 *Kontrastive Grammatik: Osthessisch-Standardsprache. Eine Untersuchung zu mundartbedingten Sprachschwierigkeiten von Schülern am
Beispiel des >Fuldaer Landes<.* Marburg 1977.

Wehler, Hans-Ulrich
1975 *Modernisierungstheorie und Geschichte.* Göttingen.

Weinreich, Uriel
1953 *Languages in Contact.* New York. (Dt. Übersetzung München 1977).

Weinreich, Uriel, William Labov, Marvin Herzog
1968 *Empirical Foundations for a Theory of Language Change. In: W.
Lehmann, Y. Malkiel (Hg.), Directions for Historical Linguistics.*
Austin, 95-188.

Weiss, Andreas
1978 *Sprachverhalten in Ulrichsberg. Jahrbuch der Universität Salzburg 1975–1977.* Salzburg, 61-71.

Weiss, Andreas
1978a *Kontrastive Untersuchungen zum Sprachgebrauch zwischen Dialekt und Hochsprache. Methodische Probleme und Entscheidungen vor einer empirischen Untersuchung. In: Klagenfurter Beiträge zur Sprachwissenschaft 4 (1978), H. 1-2. (Kontrastive Linguistik II)* 97-119.

Weiss, Andreas, Peter Haudum
1976 *Sprachliche Variation im Zusammenhang mit kontextuell-situativen und sozialstrukturellen Bedingungen. Vorüberlegungen zu empirisch-statistischen Untersuchungen in einer ländlichen Marktgemeinde Oberösterreichs. In: Festschrift A. Schmidt.* Stuttgart, 537-557.

Wenzel, Walter
1930 *Wortatlas des Kreises Wetzlar und der umliegenden Gebiete.* Marburg.

Wiegand, Herbert Ernst, Gisela Harras
1971 *Zur wissenschaftshistorischen Einordnung und linguistischen Beurteilung des Deutschen Wortatlas. Germanistische Linguistik 1-2.*

Wienbarg, Ludolf
1834 *Soll die plattdeutsche Sprache gepflegt oder ausgerottet werden? Gegen Ersteres und für Letzteres.* Hamburg.

Wiechmann, Hermann A.
1972 *Plattdeutsch an den Schulen Schleswig-Holsteins. Ergebnisse einer Erhebung aus den Jahren 1967/1968.* Lütjensee.

Winteler, Jost
1876 *Die Kerenzer Mundart des Kantons Glarus in ihren Grundzügen dargestellt.* Leipzig, Heidelberg.

Wolfensberger, Heinz
1967 *Mundartwandel im 20. Jahrhundert.* Frauenfeld.

Wurzel, Wolfgang Ullrich
1976 *Adaptionsregeln und heterogene Sprachsysteme. In: W.U. Dressler, O.E. Pfeiffer (Hg.), Phonologica,* 175-182.

Wurzel, Wolfgang Ullrich
1979 *Grammatik und Nationalsprache. Studia Grammatica 17,* 131-148.

Zehetner, Ludwig G.
1977 *Bairisch.* Düsseldorf.

Zwirner, Eberhard
1964 *Anleitung zu sprachwissenschaftlichen Tonbandaufnahmen.* Göttingen.

UTB

Uni-Taschenbücher GmbH
Stuttgart

Band 200/201/300
Linguistisches Wörterbuch
Von Professor Dr. Theodor Lewandowski
3., verbesserte und erweiterte Auflage,
Bd. 1: 426 Seiten, DM 19,80. Bd. 2: 312 Seiten,
DM 18,80. Bd. 3: 394 Seiten, DM 24,80
ISBN 3-494-02020-5/02021-3/02050-7 (Quelle & Meyer)

Band 328
Textwissenschaft und Textanalyse
Von Professor Dr. Heinrich F. Plett
2., verbesserte Auflage, 354 Seiten, DM 22,80
ISBN 3-494-02030-2 (Quelle & Meyer)

Band 714
Grundprobleme der Literaturdidaktik
Eine Fachdidaktik im Konzept sozialer und
individueller Entwicklung und Geschichte
Von Professor Dr. Jürgen Kreft
407 Seiten, DM 24,80
ISBN 3-494-02074-4 (Quelle & Meyer)

Band 95
Der Wortinhalt
Seine Struktur im Deutschen und Englischen
von Professor Dr. Ernst Leisi
141 Seiten, DM 12,80
ISBN 3-494-02094-8 (Quelle & Meyer)

Band 824
Paar und Sprache
Linguistische Aspekte der Zweierbeziehung
Von Professor Dr. Ernst Leisi
167 Seiten, DM 13,80
ISBN 3-494-02094-9 (Quelle & Meyer)

UTB

Fachbereich Germanistik

135 Mennemeier: Modernes
Deutsches Drama 1 1910–1933
(W. Fink). 2. Aufl. 79. DM 19,80

153 Anton: Die Romankunst
Thomas Manns
(Schöningh). 2. Aufl. 79. DM 8,80

167 Walther von der Vogelweide:
Sämtliche Lieder
(W. Fink). 2. Aufl. 76. DM 16,80

171 Gaede: Realismus von Brant bis
Brecht
(Francke). 1972. DM 6,80

206 Preisendanz: Heinrich Heine
(W. Fink). 1973. DM 5,80

215 Jurgensen: Deutsche
Literaturtheorie der Gegenwart
(Francke). 1973. DM 15,80

256 Eykman: Denk- und Stilformen
des Expressionismus
(Francke). 1974. DM 14,80

362 Vietta, Kemper:
Expressionismus
(W. Fink). 1975. DM 19,80

363 Mahal: Naturalismus
(W. Fink). 1975. DM 16,80

401/402 Billen, Koch (Hrsg.): Was
will Literatur 1/2
(Schöningh). 1975. Je DM 19,80

425 Mennemeier: Modernes
Deutsches Drama 2 1933 bis zur
Gegenwart
(W. Fink). 1975. DM 19,80

484 Kaiser: Aufklärung,
Empfindsamkeit, Sturm und Drang
(Francke). 3. Aufl. 79. Ca. DM 22,80

495 Kanzog: Erzählstrategie
(Quelle & Meyer). 1976. DM 13,80

694 Hill: Bertolt Brecht
(Francke). 1978. DM 14,80

716 Heringer, Öhlschläger, Strecker,
Wimmer: Einführung in die
Praktische Semantik
(Quelle & Meyer). 1977. DM 26,80

741 Nemec, Solms (Hrsg.):
Literaturwissenschaft heute
(W. Fink). 1979. DM 14,80

742 Gorschenek, Rucktäschel
(Hrsg.): Kinder- und Jugendliteratur
(W. Fink). 1979. DM 19,80

744 Krusche: Kommunikation im
Erzähltext 1
(W. Fink). 1978. DM 19,80

797 Braun (Hrsg.):
Fremdwort-Diskussion
(W. Fink). 1979. DM 19,80

800 Hannappel, Melenk:
Alltagssprache
(W. Fink). 1979. DM 19,80

801 Krusche: Kommunikation im
Erzähltext 2
(W. Fink). 1978. DM 16,80

851 Jost: Deutsche Klassik: Goethes
Römische Elegien
(Verlag Dokumentation). 2. Aufl.
1978. DM 12,80

855 Franz: Kinderlyrik
(W. Fink). 1979. DM 14,80

858 Gottfr. v. Straßburg: Tristan
(W. Fink). 1979. DM 16,80

886 Völzing: Begründen, Erklären,
Argumentieren
(Quelle & Meyer). 1979. DM 22,80

Uni-Taschenbücher
wissenschaftliche Taschenbücher für
alle Fachbereiche.
Das UTB-Gesamtverzeichnis
erhalten Sie bei Ihrem Buchhändler
oder direkt von
UTB, Am Wallgraben 129,
Postfach 80 11 24, 7000 Stuttgart 80